天神祭

火と水の都市祭礼

大阪天満宮文化研究所編

思文閣出版

刊行にあたって

江戸時代前期の元禄期（一六八八〜一七〇四）に、大坂が「天下の台所」として発展したことはよく知られていますが、それは同時に、天神祭が「天下の祭礼」に発展した時代でもありました。

華麗な元禄文化の隆盛は、天神祭にも豪華絢爛の演出を生み出すことになり、天下の耳目を集めるようになったのです。その結果、天神祭は屛風や掛け軸、あるいは絵巻や扇面に描かれ、また地誌類の挿図などにも採り上げられ、その賑わいぶりをあますところなく今に伝えています。

本書では、大阪天満宮所蔵品を中心に、天神祭を描いた多数の作品を紹介しています。そのいずれをみても、川面に映る花火と篝火から「火と水の祭礼」と呼ばれた天神祭の壮大なスケールを、如何に限られた画面に表現するかに心を尽くしている様子が窺えます。また、絵画や祭礼・信仰を専攻する諸先生からは、当宮の創祀から天神祭の発展の様子を明らかにする多数の論考を寄せていただきました。

来る平成十四年の「菅原道真公一一〇〇年祭」を機に刊行されます本書が、明日の天神祭のありかたを考えるよすがとなることを祈っております。

平成十三年十一月吉日

大阪天満宮
宮司　寺 井 種 伯

目　次

※本書中、所蔵明記のないものは大阪天満宮蔵

陸渡御と船渡御

神様は年に一度、氏子たちの平安を見届けるために氏地を巡幸される。旧暦の6月末日ころの巡幸が多いのは、ちょうど半年の区切りで、しかも疫病や食中毒などで体調を崩しやすい季節であることによる。このとき、氏子たちは、巡幸を奉祝するお供やお迎えの行列を仕立てるなどの奉祝行事を行う。これが夏祭りである。

大阪天満宮の夏祭りである天神祭は、神霊を移御した御鳳輦が7月25日(旧暦6月25日)に巡幸する。御鳳輦の渡御に際しては、氏子・崇敬者たちが結成した「講」がお供の行列を仕立てる。これを「陸渡御」と呼ぶ。陸渡御列が大川の乗船場につくと、御鳳輦を奉安した船を中心に、各講の供奉船が船列を整え、下流の御旅所に向かう。これを「船渡御」という。

天神祭の特徴は、巡幸中の休憩所である「御旅所」周辺の氏子たちも、奉祝の「御迎船」を仕立てたことである。御迎船列が渡御船列に合流することにより、天神祭・船渡御は一層の賑わいをみせることになった。

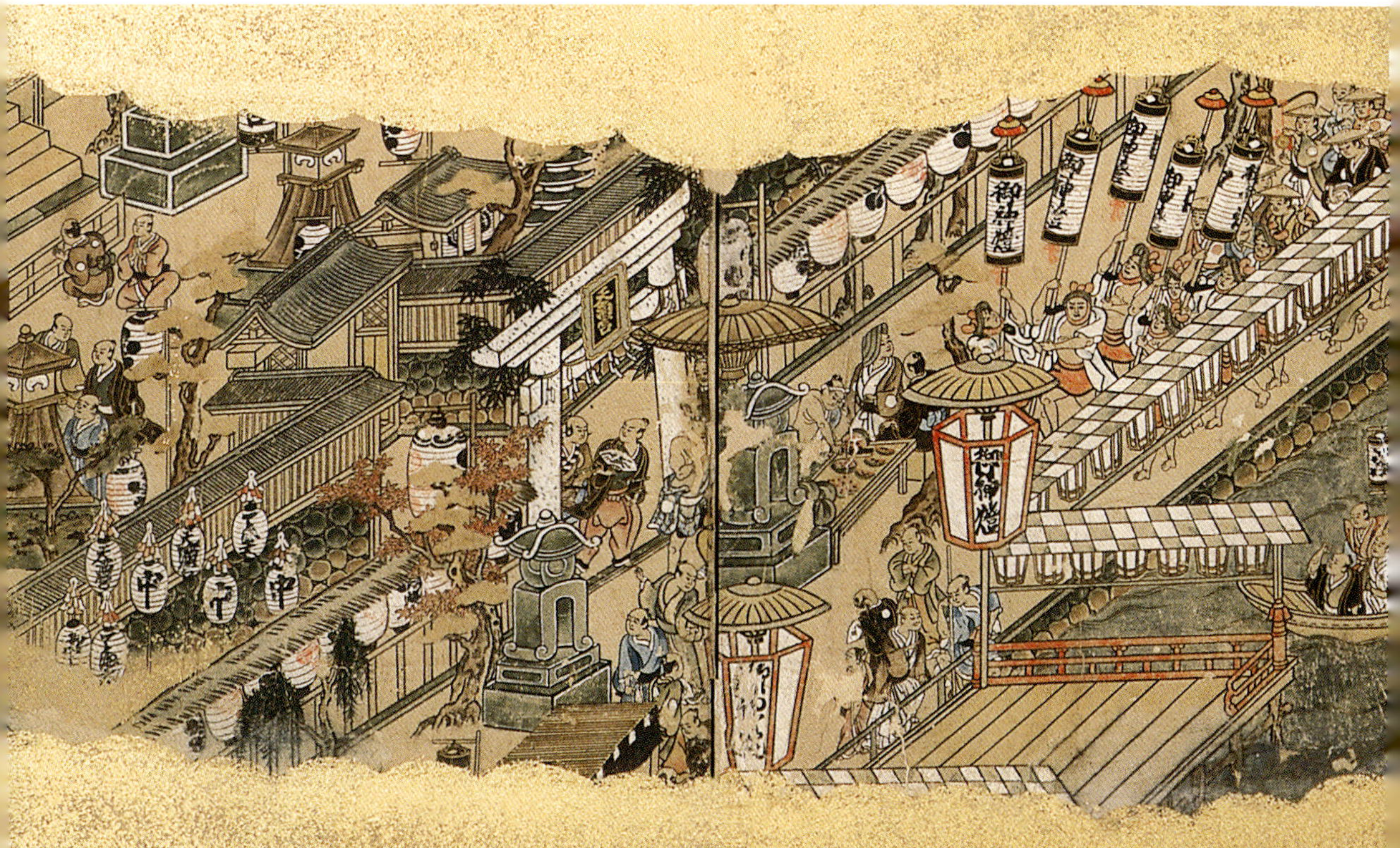

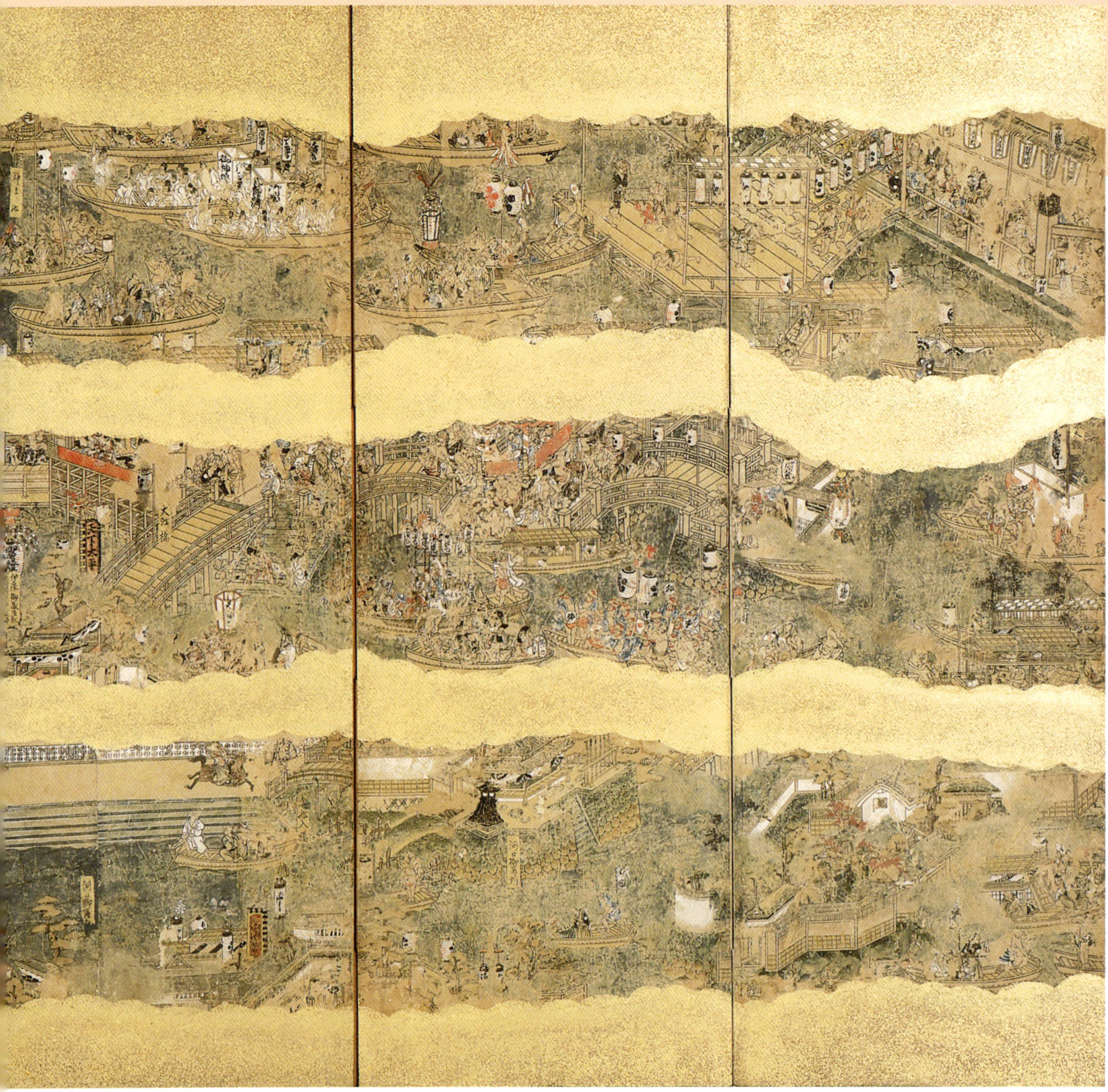

図1　古来天神祭船渡御之図（伝長谷川光信）

蔵屋敷での見物風景が描かれる。蔵屋敷の船入橋などが克明に描かれ、船を出して賑やかに見物する民衆のなかには「ニハカ」と記した行灯を着けた船があり、現代と同様に芸能との関わりを示している。下段では、船渡御の目的地である御旅所に人々が御神燈の提灯を掲げて参詣するなどの社参風景や、御旅所近くの川口御船手屋敷のようすが描写されている。

以上のように本図が三段の図柄で構成されているのは、本来は絵巻あるいは画帖であったものを　風に仕立て直したものと考えられ、その過程で図柄が失われている箇所がある。

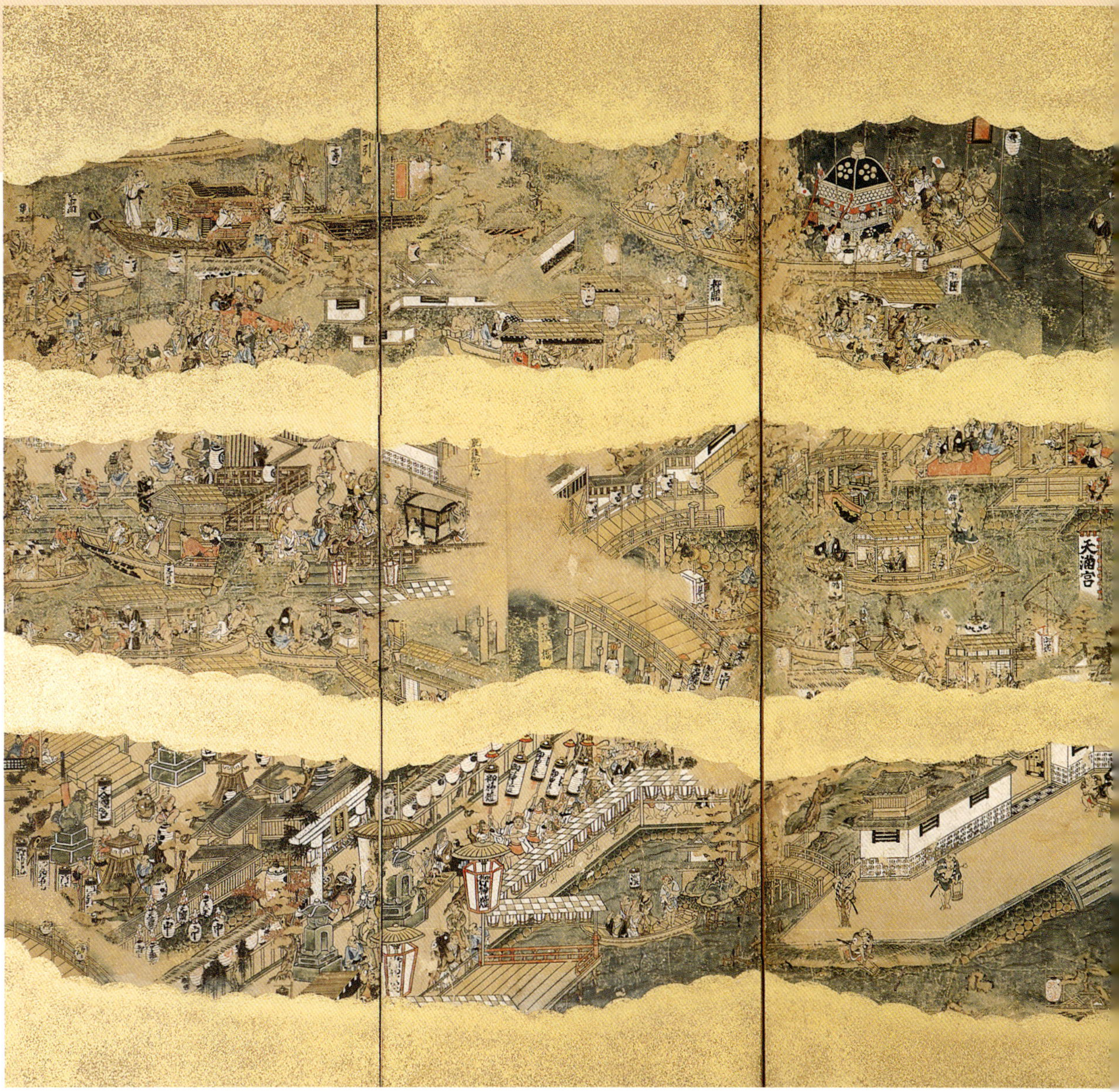

大阪天満宮の大祓、すなわち天神祭の船渡御のようすを描く。右から左へ展開する図柄を上・中・下の三段に貼り込んだ六曲一隻の屏風に仕立てられており、難波橋横の乗船場から堂島川・木津川を下って戎島（現西区）の御旅所にいたる船渡御風景が展開される。

上段には二基の神輿（鳳神輿は剥落）を中心とする渡御の船列と乗船場のようすを描き、神主船や輿丁を乗せた船、神輿の前方には「綱引船」と記された御座船の姿がみえる。中段では右端に船渡御列の先頭である催太鼓の船があるほかは、堂島川にかかる大江橋と玉江橋周辺の伊予・筑後・肥後各藩の

図2　浪華天神祭礼図

難波橋の北詰から堂島川を下って御旅所のある戎島までおよそ3キロメートルの川の道。天神祭の船渡御の全行程を、その周辺の景観を含めて是非とも一望したい。江戸時代の浪花っ子にもそんな贅沢な願いがあったのだろう。当時、見晴らしのいい高い楼閣があったわけではなから、それは実際には無理な願いであったが、絵師の想像力とはありがたいもので、絵を観る者を一瞬にして鳥にして空を飛ばせることでそれを可能にしてしまう。鳥瞰図といわれるものの活用であり、屏風を観るわれわれは天神祭の壮麗な船渡御のようすを部屋の中でも愉しむことができる。しかし、絵は写真とは異なり、実景の客観的な記録ではないから、描こうとする主題に合わせて絵師はいともたやすく空間をねじ曲げ、距離感を意図的に変化させ、構図を自在に操る。観る者の視覚情報は絵師にコントロールされたものであり、いわば情報操作された結果をわれわれは観ている。何がどのように描かれているか。それをじっくり観察することこそ絵師の意図を探ることになる。絵を観ることは絵師との対話にほかならない。それにしても、祭りが賑やかなだけに、周辺部は静謐を帯びた不思議な空間となっている。

図3　天神祭図

図４　天満宮御絵伝（第五幅部分／土佐光孚）

大阪天満宮が創祀された翌々年（天暦５年・951）に鉾流神事が始まった。社頭の浜から神鉾を流し、漂着した場所に臨時の御旅所を設けるのである。御旅所は、巡幸中の神様がご休憩になる場所である。江戸初期の御旅所の常設にともない、鉾流神事は中止されたが、昭和５年（1930）に古式に則って復活された。現在では７月24日の朝に斎行される鉾流神事は天神祭のプロローグとなっている。

図5　天神祭図（月岡雪鼎）

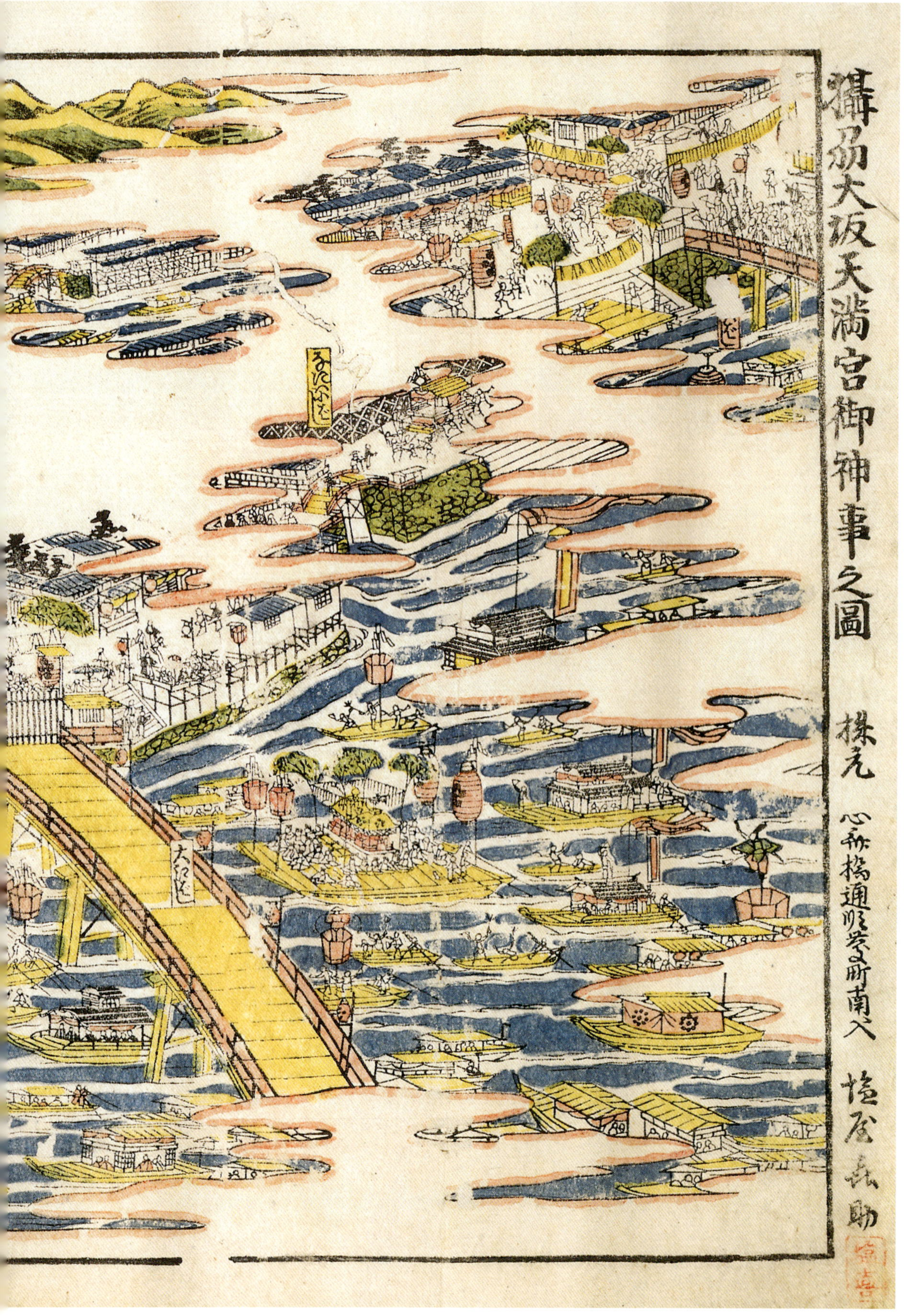

図6　摂州大坂天満宮御神事之図（大岡春山）

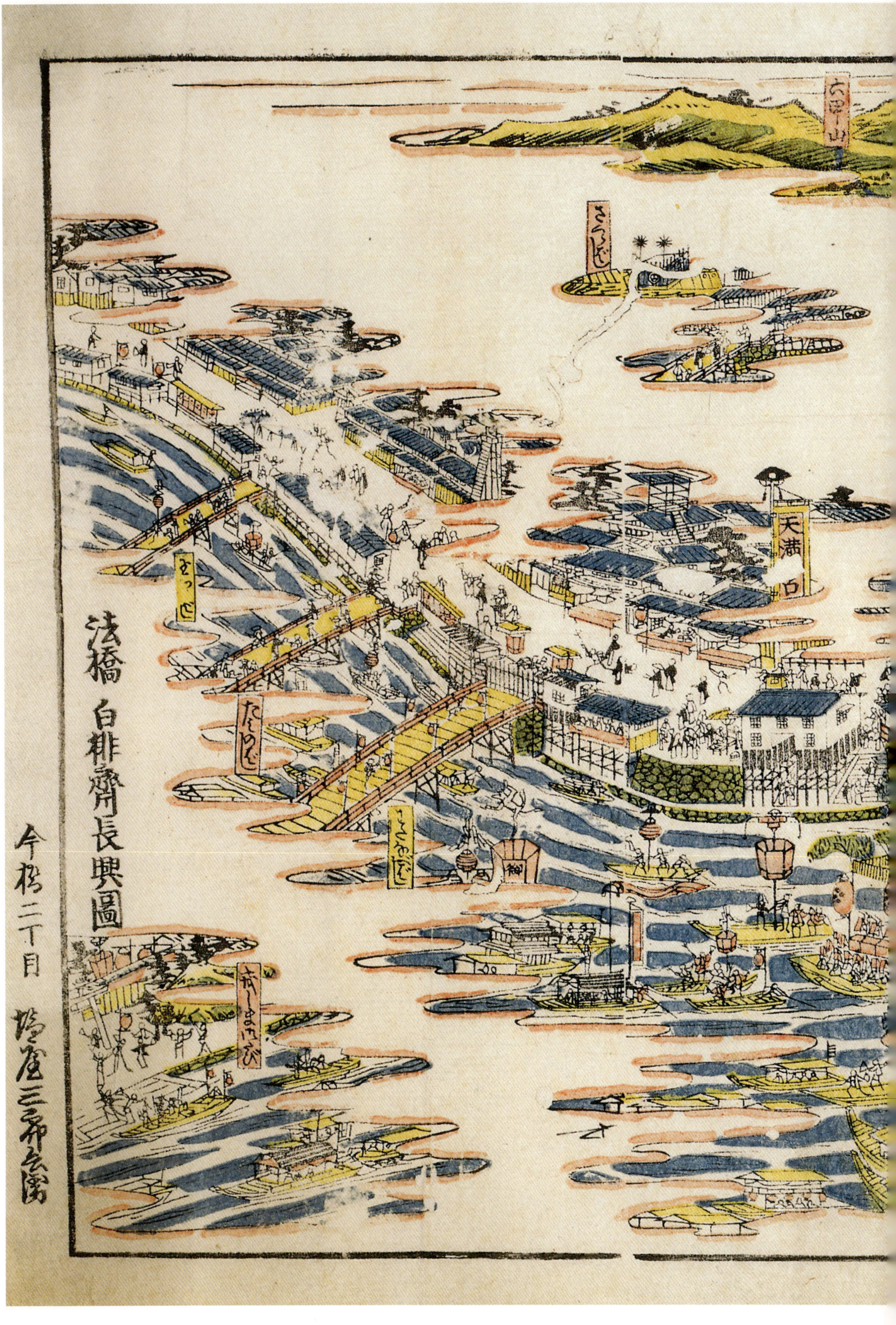
六甲山
天満口
法橋 白椎斎長興圖
今橋二丁目

図7　古写天神祭渡御船之図

図8　天神祭十二時

図9　諸国名橋奇覧　摂州天満橋（葛飾北斎）

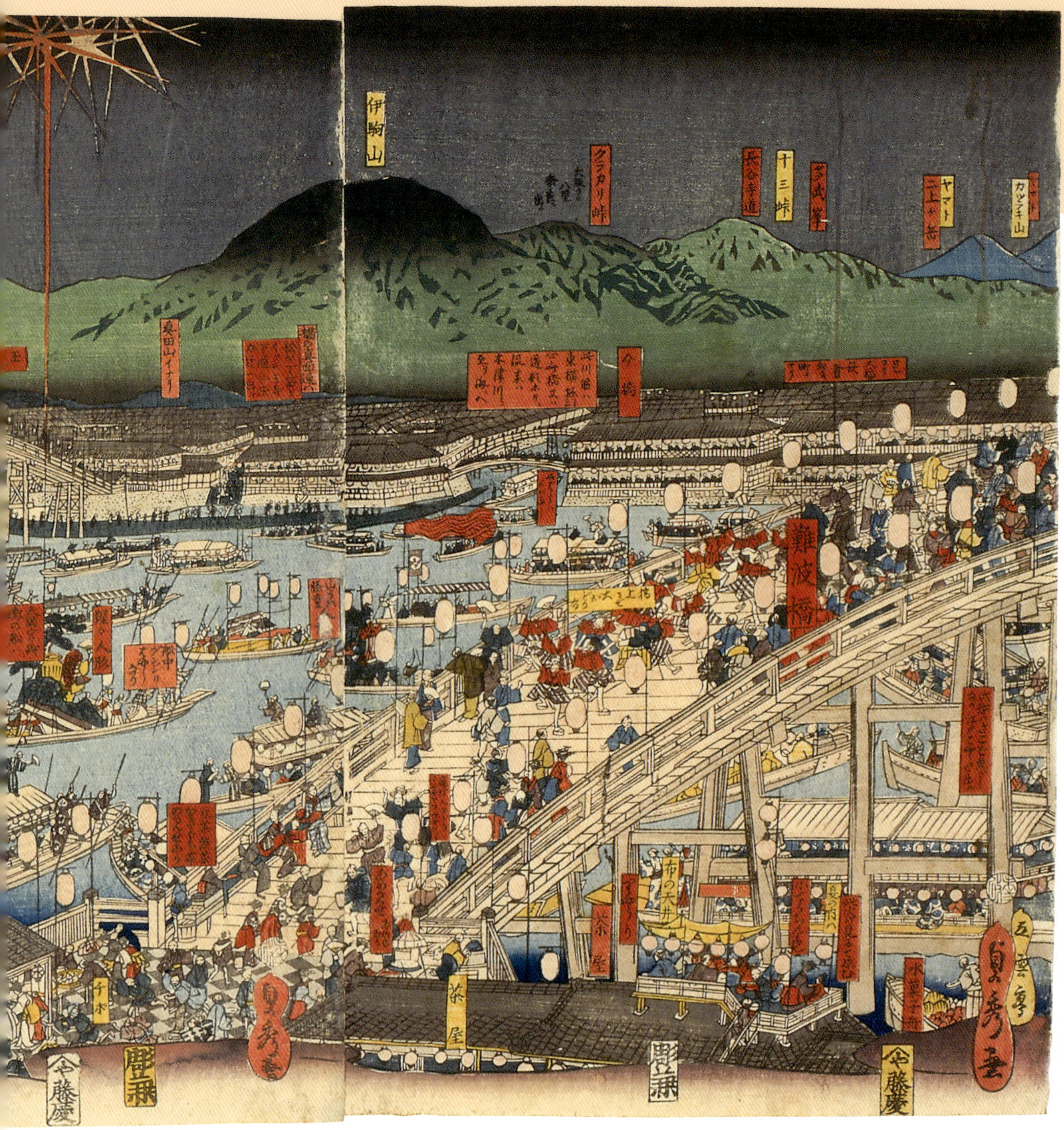

図10　浪速天満祭（歌川貞秀）

い人の流れに身をゆだねながら、天満宮本殿に参拝する。そのあとで大川端に出て船渡御や花火を眺めたり、夜店をひやかしたりさまざまな体験をする。その体験の総体が個人個人にとっての天神祭の思い出を形成するのである。貞秀の「浪速天満祭」は、天満側から船場をのぞんだダイナミックな構図でまず人をひきつけるが、御迎人形や御神輿、大篝火はじめ屋根の上の見物席や夜店にいたるまで細かな書きこみがあり、それを逐一読むことで、鑑賞者に祭りの当日を疑似体験させる。この細部へのこだわりが本図の魅力であろう。そうした観点で画面をみるとき、その年を決算し、人間の歴史や個人体験が濃縮されたものとして祭礼が存在することを再認識させられるのである。

色彩豊かな錦絵は、浪華最大の祭礼、天神祭のにぎわいを全国に伝えた。透視図法を用いた、歌川豊春の「浮絵」はその早い例であるし、葛飾北斎、二代目歌川広重も天神祭を描いている。なかでも天神祭の盛大さや祭り見物の楽しさをよく伝えた錦絵が、五雲亭こと歌川貞秀の「浪速天満祭」である。貞秀の描く天神祭の情景は史実と違う点もあるが、表現や演出の見事さで、見る人の心を瞬時に祭り当日の7月25日の難波橋周辺へつれさってしまう。

天神祭という巨大な祭礼は、その全体を一つの視点だけで描くことは不可能である。現代の祭り見物を思いおこしてほしい。晴れやかなこの日、南森町や大阪天満宮・天満橋駅で満員電車からおしだされ、浴衣のアベックも多

図11　天満天神地車宮入（歌川芳瀧）

図12　天神祭り夕景（歌川国員）

図13　戎島天満宮御旅所（歌川国員）

図14　摂州難波橋天神祭の図（歌川広重）

浮世絵では『富岳三十六景』『東海道五十三次』など風景の揃い物が流行するが、『浪花百景』もまた、国員・芳瀧・芳雪の合作になる小型錦絵の百枚揃い物である。芳瀧は籤順に地車が天満宮に入る宵宮のハイライトである宮入りを描き、国員は中之島を進む船渡御の船列と戎島の御旅所を描いている。このうち国員や、二代目広重の「摂州難波橋天神祭の図」は、構図などに『摂津名所図会』の挿絵を転用した可能性が高く、当時の天神祭を伝える忠実な歴史資料として扱うには注意すべきだが、こうした作品が天神祭のにぎわいを全国津々浦々にまで伝播させたことは間違いなく、浮世絵を手に人々は想像力を刺激され、天神祭の姿を、現実のそれ以上に心のなかで夢のように膨らませていったのだろう。

図15　天神祭船渡御図扇面（上田耕甫）

図16～20　摂津国天満宮扇面集

図16　船渡御図（上田耕甫）

図17　船渡御図（篝と神輿／上田耕沖）

図18　船渡御図（田能村小斎・直入賛）

図19　船渡御図（上田耕甫）

図20　船渡御図（上田耕沖）

図21　赤日浪速人（菅楯彦）

図22　天神祭図（酒井楳斎）

図23　天神祭（生田花朝）

図24　浪速天神祭（生田花朝）

図25　堂島地車図（山本笙園）

図26　天満宮夏渡御図（増田耕南）

図27　御迎人形酒田公時図（谷本蘇牛）

図28　天神祭船渡御ノ図（中川和堂）

図29　天神祭の図（川口呉川）

図31　御迎人形石橋之図（藤田台石）

図30　御迎人形恵比須図

近代でも天神祭の絵はさまざまな形で描かれた。大阪の料亭では夏を飾る季節感あふれる画題として、７月中は天神祭の掛幅が座敷にかけられたし、大阪天満宮には、本格的な画家から腕自慢の氏子自ら彩管をふるった作品まで、多彩な天神祭の絵が奉納されている。なかには藤田台石「御迎人形石橋之図」のような、焼失した御迎人形を惜しみ、それを描いて町内が奉納した例もある。そして天神祭の画家として最も有名なのが生田花朝である。花朝が生涯にわたって描いた多数の天神祭の絵は、「私の夢の中にある船渡御」であり、篝火やぼんぼりに飾られた浪華情緒豊かな「美しく豪華な昔のお祭り」であった。

渡御の彩り

天神祭図巻

壮大な空間スケールで展開される天神祭を描くには、思い切ったデフォルメにより渡御列の全体を収めるか（例えば図6）、祭礼中の特定の画材を選びとるか（例えば図3）、あるいは本絵巻のように長尺の画面を準備する必要がある。

江之子島の船大工の子孫という吉川進は、大正10年（1921）の陸渡御を「夏祭渡御列図」（巻甲・巻乙）に、船渡御を「夏祭舩渡御図」（巻甲・巻乙）に描いた。天神祭を描いた作品は数多いが、この絵巻のように、陸渡御・船渡御の全体像を描いたものは類例がない。

全長37ｍ余の「夏祭渡御列図」は、陸渡御に奉仕する600名を超える人物を描き、全長34ｍ余の「夏祭舩渡御図」は、約80艘からなる渡御船列を描いている。前者が渡御列だけを描いているのに対し、後者は、数多くの篝船や、見物のために漕ぎ出された数多くの小船なども描き、さらには、背景に川岸の無数の群衆や大正期の建物までも描き込んでいる。何艘もの渡御船が綱でつながれて航行している様子や、川面に立てられた数多くの篝火、その熱さから逃れるように泳いでいる人など、現在では見られない情景も興味深い。

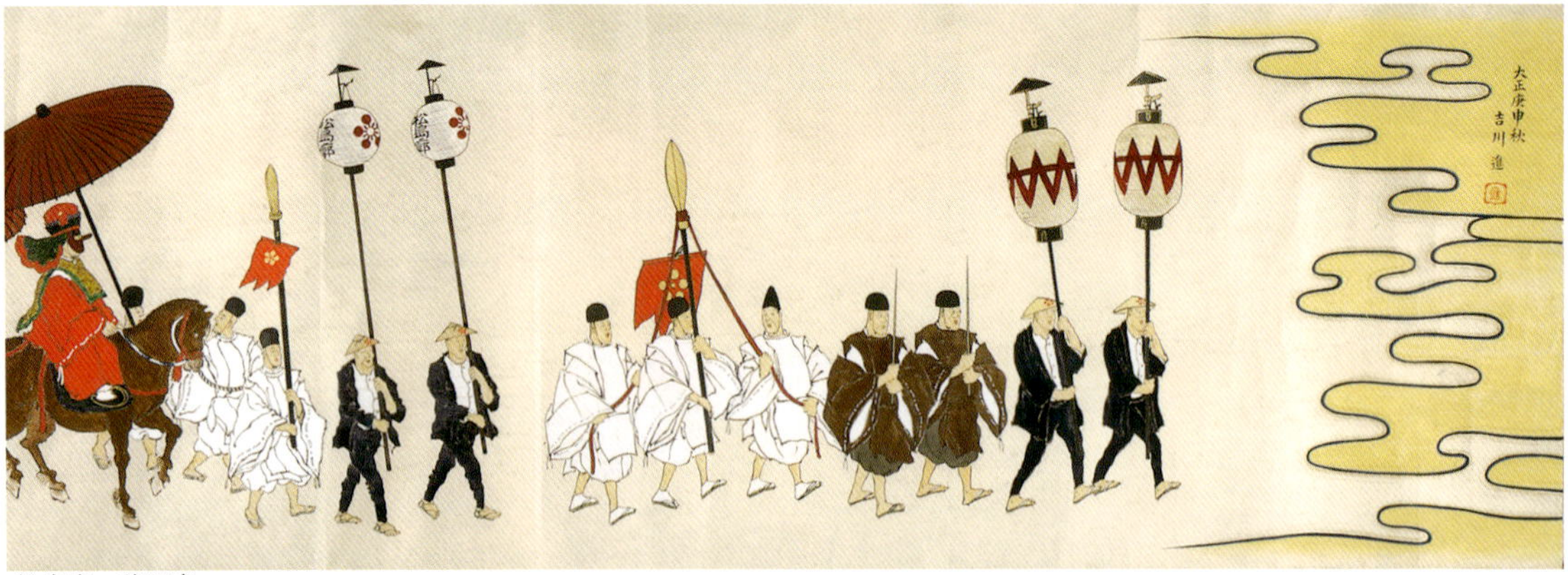

松島廓・猿田彦

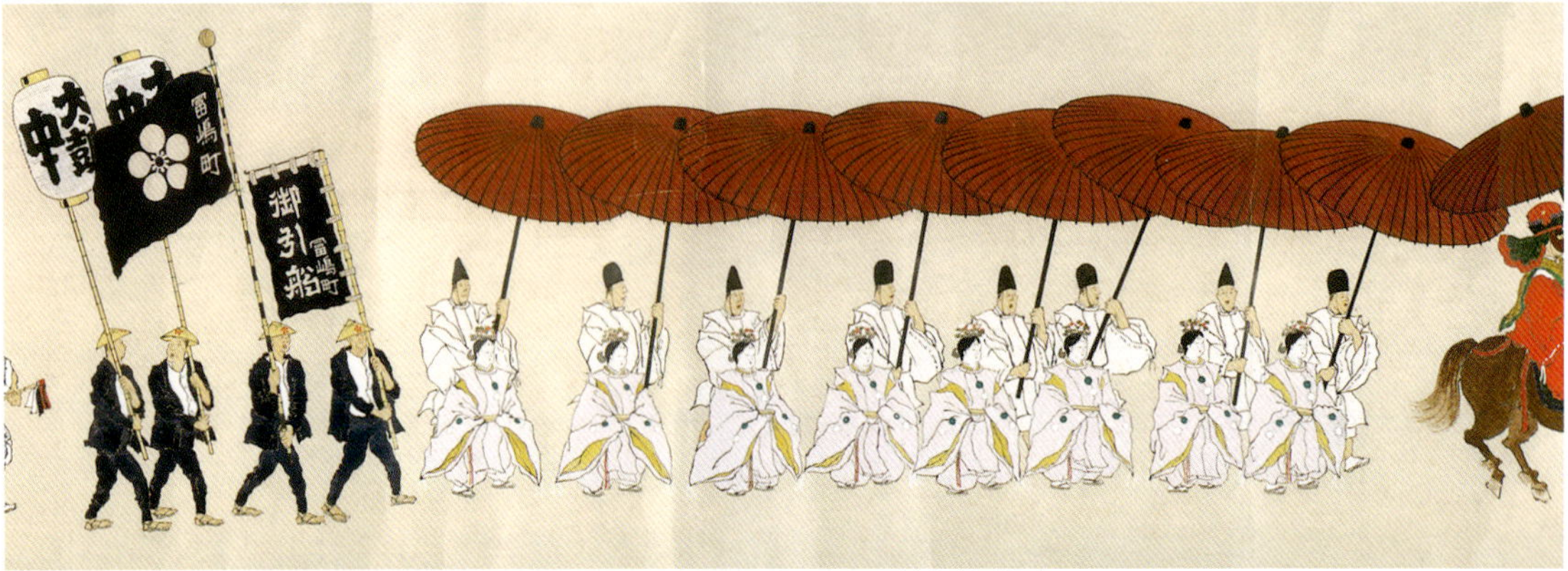

冨島町御引船　　松島廓・処女

さ こ は　　太鼓中・催太鼓

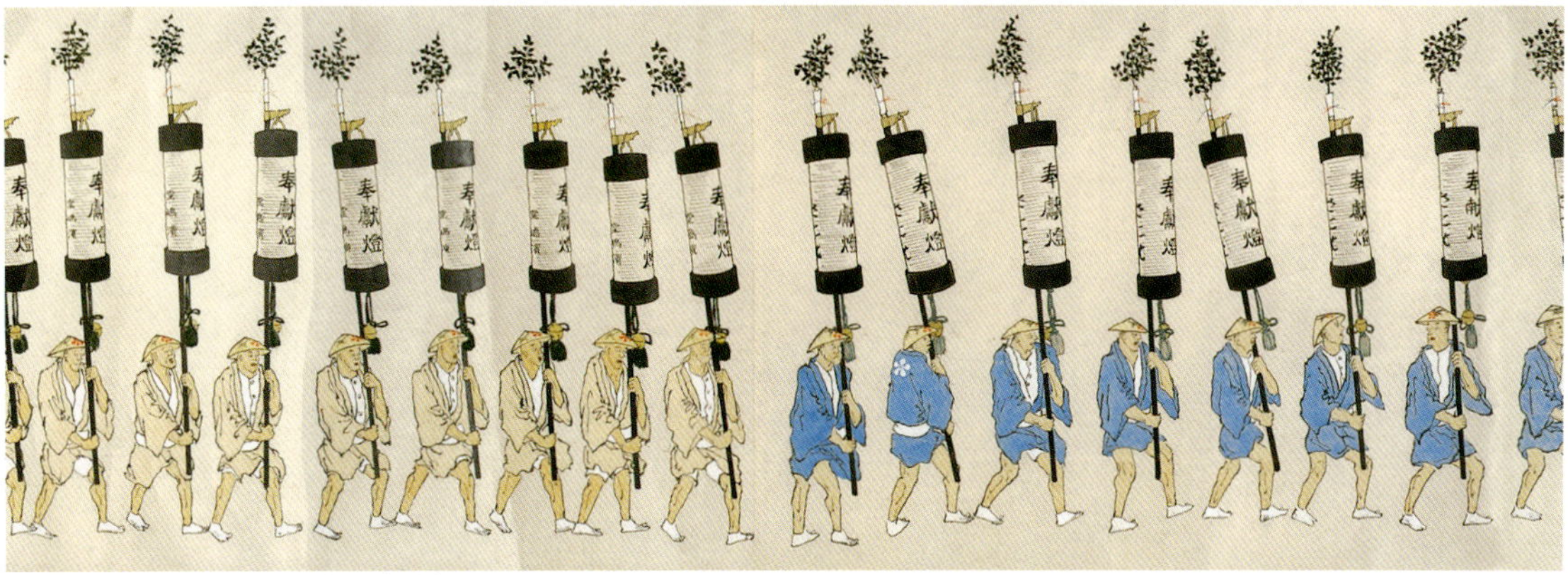

堂 嶋 濱　　さ こ は

乾物問屋中　　市 場

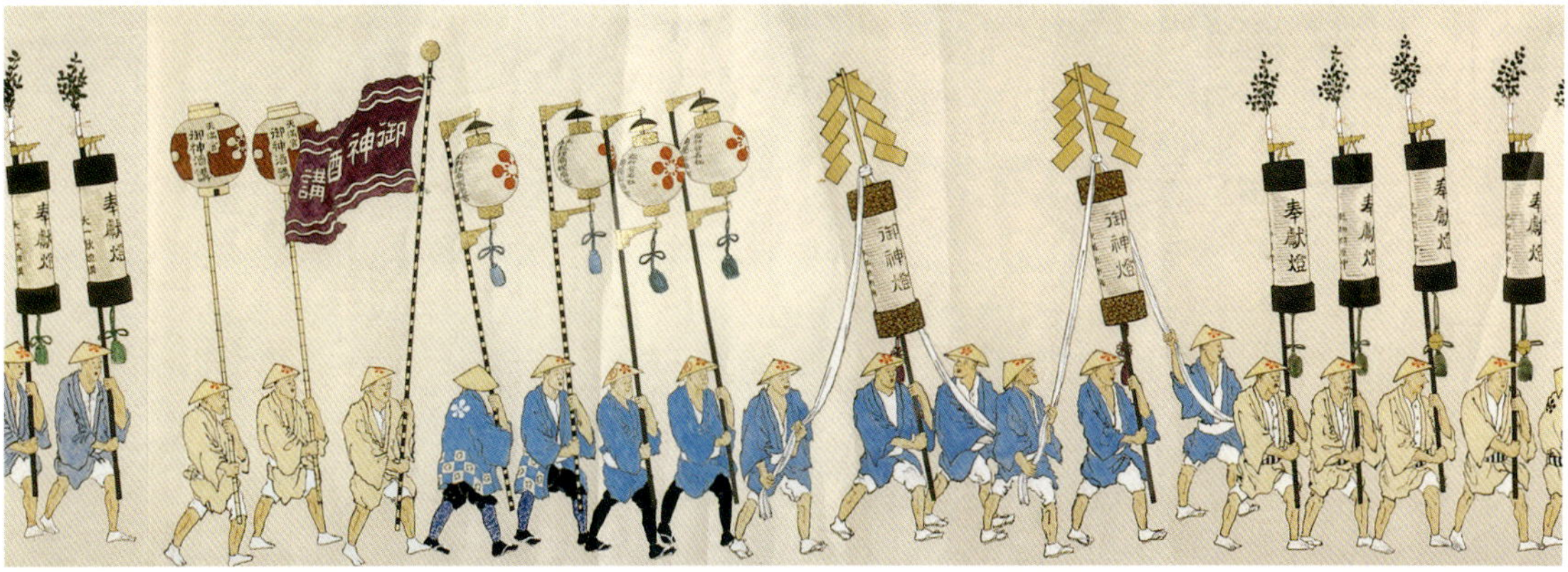

大一献燈講　　御神酒講　　大阪料理商
喫 庖 会　　松竹合名社
専属俳優中　　天満魚市場　　乾物問屋中

天神講・獅子舞　　御船係

梅寿講・茅の輪

南五花街・榊　　神木講・風流大傘　　神木講・根掘大榊

堀江廓・榊　　南五花街・八処女

堀江廓・八処女

新町廓・八処女

新町廓・榊

北新地廓・榊

赤心講・榊

北新地廓・八処女

日供翠簾講・萬歳旗と御供櫃　　御供講・唐櫃

大阪料理飲食業組合・御旗と鉾　　此花町一丁目・剱鉾係

丑日講・御太刀　　祭礼講・御弓

松風講・和琴と風流花傘　　神衣講・唐櫃　　菅前講・御旗

盤水講・塩水　前駆　松風講・童

㈱団・網代車

永司講・伶人

御鳳輦講・御鳳輦

米穀商・御錦蓋　　神馬

手輿（斎主）　梅の端枝　久栄講・御菅蓋

聯合小学校　青年団　在郷軍人分会

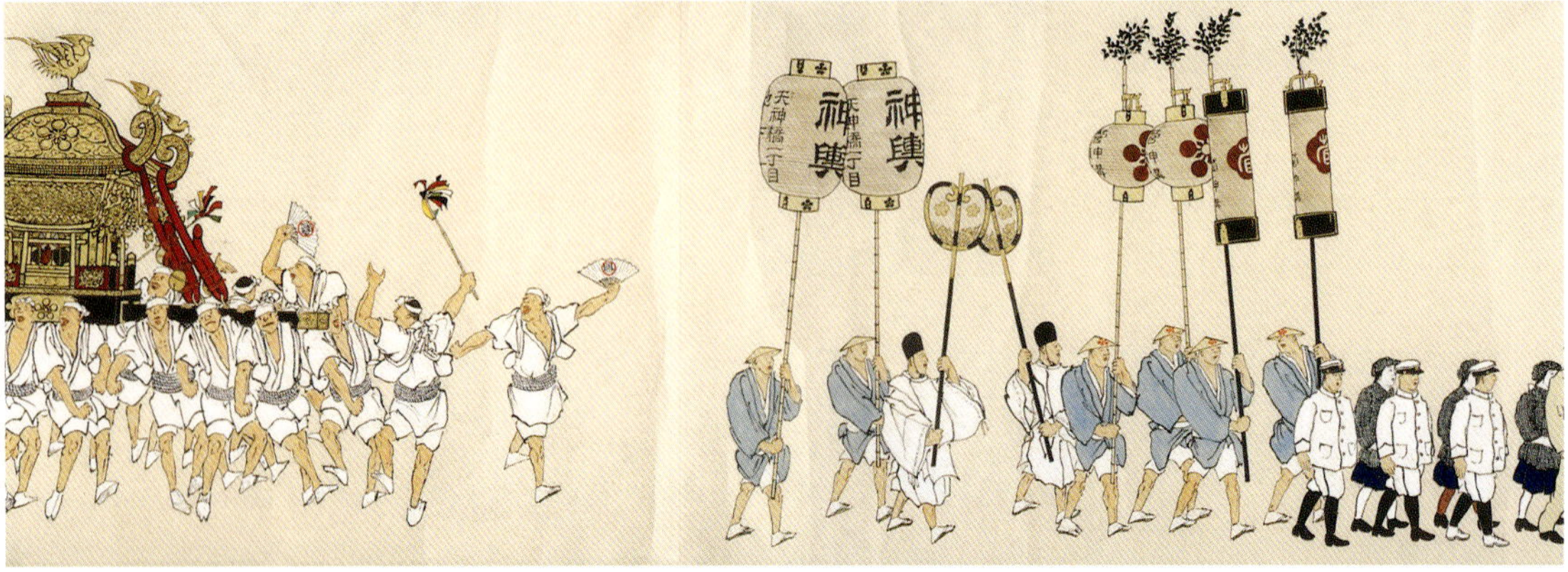

天神橋一丁目
地　　下　　町・鳳神輿　　菅神講・御翳

氏子総代

殿衛

江之子嶋輿護会・玉神輿

祭礼世話係　西区役所　北区役所　評議員

北小林二代目酒井

〔大阪府庁(江之子島)〕　今木町・どんどこ船　〔鳥居・御旅所〕

浪花三友派　冨嶋町　御引船　尼崎(町)・篝

(与勘平)　(安倍保名)　(海士)　(雀踊)　(三番叟)

(胡蝶舞)　下福嶋二丁目・篝　(関羽)　(酒田公時)

（猿田彦）　（御所五郎丸）　（八幡太郎義家）　（鬼若丸）

（加藤清正）　（恵比須）　（楠正成）　（神功皇后）　（羽柴秀吉）

（佐々木高綱）　（鎮西八郎）　（白楽天）　（素戔嗚尊）　（猩々）

（木津勘助）　（石橋）　（野見宿禰）　（奴照平）　（竹内宿禰）

奉迎講　〔玉江橋〕　（鯛）　（朝比奈三郎）

太鼓中・催太鼓　猿田彦・処女　冨島町・御引船

御神酒講　大阪料理商喫庖会・（豆蔵）　松竹合名社専属俳優中・（葛の葉）

榊・榊木講・根掘大榊　梅壽講・茅の輪　天神講・獅子舞

堀江廓・（奴妻平）　　南五花街・（吼嚱）　　榊木講・風流大傘

赤心講・榊　　北新地廓・（菊菸童）　　新町廓・（天神花）

日供翠簾講・萬歳旗と御供櫃　　御供講・御供櫃

祭礼講・御弓　　料理飲食業組合・（瓢駒）　　此花町一丁目・劔鉾

松風講・和琴と風流花傘　　丑日講・御太刀

〔渡辺橋〕 ㈱有志団・網代車 〔朝日新聞社〕　　盤水講・塩水

永司講・伶人

御鳳輦講・御鳳輦　　中之島七丁目・献茶船

米穀商・御錦蓋　　御鳳輦講

手輿（斎主）　　久栄講・御菅蓋

天神橋一丁目
地　下　町・鳳神輿

氏子総代　　鳳神輿輿丁

江之子嶋町・玉神輿　〔大阪市庁〕　〔大江橋〕　〔日本銀行大阪支店〕

〔大阪市立中央公会堂〕　氏子総代・評議員　〔大阪府立中之島図書館〕　玉神輿輿丁　〔豊国神社〕

別火船　若松町浜の鳥居　〔大阪ホテル〕　北小林二代目酒井

〔難波橋〕

天神丸

奉納記念写真（139頁参照）

江戸時代の大坂において、市中に開削された水運および港湾で、入港した廻船の積み荷の陸揚げや沖掛りの廻船の荷物積み込み・積み下ろしなどのいわゆね艀作業を行う仲間組織を上荷船・茶船仲間という。天神丸は、この仲間たちが所有していた山車形式の飾り船である。元禄期に造立されたと伝えられ、大阪市民の最大の楽しみであった天神祭で組み立て、そして飾り立てられ、祭り見物の人々が瞠目したのである。規模は、全長約８ｍ、高さ約３ｍ、幅約２ｍで、構造は一本水押の総矢倉造である。土台で貫や束を支え、上部の構造は台・垣立・柱・貫によって構成され、土台には前後に車輪がつけられる。内部は空洞となっており船としての構造は認められず、山車としての特徴を備えている。外観は寄り掛に朱漆を施し、外観の見える部分には黒漆が塗られている。水押は海御座船の形式をよく反映したものとなっており、外洋の波を切るために船首を持ちあげた形になっている。

©以下の図面作成は大阪市立大学大学院生活科学研究科の緒形裕子が行い松本正己建築事務所の協力を得た

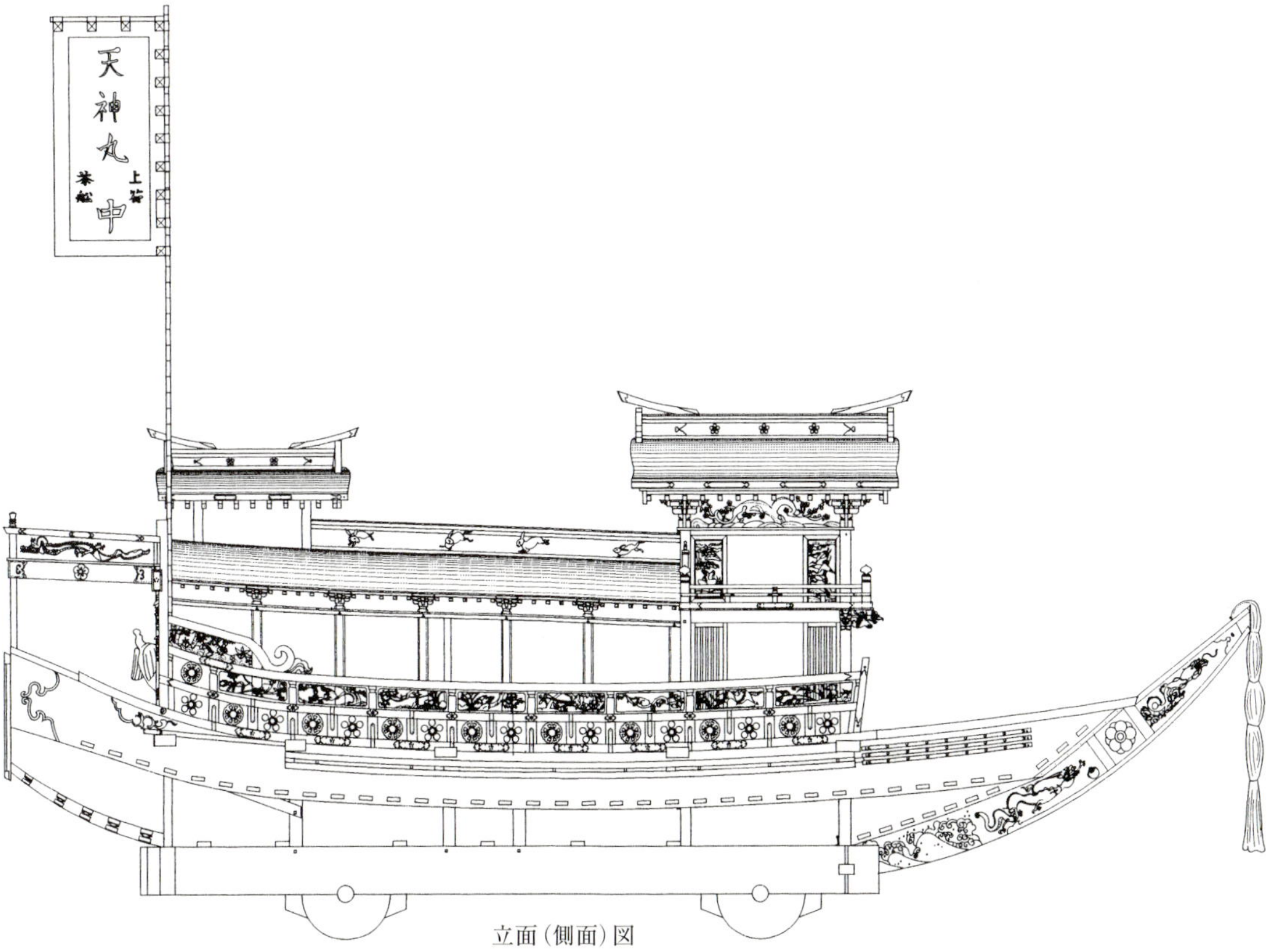

立面（側面）図

屋根伏図

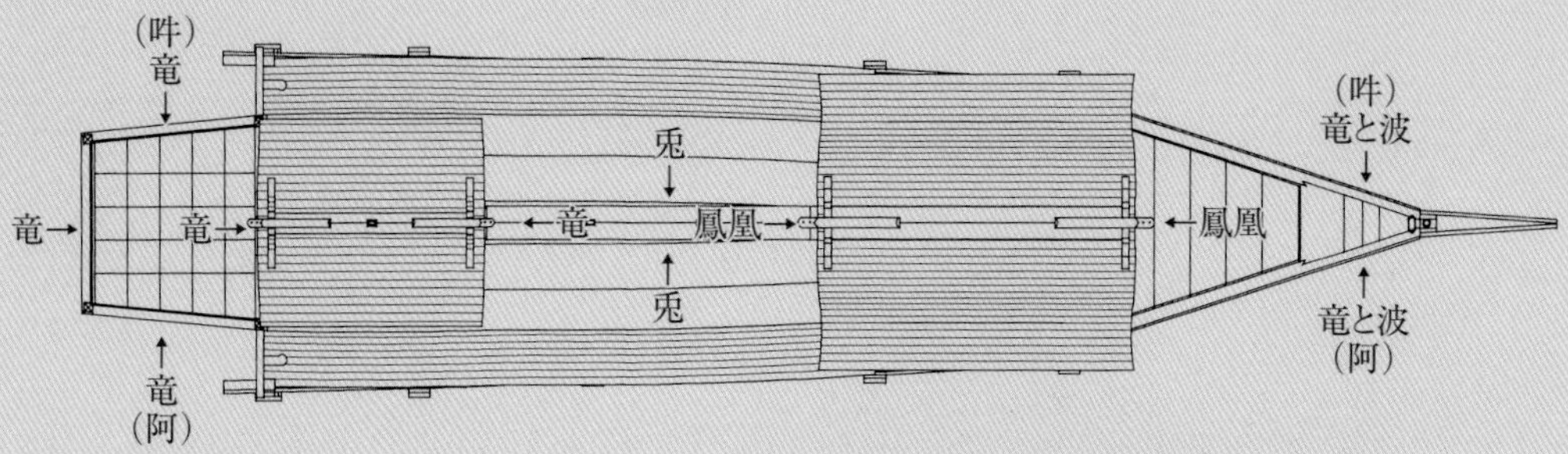
(吽)
竜
竜
竜
兎
竜
鳳凰
兎
鳳凰
(吽)
竜と波
竜と波
(阿)
竜
(阿)

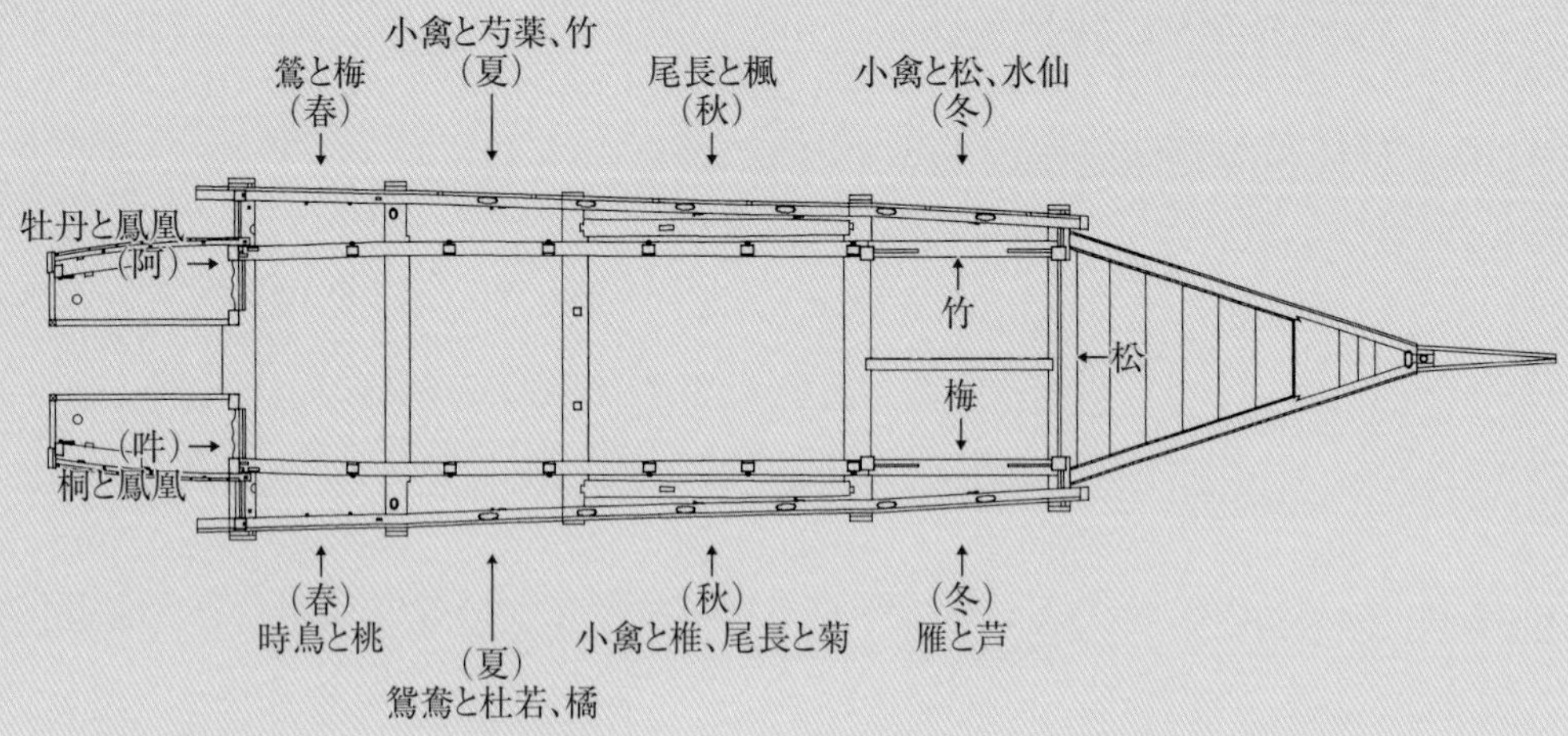
鶯と梅
(春)
小禽と芍薬、竹
(夏)
尾長と楓
(秋)
小禽と松、水仙
(冬)
牡丹と鳳凰
(阿)
竹
松
梅
(吽)
桐と鳳凰
(春)
時鳥と桃
(夏)
鴛鴦と杜若、橘
(秋)
小禽と椎、尾長と菊
(冬)
雁と芦

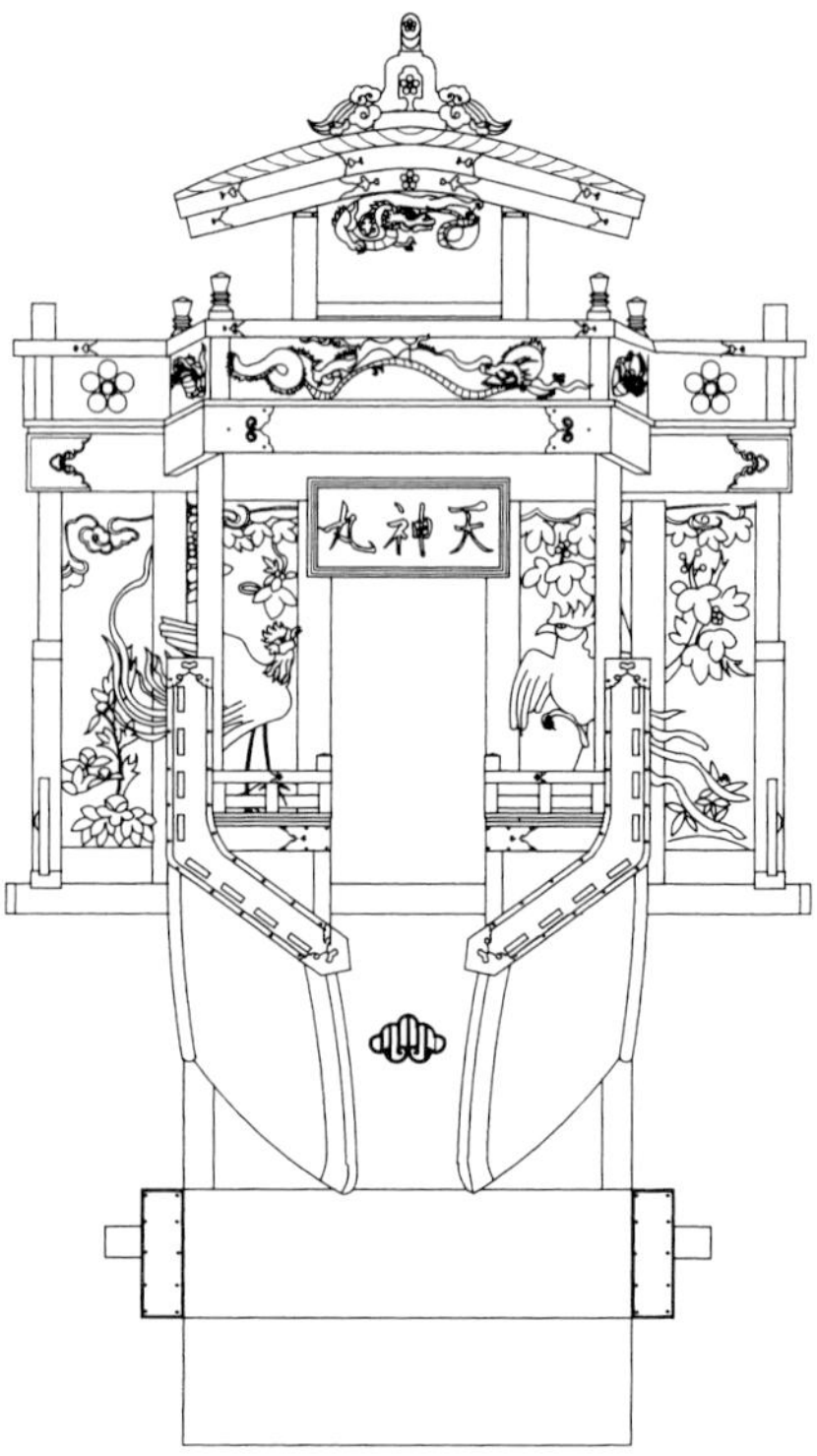
天神丸

背面(彫刻)図

前屋形上部の建具を飾る松と鶴の彫刻

御迎人形

元禄文化の申し子のように登場した「御迎人形」は、豪華絢爛の刺繍に彩られて「天神祭の華」と呼ばれた。井原西鶴が「天満の舟祭りが見ゆるこそ幸いなれ」と記したのも、御迎人形の存在があればこそである。最盛期には50体を超えたが、今に残るのは17体(うち1体は頭)だけである。現存する人形のうち、「酒田公時」「豆蔵」「八幡太郎義家」「真田幸村(佐々木高綱)」「羽柴秀吉」「猩々」の6体についてはその写真を、残りの11体については『天満宮御神事　御迎舩人形図会』に描かれた画を紹介する。

酒田公時

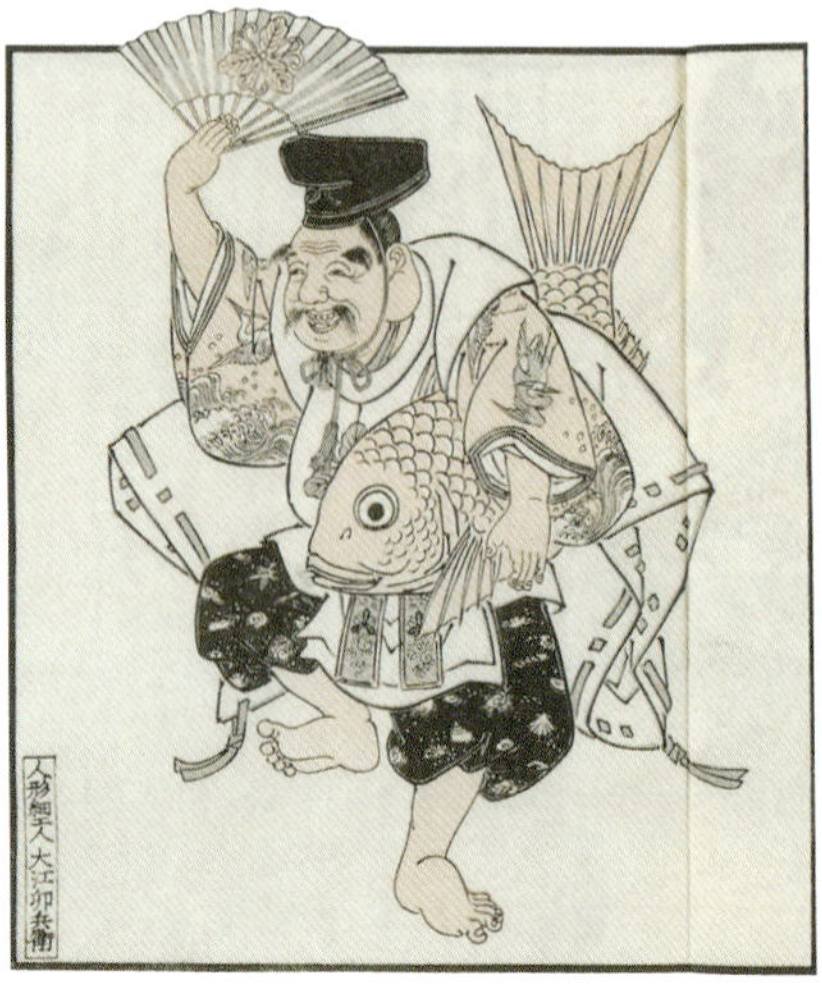

恵比須

素戔嗚尊

木津勘助

三番叟

雀踊

豆蔵

八幡太郎義家

真田幸村（佐々木高綱）

羽柴秀吉

鎮西八郎

安倍保名

鬼若丸

猩々

与勘平

胡蝶舞

関羽

Ⅰ　天神祭の歴史

天神祭の起源をさぐる

武田佐知子

母の日記にみる天神祭

ここ数年、天神祭の船渡御で、奉拝船に乗ることが、夏のはじめの恒例行事になっている。行き交う船同士で「大阪締め」の交換をし、真上で大きく開く花火に見とれ、両岸や橋の上から眺める人に手を振ると、ああ天神祭のさなかにいるんだと実感する。

次々に建ち始めた高層ビルのあいまから、ライティングされた大阪城が覗く。伊丹空港に向かう飛行機は、だいぶ高度を下げて、花火を上空から楽しんでいる如くである。しかし今日の天神祭の光景は、いったいいつ頃からのものなのだろうか。

筆者の母は、大正初期、大阪天満宮にほど近く、大阪市北区の天神橋筋商店街にある、小さな漆器屋の娘として生まれた。天満宮とは、国道一号線を隔てて北側にある堀川幼稚園から堀川小学校を卒業して、さらに大手前高等女学校に進んだ。奈良女子高等師範を経て、広島の女学校の教師として赴任するまで、ずっとこの地に棲んでいたし、結婚して家を出てからも、昭和一九年（一九四四）に、迫り来る空襲の危険を避けて店をたたむまで、子供の手を引いて、頻繁に里帰りしていた懐かしい故郷の地であった。

母は小学校時代から日記を書いており[1]、戦争のどさくさにも、散逸させることなく、ミカン箱に入れて大切にとっていた。昭和初期、大手前女学校では、全学年に、夏休みの宿題として日記を課していた。女学校の夏休みは、今と同様七月二一日に始まる。天神祭の舟渡御も今と同じ、七月二五日の行事である。だから夏休みの日記には、毎年冒頭に、天神祭についての記述が出てくる。天満宮の参道でもあった天神橋筋界隈の子供たちにとって、天神祭は、お正月が過ぎるとその到来を首を長くして楽しみに待つ、一大イベントであった。宵宮の太鼓の響く中、新調した着物を着て、遠くまで続く祭り提灯のともされた軒先を、張り巡らされた幔幕の中に飾られた金銀の屏風や、もみの木の瓶花をみて歩く。祇園祭における屏風祭のようなしつらいが、天神祭の時にも、行われていたのだ。天神祭も、昭和の初期とは、だいぶ様子が違っていた。お渡りは本殿から天満宮表門筋へ出て、鳥居筋を回って商店街から川筋へ出る。道筋に当たる商店では座敷に屏風を立て、毛氈《もうせん》を敷いて、得意客をもてなした。

日記には、端建蔵橋《はたてぐらばし》のうえでもみくちゃになりながら、人々の肩越しに船渡御を眺め、さらに松島まで電車に乗って、御旅所に御鳳輦《ごほうれん》が入るのを見届けたという記述も見える。御鳳輦は鉾流橋から船に乗って、御旅所のある松島へ向かったのだ。道々には縄が張られ、見物の人達はゴザに座ってお渡りを迎えた。お渡りももっと距離が長かった。今は地盤沈下のため、船が橋の下をくぐれなくなって、下流へお渡りできなくなったのだ。もみの木が、天神祭と切り離せないものだったことは、母の日記に、天神祭の頃、お花の稽古に行くと、今日は祭りだからもみの木を活けた、というくだりにもうかがえる。しかし今や、もみの木と天神祭の関係は、すっかり忘れられてしまっているようだ。いま天満宮に残っている史料には、もみの木と天神祭の関係を語ってくれるものはなにもない。

祭りは長い歴史の経過のうちに、劇的に変化している。日本各地の、また世界各地の古くからの祭りを見て歩いて強く感じるのは、祭りは伝統をふまえた形式を表面上、取りながら、実は時代につれて、大きく変化して来ているということである。古い形式をそのまま温存して、祭りが維持されているということは、まずない。世につれ、時代のニーズに沿って、多様な変化を許容しつつ、今日の祭りがあるといえよう。

天満三池と星辰信仰

各地の古くから伝わる祭りの中にも、本来あるべき日取りを変えて、人手を当て込んで、週末に日程を組んで行われるようになったものも多い。

二〇〇〇年度の天神祭も、香淳皇太后の葬儀で一日延期され、それが未曾有のことのようにいわれたが、天神祭が七月二五日に定まったのはそう古いことではない。江戸時代には、菅原道真の生誕の日にちなみ、旧暦の六月二五日に、天神祭が行われるようになっていたが、室町時代の公卿の日記『康富卿記』には、宝徳元年（一四九九）の天神社の祭礼は、七月七日であったと伝えている。六月二五日に祭りの日が変更になった初見の記録は、『言経卿記』の、天正一五年（一五八七）の記録である。おそらくこの二つの記録の間に流れた長い時間の経過のなかで、戦国時代の混乱により、祭礼は一旦途絶をやむなくされ、復活した時に、天神祭の日取りが、七月七日から、菅原道真ゆかりの、六月二五日に変更されたものとみられる(2)。

七月七日に天神祭が行われたのは、七夕の祭り、星辰信仰との関係が指摘されている。天満宮の付近には、かつて七夕の行事にかかわる「天満三池」があった。古地図には、天満宮の北にあった天満山との間に、星合池、七夕池、明星池の、三つの池が描かれている（挿図2参照）。これらの池は、実は、大阪天満宮創祀の鍵となる、きわめて重要な池なのだ。

しかし今、大阪天満宮の境内に続く北側の地にある小さな池、星合池になごりをとどめているだけで、他は埋め立てられてしまった。星合池は文字通り、織り姫星と彦星が出合う、七夕信仰にちなんだ名である。

池の端の案内看板には、天暦三年（九四九）天満宮が御鎮座になった時、この池水に霊光が映ったとの伝承を記している。天正二年（一五七四）の「石山軍記」に「天満山の北、明星の池、星合の池の間、少し北に属し、織田信長本陣を布き」と記録しているから、少なくとも千年以上の歴史を持つ古池である。

大正一三年三月に刊行された『難波津』第二号には、「天満の三大池」と題した藤里好古の一文がある。七夕信仰にかかわる星合池、明星池、七夕池についての記述である。このうち、七夕池については、

> 七夕池は此花二丁目にあり。池面約三十坪にして、池側には七夕神社あり、稲荷大神、稚日女神を祠り、今を距たる千三百年以前の頃よりありし神社なりと伝えて、村社たりしが、明治四十年十二月、中の島豊国神社の境内摂社白玉神社に合祀せられて、今はなく、池も亦、埋没せられて、盈進高等小学校の敷地となる。

とある。

実はこの七夕池のあった、盈進高等小学校の敷地こそ、今は創立百数十年の歴史を誇る、堀川小学校となっている地、すなわち現大阪市北区東天満二丁目の地なのである。

母の卒業した堀川小学校は、今、天満宮の北側に、国道一号線を隔てて建っている。堀川小学校の表門を入った右手の校庭の隅には、七夕池がかつてこの地にあったことを語る、「七夕池旧跡」の碑が立っている。

この池は、かつてはその名の通り、七夕の日に星辰信仰の祭場となった場所で、その畔には、「七夕神社」が祀られていた。しかし、明治四二年の所謂「北の大火」ののちに、池は埋めたてられ、七夕神社も中之島にあった豊国神社の摂社、白玉神社に合祀されたという。さらに昭和三六年に豊国神社が大阪城公園に遷座した際に、七夕神社も同社境内に移っている。

このように、天満宮の近辺に、七夕にまつわる池が散在するのは、ここが星辰信仰と深くかかわった地だからであるが、それは大阪天満宮の創祀以前にこの地にあった、大将軍社の祭りとして営まれていたものなのだ。

そこで本稿では、大阪天満宮がこの地に勧請された歴史的契機をさぐり、百万の観客動員を誇る大阪天神祭が、いつ、如何なる事情で始まったかを考えてみたい。

天神信仰と御霊会

『日本紀略』は、正暦五年（九九四）、京都船岡山で行われた御霊会の様子を次のように伝えている。(3)

> 為疫神修御霊会、木工寮修理職造神輿二基、安置北野船岡上、屈僧令行仁王経之講説、城中之人招伶人、奏音楽、都人士女　持幣帛、不知幾千万人、礼了送難波海、此非朝儀、起自巷説、

さらに『本朝世紀』にも、(4)

此日、為疫神　被修御霊会　木工寮修理職　造御輿二基　安置北野船岡上　先屈僧侶　令講仁王経　城中之伶人　献音楽　会集之男女　不知幾千人　捧幣帛者老少満街衢　一日之内事了　還此於山境　自彼還放難波海　此事非公家之定　都人蜂起勤修也

と、同じ御霊会についての記録を見ることができる。

正暦五年という年は、前年以来、京都で疱瘡が大流行した年であった。この御霊会は、疱瘡をもたらした疫神を鎮め、送るためのものであった。木工寮修理職が神輿《しんよ》二基を作って北野の船岡山に安置し、僧が仁王経の講説を行い、京中の人々が伶人を呼んで音楽を奏し、都の男女、幾千万と知れない人々が幣帛をもって祭った。祭りが終わってのち、神輿に宿らせた疫神を、難波の海に送りだしたという。正暦五年、六月二七日のことである。前年から京内で、天然痘が大流行していた。都の路頭は病人であふれかえり、京の人の過半数が死に、五位以上の高官の死者も、藤原道兼が関白就任後わずか一二日にして倒れたのをはじめ、六七人にのぼるなど、壊滅的な打撃を受けていた。

この御霊会が、「此朝議にあらず。巷説より起これり」とあることは、民間から自然発生的に起こり、たちまちに大フィーバーしたものだったことが理解される。その行事が、難波の海へ神輿を送ることで締めくくられたのは、如何なる修法によっても、天然痘の猛威を押さえることができなかった京の人々が、難波の海から、疫神を、遠い海の彼方へ送ろうとしたためであろう。

この年は、五月に菅原道真に、贈左大臣正一位、続いて一〇月に、さらに贈太政大臣が行われた年でもあった。それは前年からの疫病の猛威が、いっこうおさまらないことに対する措置であったと考えられる。『小右記』は、道真への「贈太政大臣」が、時の内大臣藤原道兼が見た、菅丞相に太政大臣を贈るべしとの夢のお告げから発議されたものであることを明らかにしている。半年足らずの期間に、左大臣の追贈からさらに贈太政大臣の処遇がなされたのは、道真の宿敵、藤原時平が死後太政大臣位を贈られたことと、均衡をとるべく行われた措置だったのである。近来の天変も、道真の意図するところかと、あまりの不思議さに恐怖したのだった。[5]

短時日のうちに、重ねて太政大臣位が贈られた理由について、『小右記』はうち続く天変のみをあげているが、『日本紀略』には正暦四年八月の、紫宸殿、建礼門、朱雀門で行われた大祓について、「依天変幷疱瘡」とある。前年からの天然痘の猛威が、天変と相俟って、都の人々の心をとらえた社会不安にもなっていたことが察知され、この記事とあわせ考えると、天然痘の猛威も、道真の神異に因るとする確信に、政権上層部がとらわれていたことを示唆していよう。[6]すなわち天神信仰の昂揚にともなって、この時の疫病が、道真の怨霊の祟りであるという風評が巷間でささやかれ、民間からの発意で、大々的な御霊会が営まれ、朝廷としても、道真に贈位することでその霊を慰めざるを得なかったのではないか。

そしてその御霊会が、難波の海に疫神を流す行事で締めくくられたのだとすると、実はこれは大阪天満宮の創祀と密接にかかわる事件であったのではないかと、筆者には思える。

創祀年代の推定

大阪天満宮の創祀は、社伝により、村上天皇の天暦年中と説かれることが多い。年紀の確かな社伝は、延宝八年（一六八〇）の、「摂州西成郡南中嶋惣社天満宮略御縁起」（挿図1）だが、そこに「抑当社八人王六十二代、村上天皇の御時、天暦年中に御こんりうの所なり」とあるによる。大阪天満宮を指す「摂州天満天神」が、初めて史料に登場するのは、『本朝無題詩』巻一〇所載の、藤原敦基・敦光兄弟による、「九月盡日陪天満天神祠」と題した、二篇の漢詩であるが、これらの詩の制作年代について、滝川政次郎氏が細かく考証を加えている。

氏は『尊卑文脈』の記す没年記事や、敦光の伝記を収載する『本朝新修往生伝』などから、両者が漢詩を同時に創作し得た年代を考えると、寛治四年（一〇九〇）が妥当であろうとした。[7] これは天満宮の宮司、寺井種長氏が、宮内庁に出仕していた頃、図書寮の書物を渉猟して書いたという『難波菅廟』が、史料的根拠はあげていないものの、延久二年（一〇七〇）説を主張しているに対して、その年では敦光は八歳の年少であるからと、延久二年の干支、「甲午」と音通する「庚午」年にあたる、寛治四年説をとったものである。[8] しかし『難波菅廟』の主張がどこまで信頼しうるものか、なお問題は残るとしなければなるまい。

なお髙島幸次氏は、新発見史料に、敦基・敦光兄弟の参拝を、「天養元年（一一四四）」としたものがあることに注目して、この年は甲子年にあたるが、すでに敦基は死去しており、敦光の没年にもあたるので、[9] さらに一回りさかのぼった応徳元年（一〇八四）の甲子年を詩の制作年代に比定している。[10]

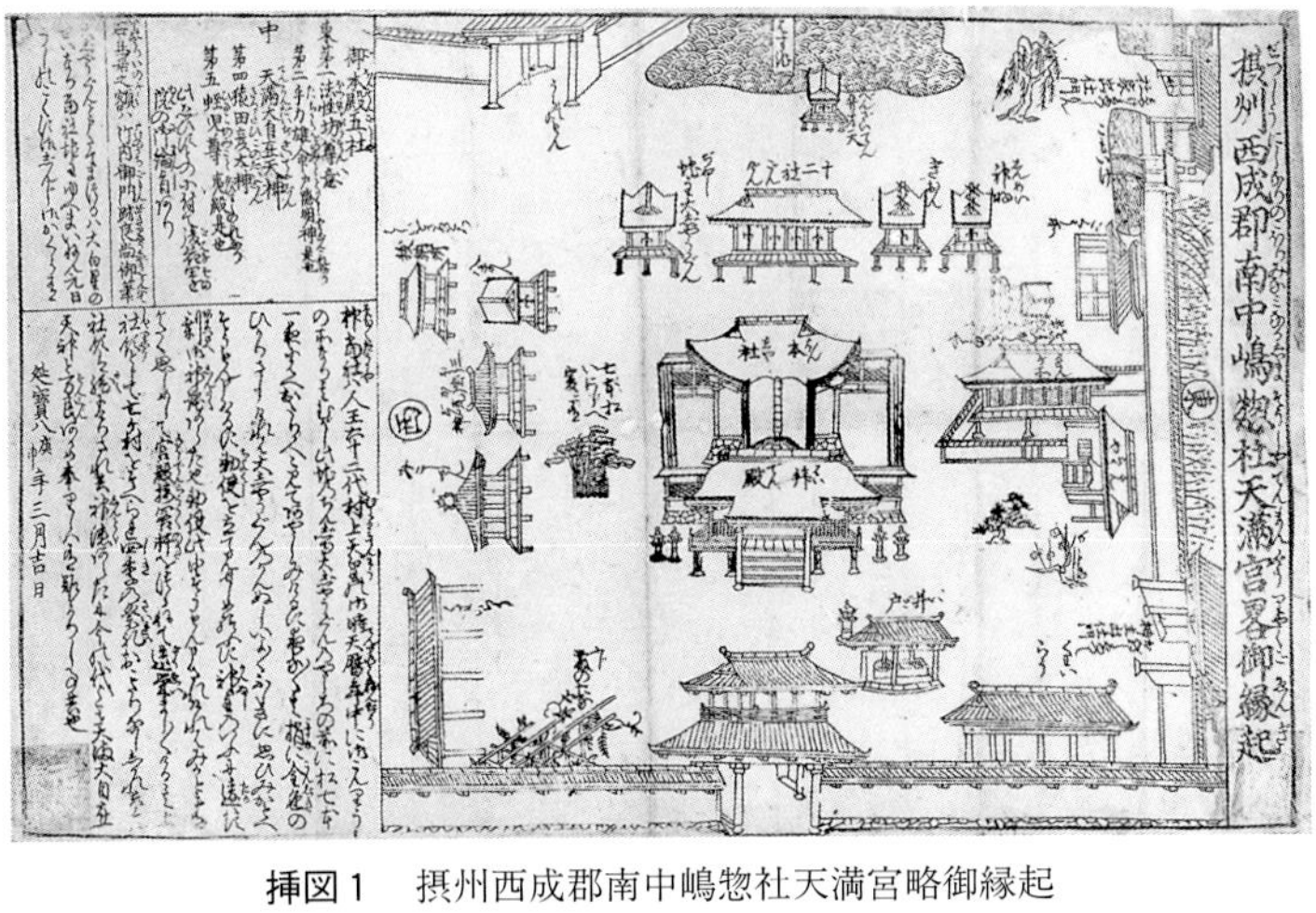

挿図1　摂州西成郡南中嶋惣社天満宮略御縁起

いずれにせよ、一一世紀後半の段階には、摂州の渡し口の社、天満天神祠はすでに成立していたと見られ、海辺の村閭《むらざと》から遠近を問わず人々が参詣し、信仰を集めていたことがわかる。また、これらの詩には、「激浪花飛」あるいは「渡口潮添寒浪白」と、天満天神が激しい波の打ち寄せる渡し口にあったことが知れるのだが、滝川政次郎氏は、この時期にすでに「叢祠基趾多経歳」という状況が詠われていることから、「城北霊祠」すなわち北野天満宮や、「河陽古廟」すなわち長岡天満宮よりは創建は新しいものの、摂州天満天神も、すでに年を経ていたとみられ、詩が創作された寛治年中よりさかのぼること五～六〇年の昔、長暦年中（一〇三七～四四）と万寿年中（一〇二四～二七）の間に創祀されたものではないかと推定している。[11]

　高島幸次氏の推定する作詩年代に依拠して、さかのぼって約半世紀の昔に創祀年代を想定するにしても、一一世紀初頭をさしてさかのぼれるものではないということになろう。

　かかる推定が、おおむね大過ないものとすると、ではどうしてこの時期に、大阪天満宮が、難波の地に創祀されたのであろうかという問題が解かれなければならない。筆者は、これには正暦五年（九九四）に行われた、御霊会が関係しているのではないかと推定している。大阪天満宮の境内に、大将軍社がある。天満宮の地主神と位置づけられているが、毎年元旦には、新年最初の神事として、大阪天満宮より大将軍社に地代が納められる神事に象徴されるように、天満宮は、もともと大将軍社の境内に、おそらくは多くの疫神がそうであったように、若宮として祭られたものであった。

　寺伝では、道真が大宰府に流される際、道明寺にいた伯母の覚寿尼に会って別れを告げた後、難波の大将軍社に立ち寄って航海の無事を祈ったことが、大将軍社の境内に天満宮が創祀されるきっかけになったとする。では何故に、大将軍社に天満宮が祀られることになったのだろうか。

難波津と天満宮

　この理由を考えるについて、大阪天満宮の地の歴史地理を概観しておこう。この地はかつて、難波津に通じる難波の堀江の河口であった。仁徳朝に開削されたという難波の堀江は、上町台地の東から東北にかけて、広大な湖沼を作って海に流れ込んでいた大和川の水を、湿地の水はけを良くするために、台地からさらに北にのびた天満砂堆《さたい》の低地を開削して、直接海に流したものである。これによって、難波津から大和川をさかのぼって大和に通じることができ、奈良時代には、律令国家の表玄関は難波となっていた。

『日本書紀』舒明天皇四年（六三二）紀の、

　唐国使人高表仁等、泊于難波津。則遣大伴連馬養、迎於江口。船卅二艘及鼓吹旗幟、皆具整飾。便告高表仁等曰、聞天子所命之使、到于天皇朝迎之。時高表仁対曰、風寒之日、飾整船艘、以賜迎之、歓愧也。於是、令難波吉士小槻・大河内直矢伏、為導者、到于館前。

乃遣伊岐史乙等・難波吉士八牛、引客等入於館。[12]

と見える江口は、難波堀江の口であって、現今の天満橋付近ではないかとする説がある。[13]

これに対して日下雅義氏は、難波の津は、難波の堀江を新たに開削して造った港で、高麗橋付近であったろうとし、舒明紀にいう「江口」は、玉江橋付近であったと推定している。[14]また千田稔氏は、難波の津の位置について、現御堂筋を海岸線と想定して、三津寺町あたりを比定しており、依然として有力視されている。[15]いずれの説も、大川を、難波の堀江と見なすことを前提にしている。

なお直木孝次郎氏は、こうした諸説の鼎立に対して、元来難波の津は、一か所に限らなかったのではないかとし、海岸に平行して発達した天満砂堆の背後にラクーンが形成され、その各所に船着き場があったと思われるが、それらも広義の難波の津であったろうとされる。そして、難波の堀江が開削されると、堀江にそって、船着き場が造られたと見られ、推古紀の、

丙辰、客等泊于難波津。是日、以飾船卅艘、迎客等于江口、安置新館。[16]

とある隋使裴世清を迎えた日の記事は、難波津に宿泊する客を、飾船で江口に迎えたという文脈の中に、時間の推移を読みとるとすれば、江口は難波津より外側、海の側にあるはずであり江口と称されたのは、天満川の河口、高麗橋の付近かと推定されている。[17]

しかし、延暦三年（七八四）に都が長岡（長岡京）に置かれ、さらには平安遷都（七九四）が行われると、奈良に通じる大和川水系の地位が低下して、難波津の重要性は薄れていった。瀬戸内海を航行してきた船は難波津に寄港することなく、三国川から淀川を経て京に通じる淀川水系が重要視されるようになったからである。これによって、淀川河口の江口（難波津の江口とは別）や、上流の淀津や山崎津が繁栄することになるのである。

だとすればなにゆえに、平安時代の末には、すでにさびれ果てていただろうこの地に、天満宮が創祀されなければならなかったのだろうか。

この疑問に対して、重要な示唆を与えてくれるのは、直木孝次郎氏の、「難波の柏の渡りについて」という小論である。

仁徳紀には、次のような話が伝えられている。

皇后遊行紀国、到熊野岬、即取其処之御綱葉葉、此云箇始婆。而還。於是、天皇伺皇后不在、而娶八田皇女、納於宮中。時皇后到難波済、聞天皇合八田皇女、而大恨之。則其所採御綱葉投於海、而不著岸。故時人号散葉之海、曰葉済也。爰天皇不知皇后忿不著岸。親幸大津、待皇后之船。而歌曰、那珥波譬苔、須儒赴泥苔羅斉、許辞那豆灡、曾能赴尼苔羅斉、於朋灡赴泥苔礼。時皇后不泊于大津、更引之泝江、自山背廻而向倭。[18]

つまり古代の難波にあった「葉済《かしわのわたし》」は、「難波済《なにわのわたし》」の別名なのだが、それは仁徳后《きさき》磐之媛《いわのひめ》が、「御綱葉《みつなかしわ》」を投げ捨てたことに由来するとするのだ。

磐之媛が海に投げ捨てたという柏の葉は、「比羅伝」のことで、食物を盛る器の用をなすものだとし、難波の海で行われた八十島《やそじま》祭で、柏の葉で作った比羅伝に食物を盛り、祭儀が終わるとそれを海に投棄した事態との関連を説かれている。(19)

　さらに景行紀に見える日本武尊が、熊襲を平らげた帰途、熊襲征伐を天皇に報告するくだりに、

　既而従海路還倭、到吉備以渡穴海。其処有悪神。則殺之。亦比至難波、殺柏済之悪神。済、此云和多利。

廿八年春二月乙丑朔日本武尊、奏平熊襲之状曰、臣頼天皇之神霊、以兵一挙、頓誅熊襲之魁帥者、悉平其国。是以、西洲既謐。百姓無事。唯吉備穴済神、及難波柏済神、皆有害心、以放毒気、令苦路人。並為禍害之藪。故悉殺其悪神、並開水陸之径。天皇、於是、美日本武之功而異愛(20)

と、日本武尊は、吉備の穴済《あなのわたし》と、難波の柏済《かしわのわたし》の神が、害心を持ち、路行く人を苦しめるので、両神を殺したとする事態が、水陸の道を開くことと同義と位置づけられていることから、柏済は、渡し、渡河地点であり、そこには重要な陸路が通じていたはずで、後年、天満橋と天神橋が架橋されたあたりが、有力候補地なのではないかとする。

　柏済《かしわのわたし》の地は、難波済と称されたことにも明らかなように、難波の水陸の重要な結節点であったからこそ、その渡河を危うくする悪神を祓うために、柏の葉で作った比羅伝に食物を盛って祀う祭りの必要性があったのだと考えられよう。そして難波大津に幸して皇后の船を出迎えようとした仁徳天皇の前を、これ見よがしに通り過ぎ、難波堀江をさかのぼり、山背から倭に入ったという、仁徳紀が記す磐之媛のたどったコースからすると、この地は、難波の堀江から、仁徳天皇の難波高津宮に上陸する地点としての渡しのあった地点と見るのが蓋然性が高いであろう。直木氏は、この地を柏済の故地とする理由を、明確にはしておられないが、おそらく下記の理由に拠ろう。

　この地こそ、のちに大江山の酒呑童子を退治した源頼光の四天王のひとり、渡辺綱を祖とする渡辺党の本拠地となる、渡辺津のあったところである。そしてより古くは、摂津の国府の大渡のあったところでもあった。「渡辺」とは、「国衙の大渡の辺り」の謂であるという。(21)また、さらにさかのぼれば、難波宮域の北西部にあたる難波の堀江、すなわち大川の南岸一帯は、五世紀後半以降、開発が進められ、摂津職や難波館をはじめ、公的私的な諸施設が建設されていたことが明らかにされている。(22)

　もし難波館が、中央区釣鐘一丁目の、東中学跡地に比定することができ、(23)舒明紀や推古紀に見た、使節が宿泊した難波館もこの地であったとすれば、ここはまさに天満宮と大川を隔てた対岸の地である。直木氏の所説に従って、難波津と称される場所は、天満砂堆にそったラクーンの各所に存在し、難波堀江が開削されると、堀江に沿ってそこにも難波津と呼ばれる船着き場があったとすると、難波津であり、難波の済であり、またの名は柏済でもある場所とい

う地点が存在したことが想定される。それは難波宮への上陸地点でもあったという水陸交通の要衝としての立地からすると、難波館が置かれた難波津は、この地に比定するのがもっとも適合的であるとせざるを得ない。

渡辺党と酒呑童子

やがて平安時代に、王朝貴族らの社寺参詣が盛んになると、この地は、都の貴族たちの熊野や高野山・四天王寺、あるいは住吉へのコースの途上に、必ず経由する地点としてにぎわった。都から淀川を下り、窪津、即ちのちの渡辺津で上陸して、牛車、あるいは輿や駕で、まっすぐ南下して四天王寺に向かうのが例となったからである。この道は、難波宮の中軸線からややはずれ、四天王寺西門から直線に北上して大川にいたる道であったと考えられ、ほぼ現在の谷町筋にあたるという[24]。

延暦四年（七八五）に、

庚戌。遣使堀摂津国神下。梓江。鯵生野。通于三国川[25]。

とあるように、淀川から三国川（神埼川）を経て、尼崎にいたる水路が造られると、難波の堀江の交通路としての重要性は、低減したかに見えるが、南海道に通じる海路も、依然として堀江が利用されたのであった[26]。渡辺党は、まさにこうした歴史的環境の中に、この地の水陸の交通をつかさどる氏として成長した。非開発領主型で、水軍もかねた武士団でもあった渡辺党は、メンバーの多くが、内裏警護の武士、「滝口」として朝廷に仕える一方で、検非違使として渡辺に常駐し、港湾の警察権をも掌握する存在であった[27]。

『大江山絵詞』は、正暦年中に、都鄙の貴賤をうしない、遠近の男女をほろぼす疫病が流行った時、摂津守源頼光と丹後守藤原保昌を起用して鬼神退治に出かけさせたという設定で始まる[28]。この出だしは、まさに問題にしている正暦四年から五年にかけての疱瘡の大流行が、大江山の酒呑童子の所行とみなす考えのあったことを明らかにするものであるが、渡辺党の祖とされる渡辺綱は、大江山の酒呑童子を退治した、源頼光の四天王のひとりである。高橋昌明氏は、「水陸交通の要衝、摂津渡辺の地は、畿内七瀬祓祭場中の、農太（野田）と場所的に重なり、西に今一つの祭場である難波の海をひかえていた。難波の海は、天皇即位後、その安穏と長命を祈って、一代一度の八十島祭が行われる舞台でもある。つまり、渡辺は祓所であるとともに、鴨川や平安京の東西南北、淀川流域において、祓われたすべてのケガレが、最後に『日本』全体の祓所たる難波の海に流れ込むのを見とどける、重要地点だった」とし、渡辺党がケガレを祓う任務と無縁だったとは思われない、としている[29]。

そしてこの渡辺の地に、大阪天満宮が勧請されたことは、『太平記』巻二五に見える貞和年間の住吉の合戦の際、

渡辺橋打越天神之松原江引退[30]

とあることからも、明らかであろう。髙島幸次氏は、疱瘡の疫神封じのために正暦五年に営まれた船岡山の御霊会の

祭り、疫神を祀る神輿二基を難波海に流したというが、神輿が難波の海に流れ込むのを見届けたのも、渡辺の浜からではなかろうかとし、さらに、現在も天神祭で、ご神体が乗る御鳳輦とは別に、玉神輿と鳳神輿の二基が担がれるのは、その名残りではないかとする、興味深い指摘を行っておられる。(31)

高橋昌明氏は、『沙石集』の、

渡辺ノ辺ニテ、ヲヒタチタル物ニテ候ヘバ、自然ニ御殿居番ナムドツトメテ奉公仕ベシ(32)

とある例を引いて、渡辺の一族が、滝口の武士などとして王家や貴顕の家に宿直番として勤務することを広く伝統としていたのは、魑魅《ちみ》が横行し、ケガレに満ちる夜の時間こそ、滝口の武士の得意とする弓をもって、弦を引き放ち、邪神を退ける鳴弦の効果を期待されたからであったとする。(33)

これらの先学の指摘を手がかりとして、難波の渡辺の地が、ケガレの祓えの地としての位置づけを持っていた故に、正暦五年の御霊会で、神輿を船岡山麓の水流に流し入れ、(34)渡辺党の祖にあたる人々の関与により、最後に渡辺の地から難波の海に還し放たれたと想定してみたい。

それはこの地の交通の要衝の地としての位置づけが、日本武尊神話で、交通を妨げる悪神の退治伝承と結びついたり、仁徳紀の、柏の葉で作った比羅伝の投棄伝承が、八十島祭の祓えに結びついたことを考えると、きわめて自然であるといってよいだろう。さらに頼光と渡辺綱をはじめとする四天王が活躍した大江山の鬼退治の説話が、正暦五年の疱瘡の流行と関連して語られるについては、この時の疫病に対する、渡辺氏のなんらかの関与があったゆえと推察される。

それが具体的には、御霊会の最後における、難波の海への神輿の放還だったとの想定に立てば、密かにこの疫病の蔓延は、道真の祟りだと畏れた貴族層が、木工寮修理職に命じて神輿を造らしめ、身辺警衛の任に当たっていた渡辺氏に命じて、難波の海への放還を管掌させたとみることが可能であろう。そしてこれを契機に、難波宮の西北から侵入する悪鬼を祓《はら》う、陰陽道の祭りの場を継承し、疫病の平癒・退散を祈願する神でもあった大将軍社に、菅原道真が祀られることになったものと推定しても、あながち間違っていないのではないだろうか。

大江山酒呑童子の原像は、猛威をふるう疱瘡を流行らせる鬼神であったが、(35)大江の地名は、良暹法師の、

わたのべや大江の岸に宿りして
雲居にみゆる生駒山かな(36)

の歌に見るように、この渡辺の地にもあった。摂津大江御厨《みくりや》は、(37)まさにこの地名の起源であり、渡辺の地名は、「大江の渡りの辺」から起こったともされる。(38)

『摂津名所図会』には、

大江橋　一名渡辺橋。近江川の下流、今の天満橋・天神橋の間に架す。此時河幅二百六十間余、今、川幅狭く成りて三橋を架す。一に天満橋長さ百十五間五尺二に天神橋長さ百二十二間三尺三に難波橋長さ百十四間

六尺此れを浪花三大橋といふ。今の堂島の大江橋渡辺橋は後世、堂島を築く時、貞享年中にかくる也。旧名によつて号く。

とあって、承徳二年（一〇九八）の年紀を持つ「浪速古図」などに見える渡辺橋が、実は大江橋の別名を持っていたことを明らかにしている。

水と疫神――神輿の難波還流

正暦五年（九九四）という年次によって、大江山の酒呑童子退治と、船岡山の御霊会が結びつけられ、それはすなわち疱瘡神を退治した渡辺綱を祖とする渡辺氏が、疱瘡の疫神退散を念じて行われた船岡山の御霊会において、神輿の難波還流に関与したことを直接的契機とするという推定は、さらに大江の地名とのかかわりにおいても、疱瘡退散と結びついているのである。

ところで「浪速古図」は、渡辺橋のたもと北渡辺の地と、北から近江川（大川）へ向かう道が河に突き当たる地点、「渡口」との間に、「鉾流し浜」の地名を記している。「渡口」の地名は、藤原敦基・敦光兄弟の「九月盡日陪天満天神祠」に、「渡口社壇訪土民　説言天満是天神」、あるいは「渡口潮添寒浪白」とあり、天満天神社の別名でもあった。「浪速古図」の「鉾流し浜」は、天満宮の鳥居が南面する難波堀江の河岸である。ここはその名の通り、今は天神祭の前日に営まれている「鉾流し神事」の行われる浜であった。天神祭は、古くは七月七日に行われたことが明らかにされている。(39)

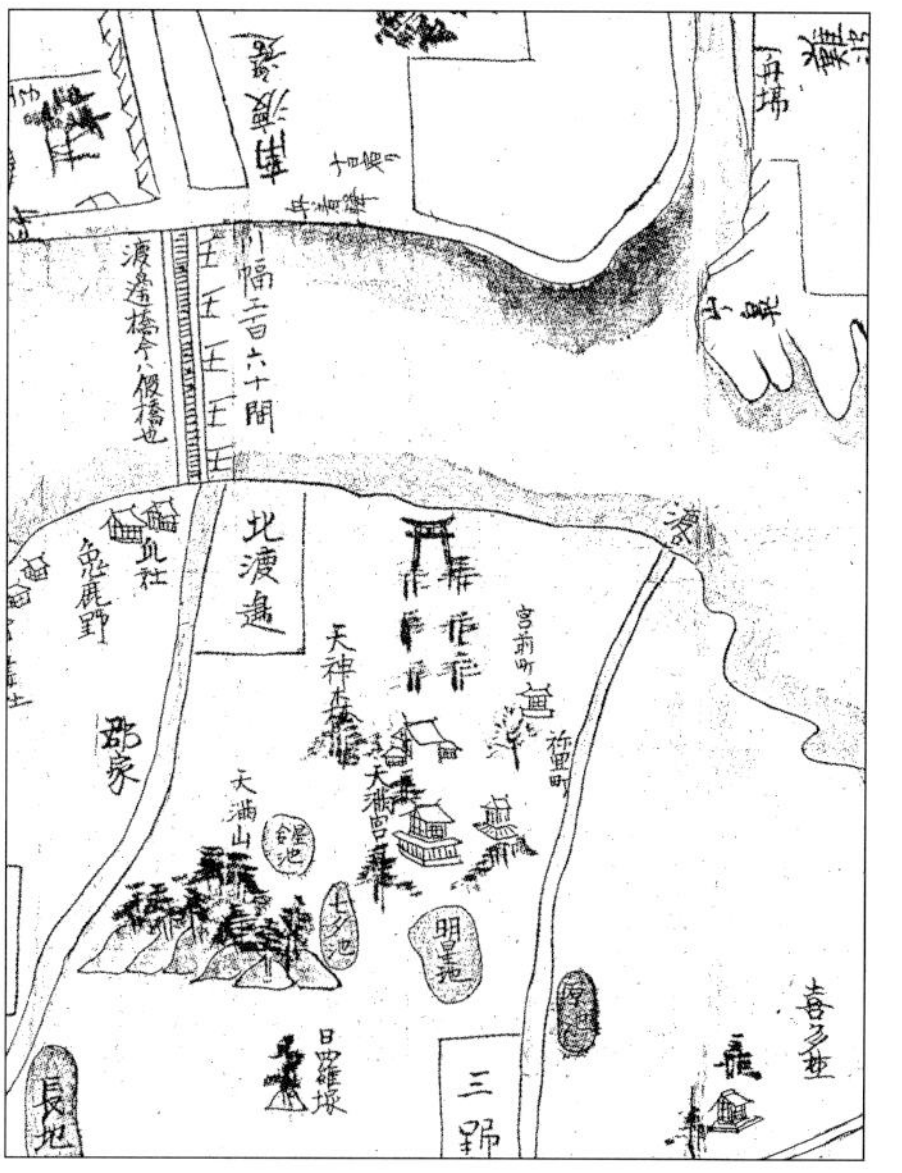

挿図2　浪速古図写

鉾流し神事は、鉾の流れ着く先を天神の御旅所と決定する神事と位置づけられているが、実は疫神を載せた神輿を難波の海に流した御霊会と結びつけられるべきものであり、天神祭の中心に位置づけられるべき神事である。さらには本来大将軍社で行われてきた、罪や穢れを祓い、形代《かたしろ》に移して水に流した、七夕の祭りに淵源するのではないかと考えられている。

北野天満宮でも、七夕に御手洗祭《みたらしまつり》が行われる。神前には道真遺愛の硯・水差し・角盥《つのだらい》を並べ、その左右には短冊代わりの梶の葉、なす、きゅうり、みたらし団子などを供えて祭りを行う。道真が七夕に歌を詠んだことにちなんで、文芸上達を願う祭りとされているが、実は御手洗池に手足をつけて穢れを祓う、昔の節句の行事に由来しているらしい。七夕は本来、穢れを形代に託して水に流す、祓えの性格を持つ行事なのである。

脇田晴子氏によれば、水と疫神は関係が深く、御霊会の記録として最初の貞観五年（八六三）のそれが神泉苑で行われていること、正暦五年の船岡山の御霊会が、神輿を難波の海に流していることも、同じ理由によるものだとする。さらに祇園の御霊会についても、平安時代から中世を通じて、少将井という名水の井戸の上に神輿が置かれ、御旅所にされたという事実は、水と疫神の深い関係を示しているとする。さらに『続古事談』に、祇園の宝殿の中には、龍穴があるとの記載が見え、祇園社の本殿母屋の下に池があり、昭和四七年（一九七二）当時はおおいがしてあったが、昔は青々とした水を湛えているのが、よく見えたという『八坂神社史』の、高原美忠氏の言を紹介して、神輿を水に流すのと同じ、信仰的故事が、祇園社にもあったと推定している[40]。

都から異界へ

以上見てきた如く、筆者は、大阪天満宮が、大将軍社の社地に創祀された契機を、正暦四・五年の疱瘡の流行が、船岡の御霊会を華々しく祀る事態を生んだが、この時の疱瘡の猛威が、菅原道真の祟りであると密かに懸念する、政権上層部の貴族層の意をくんで、渡辺氏の関与により、疫神を祀った神輿を、難波の海に流したことに求めるものである。

渡辺の地に疫病除けの神として祀られていた大将軍社の社地に、同じ疱瘡の疫神としての性格を持つ天満天神を勧請し、疫病の退散を願ったのであった。それが京都から遠い浪速の地でなければならなかったのは、疫神なるがゆえに、都からできるだけ遠くに流すことを願った京都の朝廷・堂上貴族の意向が大きく反映したものと考えられる。脇田晴子氏の言に従えば、疫神は異界から来たのだから、異界に帰すのであり、外国から入って来た疫病は、水辺を通って異界に帰ると観念されたゆえに、神泉苑で御霊会が営まれたのだし、それは雛流しの如く、穢れを依りつかせたものを水辺に流す風習と類似のものであった。

神輿が難波の海に送られたのは、疱瘡が、新羅から伝わった疫病であるとする風評も相俟って、難波が外国に通じる地点と意識されたからであった。それは百済からもたらされた仏像をめぐって、崇仏か廃仏かが論議された際、蘇我稲目が飛鳥の向原の家を、寺に改築して礼拝したところ、疫病が流行し、多数の死者が出たので、仏像を難波の堀江に運んで捨てさせたという所伝[41]と通底するものである。疫病をもたらす神は、できるだけ遠くに放逐しなければならず、難波の海から、もと来た外つ国の方向へ返すことが最善の策と考えられたからである。

義江彰夫氏は、神泉苑を開放して行った貞観五年の御霊会[42]の如く、王権の側は、反権力の側に傾き、ともすれば社会的・政治的運動として展開しがちな御霊会を体制の側に取り込むために、御霊会自体を国家が主催しようとしたという。[43] 正暦五年の御霊会においても、「此事非公家之定都人蜂起勤修也」（『本朝世紀』）「此非朝儀、起自巷説」（『日本紀略』）と、これが民間から起こった御霊会であることが特記されているが、にもかかわらず神輿が木工寮修理職の手によって造作されたこと自体、王権の関与があったことを明確にしていよう。であればこそ、その締めくくりの行事としての難波の海への送還に、王権構成メンバーに近侍していた渡辺氏が、王権の側の意を帯して、深く関与していたことも、きわめて自然ななりゆきであったといえるのではないだろうか。

（1）拙著『娘が語る母の昭和』（朝日選書、二〇〇〇年、朝日新聞社）
（2）髙島幸次「大阪天満宮と大将軍信仰」（『大阪天満宮史の研究』第二集、思文閣出版、一九九三年）
（3）『日本紀略』正暦五年六月二七日条
（4）『本朝世紀』巻三〇、一条天皇正暦五年六月二七日条
（5）『小右記』正暦四年閏一〇月六日条
（6）西田直二郎も、当時菅公に対する敬信は、早くも藤原氏の間においても、勢力を有していた一班を見ることができる、としている（「菅公と天満宮」、『歴史と地理』1―2・3・4・5、一九一七年）。
（7）滝川政次郎「大阪天満宮境内に建つ藤原敦基敦光の詩と平安初期における天満の歴史地理」（『史迹と美術』、のち「大阪天満宮の創祀年代考」と改題して『大阪天満宮史の研究』所収、思文閣出版、一九九一年）。
（8）髙島幸次「藤原敦基・敦光の碑」（大阪天満宮社報『てんまてんじん』三四号、一九九八年）
（9）『本朝新修往生伝』「式部大輔敦光朝臣」
（10）前掲注（8）
（11）前掲注（7）
（12）『日本書紀』巻第二三、舒明天皇四年冬一〇月辛亥朔甲寅条
（13）前掲注（7）
（14）日下雅義『古代景観の復元』（中央公論社、一九九一年）
（15）千田稔「古代港津の歴史地理学的考察」（『史林』五三―一、一九七〇年）
（16）『日本書紀』巻第二二、推古天皇一六年六月壬寅朔丙辰条
（17）直木孝次郎「難波津と難波の堀江」（『難波宮と難波津の研究』、吉川弘文館、一九九四年）
（18）『日本書紀』巻第一一、仁徳天皇三〇年秋九月乙卯朔乙丑条
（19）直木孝次郎「難波の柏の渡りについて」（前掲『難波宮と難波津の研究』）
（20）『日本書紀』巻第七、景行天皇二七年一二月条及び二八年春二月乙丑朔条
（21）河音能平「難波津から渡辺津へ」（『新修　大阪市史』第二巻、八頁、一九八八年）
（22）植木久「大和への玄関――難波の津」（『新版　古代の日本』近畿Ⅱ、一九九一年、角川書店）
（23）天満橋と天神橋の中間の大川南岸にあたる、中央区釣鐘一丁目の東中学校跡地からは、一九九〇年に、肩の部分に、円形、三角形のスタンプを押しつけた七世紀の緑釉陶器が出土し、八世紀の掘建柱建物が検出された周囲からは、「厨」「浄」などの墨書土器と、重圏文・蓮華文の軒丸瓦や、鴟尾の破片が発掘され、大川に近接してい

ることからも、難波館の有力な候補地のひとつとみなされている（上田正昭・小笠原好彦編『難波京の風景』、文英堂、一九九七年）。

(24) 河音能平「院政期における渡辺党の活動」（前掲『新修　大阪市史』第二巻、九五頁）

(25) 『続日本紀』巻三八、延暦四年正月庚戌条

(26) 滝川政次郎氏は、『土佐日記』に「みおつくしのもとよりいでてなにはにつきて、かはじりにいたる」を、難波の八十嶋の間を航行して、難波の堀江に入ったことと解している（前掲注7）。直木孝次郎氏も、『土佐日記』の「かはじり」は、天満川の河尻で、難波津のことと解してよいであろうとしている（前掲注17）。

(27) 河音能平「難波津から渡辺津へ」（前掲注21、一六頁）

(28) 逸翁美術館蔵『大江山絵詞』

(29) 高橋昌明『酒呑童子の誕生』（中公新書、一九九二年）

(30) 『太平記』貞和四年（一三四八）一一月条

(31) 前掲注(2)

(32) 『沙石集』巻八の一五

(33) 前掲注(29)

(34) 高橋昌明氏は、船岡山麓から、難波の海までの神輿のたどった経路を、「よごれの京都・御霊会・武士」（『新しい歴史学のために』一九九号、一九九〇年）において、詳細に推定されている。

(35) 前掲注(29)

(36) 良暹法師『後拾遺和歌集』

(37) 延喜五年（九〇五）、河内大江御厨がたてられ、おそらくこれと同時に、河内大江御厨の、大和川上の外港にあたる摂津渡辺が、摂津大江御厨に包摂され、供御物として貢進される魚介類を集中し、朝廷に貢納する中継基地としての役割を果たしていたとされる（前掲注21）

(38) 前掲注(2)

(39) 天神祭の初見史料は『康富卿記』であるが、その宝徳元年（一四四九）七月七日条に、「天神祭礼」が見える（前掲注2）。

(40) 脇田晴子『中世京都と祇園祭』（中公新書、一九九九年）

(41) 『日本書紀』巻第一九、欽明天皇一三年冬一〇月条

百済聖明王、更名聖王。遣西部姫氏達率怒・斯致契等、献釈迦仏金銅像一軀・幡蓋若干・経論若干巻。……是日、天皇聞已、歓喜踊躍、詔使者云、朕従昔来、未曾得聞如是微妙之法。然朕不自決。乃歴問群臣曰、西蕃献仏相貌端厳。全未曾有。可礼以不。蘇我大臣稲目宿禰奏曰、西蕃諸国、一皆礼之。豊秋日本、豈独背也。物部大連尾輿・中臣連鎌子、同奏曰、我国家之、王天下者、恆以天地社稷百済八十神、春夏秋冬、祭拝為事。方今改拝蕃神、恐致国神之怒。天皇曰、宜付情願人稲目宿禰、試令礼拝。大臣跪受而忻悦。安置小墾田家。懃脩出世業為因。浄捨向原家為寺。於後、国行疫気、民致夭残。久而愈多。不能治療。物部大連尾輿・中臣連鎌子、同奏曰、昔日不須臣計、致斯病死。今不遠而復、必当有慶。宜早投棄、懃求後福。天皇曰、依奏。有司乃以仏像、流棄難波堀江。復縦火於伽藍。焼燼更無余。於是、天無風雲、忽災大殿。

なお、『扶桑略記』が引く「善光寺縁起」に、百済国から阿弥陀三尊像が、波に流されて、日本国摂津国難波津に流れ着いたとするのも、仏教が、難波津からもたらされた

(42) 『三代実録』巻七、貞観五年（八六三）五月二〇日壬午条

於神泉苑修御霊会。勅遣左近衛中将従四位下藤原朝臣基経。右近衛権中将従四位下・行内蔵頭藤原朝臣常行等。

監会事。王公卿士赴集共観。霊座六前設施几筵。盛陳花果。恭敬薫修。延律師慧達為講師。演説金光明経一部。般若心経六巻。命雅楽寮伶人作楽。以 帝近侍児童及良家稚子為舞人。大唐高麗更出而舞。雑伎散楽競盡其能。此日宣旨。開苑四門。聴都邑人出入縦観。所謂御霊者。崇道天皇。伊予親王。藤原夫人。及観察使。橘逸勢。文室宮田麻呂等是也。並坐事被誅。寃魂成厲。近代以来。疫病繁発。死亡甚衆。天下以為。此灾。御霊之所生也。始自京畿。爰及外国。毎至夏天秋節。修御霊会。往々不断。或礼仏説経。或歌且舞。令童貫之子靚粧馳射。膂力之士袒裼相撲。騎射呈芸。走馬争勝。倡優嫚戯。遞相誇競。聚而観者莫不塡咽。遐邇因循。漸成風俗。今玆春初咳逆成疫。百姓多斃。朝廷為祈。至是乃修此会。以賽宿禱也。

　『三代実録』巻七、貞観五年（八六三）五月二二日甲申条

天皇御雅院。召見神泉苑御霊会舞童。雅楽寮奏音楽。

（43）　義江彰夫『神仏習合』（岩波新書、一九九六年）

［付記］　本稿成稿後、髙島幸次氏より、大阪天満宮の社伝では、天暦五年創祀の伝承があった旨うかがった（『大阪府社天満宮要項』一九三一年、『大阪府社　神事要録』一九三二年など）。天暦五年は、実は正暦五年の誤記とも考えられるかもしれない。

天神祭の成立と発展

髙島幸次

はじめに——天神信仰の成立基盤

天満宮が「学問の神様」とされるのは、菅公が当代切っての優秀な学者であったことによる。しかし、菅公に学問の上達を祈願する習慣は、一般庶民が教育の必要性に目覚めて以降のことであり、初期の天神信仰にそのような神格を認めることは難しい。

平安中期に成立した天神信仰は「学業成就」の神ではなく、畏怖すべき祟《たた》りをもたらす反面、その祟りを免れ安穏を与えてくれる「怨霊神」であり、時には激しい雷雨や長雨により凶作をもたらす反面、旱魃に慈雨を降らせる「雷神」でもあり、さらには疫病（特に疱瘡）を流行らせる反面、その退散・平癒を約束してくれる「疫神」でもあった。

真壁俊信氏が「天神信仰の特色のひとつは、各時代の社会や思想、それに各時代の人々の願望などが、強く反映しているところにある」と指摘されたように(1)、天神信仰は実に数多くの神格を備えている。

菅公の左遷を画策した藤原時平の縁者が落雷や疫病で変死することが相次いだ時、それを菅公の怨霊の仕業だとする風聞が流れたことは、怨霊信仰を醸造させるに十分な条件であった。しかし、藤原氏やその周辺の貴族社会だけではなく、より広く庶民社会に天神信仰が浸透する下地を準備したのは、大都市「平安京」の成立であった。それまでの自然の自浄作用に恵まれた村落生活とは異なり、都市における人口の増大や人家の密集は、疫病や凶作・火事・地震などの天変地異への不安を増大させたからである。

結果、人々は従来の神仏への飽き足らなさの裏返しとして、新たな信仰を希求するようになった。しかもその信仰は、人々の幅広く奥深い不安に対し包括的に応えるものでなくてはならなかった。個々の不安に既成の疫神や雷神などが対応できたとしても、人々が必要としていたのは、それまでの神道や仏教に代わり得る、より包括的な信仰だったのである。

そこで、人々は自身の心性にかなう多彩な信仰を包括し得る存在として、菅公を選んだ。ここで留意すべきは、例えば後世の「豊国大明神」にみられる豊臣秀吉への個人崇拝とは明らかに異なり、初期天神信仰における菅公は、当時の人々が希求する多様な信仰を一つに統合する役割を担っていたことである。もちろん、菅公の怨恨を鎮めんがための個人崇拝の側面が全くなかったわけではないが、初期の天神信仰における菅公の主たる役割は、多種多様な信仰を自身の神格とするための求心力を発揮することであった[2]。既存の神々ではなく、史上初めて実在の人物を神として祀ったことの意味がここにあった。

天満宮の創祀と天神祭の成立

(1) 大阪天満宮の創祀　「星辰信仰」とそこから派生した「疫神信仰」を主軸とする大将軍信仰が、天神信仰成立の重要な基盤であったことは別に論じた[3]。大将軍信仰のなかの「疫神信仰」が、菅公の最も重要な神格として受け継がれたことを論証したのであるが、疫病の流行がなによりも大きな脅威であった社会的背景を勘案すれば、当然の結論であった。前近代の疫病の中で最も脅威とされたのは、疱瘡（天然痘）である。その流行周期は、奈良時代から平安初期には約三〇年周期だったが、やがて六～七年周期となり、ついには毎年絶えず小流行を繰り返すようになったという[4]。

そのため、古代の宮都造営に際しては、都の四隅の路で疫神や異境の悪神・悪気を攘《はら》う「道饗祭《みちあえのまつり》」が行われた。大阪天満宮の地も、実は白雉元年（六五〇）に難波長柄豊碕宮が遷都された際、その西北で道饗祭が行われた場所であった。のち同地には大将軍社が創祀され、六月・一二月の晦日の道饗祭を受け継ぎ、今に伝えている。その後、天暦三年（九四九）にいたって、大将軍社の社前に一夜にして七本松が生え、夜な夜な輝いたという「七本松伝承」により、天満宮が創祀されたのである。

そして、北野天満宮にも同種の創祀伝承が伝えられる。平安京の西北で道饗祭が斎行された地に大将軍八神社が鎮座し、その隣接する地に、一夜にして千本松が生え、夜な夜な輝いたという伝承は、見事に大阪天満宮のそれと符合する。疫病が宮都に進入するのを防ぐ道饗祭の地に、北斗七星を象徴する七本松、あるいは満天に輝く無数の星を表す千本松が生えたことを創祀の契機とするのは、まさに大将軍社の星辰信仰・疫神信仰を基盤として天神信仰が成立したことを今に伝えるものだった。この視点に立てば、菅公の神号である「天満大自在天神」についても、通説の「その瞋恚の焔、天に満ちたり[5]」の意と解するよりは、満天に輝く無数の星を意味する、星辰信仰にもとづいた神号であったと考えるほうが自然であろう。

(2) 鉾流神事の始まり　大阪天満宮の社伝によると、創祀の翌々年にあたる天暦五年（九五一）の六月一日、あるいは六月晦日に鉾流神事が始まったという。鉾流神事とは、社頭の浜から大川に神鉾を流し、その年の神霊渡御地を卜定する神事である。神鉾が漂着した地に仮の御旅所を設け、神霊の渡御を行ったのである。

藤里好古氏が「天満宮の渡御は、いにしへに夏越の禊《みそぎ》といひ、また鉾流しの神事ともいひ」と看破されたように、鉾流神事は本来「夏越（名越）の祓」であったから、六月晦日とする伝承に信憑性がある。大阪天満宮が創祀されると、大将軍社の道饗祭とは別に、天満宮独自の神事として鉾流神事が始められたのであろう。あるいは、以前から民間で行われていた「夏越の祓」を受け継いだ可能性も否定できないが、その場合は天満宮の神事となった時点で、御旅所の地を卜定する意味合いが付加されたことになる。

さらに、全国各地に伝わる、桟俵《さんだわら》や藁馬《わらうま》に赤い御幣を立てて川に流す「疱瘡送り」の習俗との類似性に注目すれば、鉾流神事で祓うべき主たる穢れは「疱瘡」であったように思われる。それは、形式の類似性だけではなく、成立期の天神信仰が疫神信仰を重要な基盤としていたことを傍証とする。そして、天満宮の社祠が大将軍社の南側の大川寄りに建てられたことも必然性を帯びてくる。

結果、六月晦日には大将軍社で道饗祭が、天満宮で鉾流神事が行われることとなった。そして、後述のように七月七日には、その神鉾が流れ着いた場所に神霊の船渡御が行われた。この七日の間に社人は仮設の御旅所を設け、天満宮周辺の氏子たちは渡御の供奉船を準備したのであろう。こうして「天神祭」は始まった。

もちろん、鉾流神事の始まりと同時に、今日のように賑やかな天神祭が始まったわけではない。天満宮創祀期の周辺の景観を伝える当該期の史料は見あたらないが、江戸時代に記された「寺井家記」には、大将軍社創祀の頃の景観について「樹木多生茂り、小池抔与茂所々ニ有之、何与なく物淋敷所なり」と記している。また天満宮の社伝も、大将軍社が創祀されて以後、付近は「大将軍社の森」と呼ばれ、大阪天満宮の創祀後は「天神の森」「天満の森」と呼ばれたと伝える。[6]この様子から、当初の船渡御は天満宮近辺に住まうわずかな住民に見守られながら、ひっそりと下流の卜定地に漕ぎ出されたと推測しておきたい。

（3）渡辺津の集落　天満宮の初見史料は藤原敦基・藤原敦光が詠んだ漢詩である。敦基・敦光の兄弟は一一世紀後半に天満宮を参拝しているが、敦基の詩の尾聯には「村閭遠近日頭至　報賽黄昏帰海浜」と注目すべき描写がみえる。意訳すれば「村落の人たちがあちらこちらから一礼して祠にやって来て、たそがれ時に天神への参拝をすませて海辺へと戻っていった」[7]ということであるが、ここに「村閭（村落）」とあることに注目したい。その村人は「海浜（海辺）」に戻ったのであるから、この村落は天満宮の門前ではなく、後述の渡辺津をさすと考えられる。

そして、村人たちが日々の業の終わりに天満宮に参る習慣を持っていたことは、年に一度の船渡御に村人たちが供奉したことを推測させる。このころには、たとえわずかな船数であろうとも、神霊の奉安船とそれに従う供奉船による船列が仕立てられたかも知れない。しかし、後世のような御迎船が遡航する姿を想定するのは難しい。下流の御旅所周辺から渡御船を迎えるために仕立てられるのが御迎船であるが、このころは神鉾が流れ着いた地に相応の集落が営まれているとは限らず、たとえ集落の地に漂着したとしても、その地の人々が必ずしも天満宮への崇敬心が厚いとの保証もない。ましてや鉾流神事の直前に大雨が降ったならば、神鉾は海へ流れ出ることさえありえるのである。御迎船の遡航は、後述のように、御旅所の常設化以降のこととしておきたい。

やがて、明応二年（一四九三）の「正覚寺合戦御陣図」に「ワタナベ」の集落が描かれる。[8] この図の精度については、次のように評価されている。

この地方のすべての集落を細大漏らさず書き込んだとは考えられないが、この時期あまり都市化していなかったこの地の主要な在所、宿駅はかなりの密度で、しかも的確に記載されているといってよい。[9]

とすると、少なくとも一五世紀末には、渡辺津の集落が「この地の主要な在所」にまで発展していたことになる。渡辺津は、対岸との渡りを業とする人々を中心に、大川の北岸・南岸に形成された集落であり、先の敦基の詩に詠まれた「村閭」の発展したものと考えて大過なかろう。

ところで、明応五年（一四九六）に本願寺蓮如が大坂坊舎の建設地とした「摂津国東成郡生玉庄大坂」が、「虎狼ノスミカ也、家ノ一モナク畠ハカリナリシ也」[10] と表現されたことはよく知られている。のちに大坂本願寺に発展する大坂御坊の地は、現在の大阪城域にあたり、かつての長柄豊碕宮は大坂御坊の南側に比定されている。上町台地の北端に当たるこの辺りが「虎狼ノスミカ」と修辞されるような地であったのに対し、大川沿いの渡辺津が「主要な在所」にまで発展していたのは、この地が水陸の要衝であったことの結果である。

やがて、天満宮の門前に人家が賑わい始めると、渡辺津の集落と一体化するのは必然であった。それにともない、船渡御に供奉する者の数も増え、渡御の船団が組まれるようになったと考えられるが、その時期を特定するのは難しい。天満宮の社伝が、天暦五年を「鉾流神事の始まり」と伝えながら、「天神祭の始まり」の年を伝えないのは、このような事情が影響しているのかも知れない。

天神祭の展開

（1）戦国期の天神祭　天神祭の初見史料は、室町中期の公家、中原康富の日記『康富記』である。その宝徳元年（一四四九）七月七日条に「川崎之鎮守天神之祭也」とある。[11]「川崎」は先述の渡辺津を含むより広い地名であり、[12]「川崎之鎮守」は大阪天満宮をさす。注目すべきは、七月七日の七夕に「天神之祭」が行われていることである。七夕といえば、牽牛星と織女星の伝説が思い浮かぶが、それは中国の古伝説にもとづくもので、わが国固有の七夕は、次のような「穢れ祓い」の行事だった。

棚機つ女は、人里離れた水辺の機屋に籠り、そこを斎場として神を迎え、斎い祭り、一夜を過ごす。翌日、神が帰るのを送るに際し、村人は禊を行い、あるいは送り神に託してけがれを持ち去ってもらう。[13]

六月晦日に行われる鉾流神事が「夏越の祓」であったこ

とを考えれば、それを受けた「天神祭」が穢れ祓いの七月七日に行われることになんの不思議もない。星辰信仰や疫神信仰を基盤に成立した初期天神信仰に相応しい祭礼であったといえよう。

ところで、権大外記として有職故実に通じた中原康富が、同日条の宮中の「乞巧奠《きっこうてん》」の記事より前に「天神之祭」を記録していることは、この頃の天神祭が、京の公家たちに聞こえるほどに賑わっていたことを物語っているのだろうか。

しかしこの後は、応仁の乱から戦国時代への世情不安のなかで、天神祭は発展を妨げられる。一六世紀に入ると、大坂本願寺の門主や連枝が幾度も天満宮を参拝したことが記録されるが、天神祭を見物した気配がないのである。

本願寺一〇世の証如は、たびたび「天満社」を訪れ、その日記「天文御日記」の天文五年（一五三六）から二三年（一五五四）の間に「天満社」や「天満」について七カ所に記しながら、天神祭については触れるところがない。また連枝の順興寺実従の日記「私心記」も、天文二年（一五三三）から天文二〇年（一五五一）の間に天満宮やその周辺について九カ所で触れながら、やはり天神祭については記載がない。証如は天文六年の参拝時には「百疋」を奉納し、実従は天文一三年に天満宮で行われた風流踊りを見物しているくらいだから、彼らが真宗の「神祇不拝」の教義に配慮して、天神祭の見学を伏せたとは考えられない[14]。

天文九年（一五四〇）には、天満宮は社領の貢租を細川晴賢の被官に横領されたとして幕府に訴えている[15]。この頃の天満宮を取り巻く世情には厳しいものがあり、天神祭だけが盛大に行われたとは考えがたい。そして元亀元年（一五七〇）から大坂本願寺が織田信長と戦争状態に入ると、天満宮は本願寺に味方したため、社殿は焼かれ、神領も没収されている。『細川両家記』は、信長が「天満森」に陣を構え「天神宮拝殿・会所放火申候[16]」と記し、また天満宮所蔵の史料にも「当社神人石山本願寺に加党致し候てより、信長公一時に神領不残御取揚げに相成候[17]」と記録されている如くである。ようやく天正八年（一五八〇）に本願寺が開城したときには、天満宮は存続の危機に直面していたはずであり、天神祭も中止されていたに違いない。

(2) 祭日の変更と御旅所の常設　信長に破れた本願寺は、紀伊鷺森・和泉貝塚を経て、天正一三年（一五八五）に秀吉から天満宮の東に隣接する地を与えられる。この天満本願寺の寺内町に住んだ山科言経の日記『言経卿記』には天満宮に関わる記事が散見できるが、天正一五年（一五八七）と同一八年の六月二五日条に天満宮の「祭礼見物」をした記録がある。同一四年六月二五日にも「参詣」が記録されているから、これも祭礼見物とみてよかろう。

とすると『康富記』の宝徳元年（一四四九）から『言経卿記』の天正一四年（一五八六）の間に、天神祭の祭日が変更されたことになる。天満宮の社人が大坂本願寺に籠城していた間、天神祭は中断されていたはずだが、その後の再興時に、七夕の七月七日から菅公の誕生日である六月二五日に変更されたのであろう。[18] それまでの大将軍社の星辰信仰の影響が色濃い祭礼から、菅公の神徳を崇める祭礼へ純化が図られたと理解しておきたい。

この祭日の変更により、六月晦日の鉾流神事で御旅所をト定することの意味がなくなった。この変更にともない、鉾流神事も六月二五日以前に変更したのか、それとも鉾流

挿図１　摂州大坂天満宮渡御之略図

神事によらずに御旅所を設けることにしたのか、よく解からない。案外、このころの天神祭は、御旅所を設けないままに氏地巡行だけが行われたのではなかろうか。もしも船渡御が行われていたのなら、物見高い山科言経が見物しないわけがないからである。

このような状況のなか、再び天満宮は大坂の陣の戦火に見舞われる。慶長一九年（一六一四）一〇月の冬の陣では、天満宮の社人は豊臣方に味方し、大坂本願寺の時と同様に大坂城に籠城したらしい。しかし翌年四月の夏の陣では、天満宮は戦火を避け、吹田村の橋本邸に避難している。その後、寛永末年（一六四四）までに天満の故地に還ったことがわかっているが、天満宮が吹田にあった間は、当然ながら天神祭は中止されていたとみられる。

天満への還座後、天神祭を再開するにともない、鉾流神事によって御旅所の地を決めることは止め、雑喉場《ざこば》に常設の御旅所が設けられた。慶安二年（一六四九）の史料に「御旅所之町」とみえるから、[19] この年までに御旅所は常設化され、船渡御のコースは固定化されたのであろう。結果、船渡御の経験の積み重ねが意味を持つようになり、祭礼の一部始終を事前に計画できるようになった。なかでも、御旅所周辺の人々により御迎船の船列が仕立てられるようになったことは、御旅所の常設がもたらした最大の効果であった。

もちろん、これまでも御神霊の渡御に際しては、天満宮周辺の氏子・崇敬者が、境内から川辺の乗船場まで徒歩で

行列を組み（陸渡御）、乗船場からは船列を仕立てて下流の御旅所へ向かっていたのであるが（船渡御）、御旅所の常設後は、御旅所周辺の氏子・崇敬者たちも御迎船を仕立てて遡行し、神霊奉安船と合流後に方向を転じて、御旅所まで下航するようになったのである。こうして天神祭が、わが国有数の祭礼に発展する条件が整ったのである。

元禄文化と御迎人形

（1）御迎人形の登場　先述の慶安二年「六月天神祭礼之義氏地へ御触」によれば、各町から繰り出された「ねり物」が先を争って行列が乱れる様子がうかがえ、一七世紀中頃には、かなりの賑わいをみせていたことがわかる。当時の大坂は、一六世紀末から始まった運河の開削にともない、商業都市への胎動の時代であった。淀川の河口には安治川が開削され、大和川も付け替えられ、大坂は「水の都」として「出船千艘・入船千艘」で賑わうようになった。淀川沿いには、諸藩の蔵屋敷が建ち並び、堂島の米市、天満の青物市、雑喉場の魚市も繁盛した。この三大市場を氏地に抱える大阪天満宮の天神祭が、大坂の発展に歩調を合わせるように盛大化していったのも当然のことであった。

元禄期（一六八八〜一七〇四）になると、大坂市中には町人文化を中心とした「元禄文化」が花開く。この風潮を受けて、御旅所周辺の町々では、天神祭にさまざまな趣向を凝らした風流人形をこしらえた。風流人形は、各町角で披露された後に、御迎船に飾り立てられ御迎船を儀装したのである。この「御迎船人形（御迎人形）」登場の背景には、元禄の町人文化の熟成が不可欠であった。井原西鶴や近松門左衛門らに代表される町人文芸は、人形浄瑠璃や歌舞伎などの発展をもたらしたが、御迎人形は、後述するように、その多くが浄瑠璃や歌舞伎の登場人物を題材としているのである。西鶴が「天満の舟祭りが見ゆるこそ幸いなれ」と書いたのも、御迎人形があればこそであった。

弘化三年（一八四六）刊行の『天満宮御神事　御迎船人形図会』[20]には、四四体の御迎人形が紹介されているが、その中に享和元年（一八〇一）に存在した「大森彦七」が含まれていないことなどを考えると、御迎人形の延べ数は、優に五〇体を越えたと考えられる。

しかし、幕末・維新期の天神祭の中止などの影響から、人形は減り始め[21]、天満宮の社誌編纂係だった藤里好古氏は、昭和六年（一九三一）ころには二〇体に減少したと嘆いている。さらに先の大戦で焼失したものもあり、現在では次の一六体と、恵比須の首だけが伝わっている。

三番叟・雀踊・安倍保名・与勘平・酒田公時・関羽・胡蝶舞・鬼若丸・八幡太郎義家・羽柴秀吉・猩々・素盞嗚尊・鎮西八郎・佐々木高綱・木津勘助・豆蔵

昭和四八年（一九七三）には、右のうち「雀踊」と「豆蔵」を除く一四体が、大阪府の有形民俗文化財に指定され、現在では、毎年、天神祭の時期に、天満宮境内と帝国ホテルのロビーなどに数体ずつが飾られている。

当初の御迎人形は、七尺八寸（二・四メートル）ほどの大きさで、船上に立てた棒の先に高く飾り、大型の雪洞《ぼんぼり》で照らしていたが、享保期（一七一六〜三六）頃から約一丈五尺（四・五メートル）の大型人形も新調されたという。船上に設けた舞台に人形をセットし、物語性が演出されるようになり、しかも人形の頭や手足を動かすカラクリが施されるようになった(22)。

そして、船渡御コースの両岸には諸藩の蔵屋敷が並んでいた。多くの蔵屋敷は、船で運んできた米を直接に屋敷内に運び込むため、敷地内から川中に降りる階段が設けられていた。この川面に開かれた構造は、格好の見物席となる。蔵屋敷から供奉船が参加した可能性も高い。大坂での任務を終えた蔵役人たちは、天神祭の賑わいを国許への土産話としたに違いない。天神祭の評判が全国に広まった背景に、大坂と国許を往復した蔵役人たちの存在を指摘しておきたい。

（2）御迎人形のキャラクターと疱瘡神　このような蔵役人たちを含む天神祭の群衆は、御迎人形の登場により、人形のキャラクターが演じる芝居に思いを馳せる楽しみを得た。例えば「楠正儀」の人形が、『太平記菊水之巻』の中の役名である「奴照平」と呼ばれ、「弁慶」が『鬼一法眼三略巻』での幼名「鬼若丸」と呼ばれるのは、それが歴史上の人物としてではなく、劇中人物として楽しまれたことをよく示している。

同様のことは、「佐々木高綱」の人形についてもいえる。江戸時代には、大坂の陣の脚色は禁じられていたため、『近江源氏先陣館』などでは、大坂方の智将「真田幸村」を「佐々木高綱」に擬して演じる習わしだった。表向きは「高綱」の人形とされても、群衆の誰もが、襦袢の「六文銭」の刺繍を見るまでもなく、「幸村」と見抜いていたのである。現存するこの人形を、大阪府が「佐々木高綱」の名で民俗文化財に指定しているにもかかわらず、大阪天満宮が「真田幸村」として飾り立てるのはそのせいである。

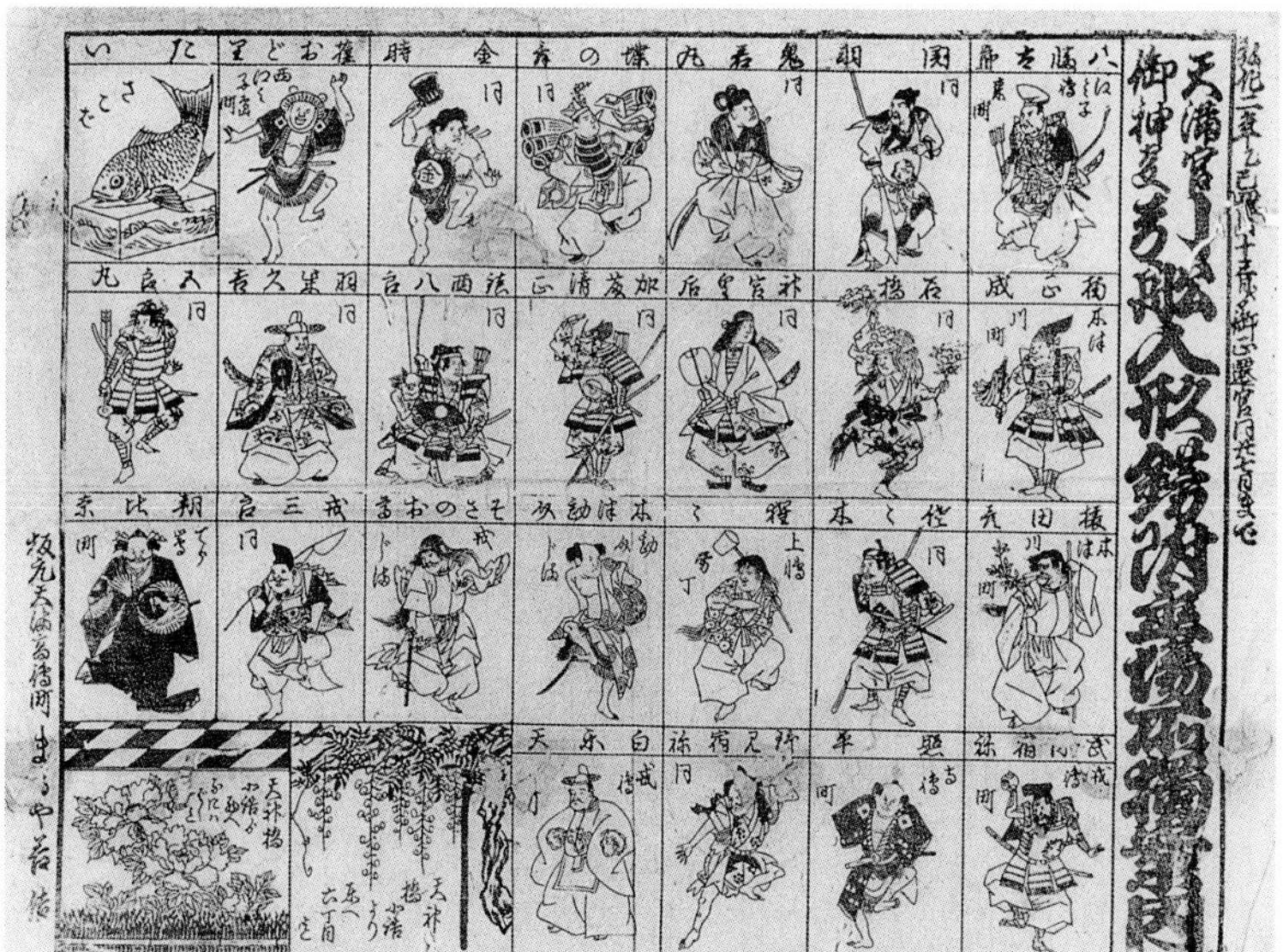

挿図2　天満宮御神事引舩人形錺附置場所独案内

さらには「朝比奈三郎」の人形は、その長袴に鶴の丸の紋が刺繍されている。これは初世中村伝九郎が朝比奈初演の際に、自家の替紋であった鶴の丸を用いて大当たりをとったことにちなんでいる。

しかしながら、このように御迎人形が当時評判の芝居のキャラクターから選ばれたと指摘するだけでは、その本質を見逃すことになる。本稿の冒頭で、天神信仰が成立する際に、大将軍社の疫神信仰が基盤となったことを指摘したが、江戸時代に入っても、天満宮は疱瘡退散を祈願する神様として崇敬されていた。

このことは、大阪天満宮所蔵の史料に疱瘡平癒祈願にかかわる記事が散見されることからもうかがえる。例えば宝永三年（一七〇六）に、二本松藩が藩主丹羽秀延の疱瘡平癒祈願のため、大阪天満宮に「丹羽屋敷」を寄進している如くである。

このような疫神信仰の伝統は、御迎人形のキャラクターの選定に大きな影響を与えている。結論的にいえば、御迎人形は「疱瘡神」の依代《よりしろ》だった。初期の御迎人形は、「鯛」や「猩々」「鍾馗」のような「疱瘡神」としてよく知られたキャラクターから数多く選ばれたと考えられる。劇中人物の「鎮西八郎（源為朝）」も、彼が流された八丈島には疱瘡が流行しなかったことから疱瘡神とされていたし、「素戔嗚尊」も、疫病神である「牛頭《ごず》天王」と同一視されていた。「酒田公時」は、疱瘡を象徴する酒呑童子を討った頼光四天王の一人でもあり、(23)疱瘡除けの人形「熊金」のモデルでもある。

「羽柴秀吉」についても大坂町人の贔屓で選ばれたというだけではなく、「朝鮮出兵」にかかわる選定であったと考えたい。当時、疱瘡は朝鮮半島から太宰府を通過して全国に蔓延すると考えられていたからである。同様の視点から「虎退治」で有名な加藤清正や、「三韓征伐」伝承の神功皇后の選定理由も説明できよう。

やがて、時代とともに疱瘡神ではないキャラクターの占める割合も増えてくるが、その際には、全ての人形に赤（緋）色の衣装を着せるという方便が採用された。先の『人形図会』では、各人形ごとに「衣装大略」が記されているが、どの人形をみても、必ず「緋」を身にまとっている。「鬼若丸」が「緋ラシャ」の表着と襦袢を着、「楠正成」が「緋威」の鎧を着けている如くである。

江戸時代の医書『小児必要養育草』に、子どもが疱瘡にかかった時には「屏風・衣桁に赤き衣類をかけ、そのちごにも赤き衣類を着せしめ、看病人もみな赤き衣類を着るべし」と記されているように、赤は疱瘡の平癒を約束してくれる色と信じられていた。また「ほうそうに　児の着て居る　緋の衣」という川柳もある。(24)

つまり、御迎人形が必ず赤（緋）色を身に着けているのは、「疫病（疱瘡）祓い」の人形としての務めであった。それはとりもなおさず、かつての大将軍社で行われていた「穢れ祓い」のかすかな記憶を、天神祭に伝える行為でもあった。

おわりに――伝統と変革と

全国各地に伝わる祭礼の多くが、「継承すべき伝統」と「時代に合わせた変革」の間で揺れている。「伝統」と「変革」のせめぎ合いといってもいい。しかし、天神祭においては「伝統」と「変革」がうまく補完し合って、今日の隆盛をもたらしたように思える。

例えば、戦国期には七月七日から六月二五日に祭日が変更された。それは星辰信仰を重要な基盤とした初期天神信仰から、菅公の個人崇拝を強めた天神信仰への純化であったが、結果的には、この純化が今日の「学問の神様」を先取りしたようにみえる。しかも、平成七年（一九九五）七月七日には、「天満天神七夕祭」を復興し古式を今に伝えているのである。

また、江戸初期には天神祭の起源ともいうべき鉾流神事を中止して、御旅所の常設化に踏み切ったが、これも結果的には、天神祭の華ともいうべき「御迎人形」の登場を準備することとなった。そして、昭和五年（一九三〇）には鉾流神事を復興し、毎年七月二四日の朝に旧若松町浜（天満警察署前）で斎行されることとなり、いまでは天神祭の幕開けとして定着している。

さらには、戦後まもなくの昭和二八年（一九五三）には、大阪の地盤沈下により下流の御旅所への航行が不可能となったため、コースを逆転して上流にさかのぼるように改め、それまで御旅所で行っていた神事を御鳳輦《ごほうれん》奉安船で行うことになった。この結果、両岸の大群衆が見守る中で「船上祭」を斎行することになり、かえって天神祭の神事たるゆえんが、人々に知られるようになったのである。

この御鳳輦さえも、明治初年の登場である。それまでは、菅霊は神輿《みこし》で渡御していた。結果、厳《おごそ》かな御鳳輦と勇壮な神輿のコントラストが天神祭の静と動を際立たせることとなった。

このように、天神祭はその長い歴史のなかで、大英断ともいえる変革をたびたび行ってきた。しかも、それらは奇妙に時代の趨勢に合致してきた。その意味では、天神信仰の歴史にも共通するものがあるのかも知れない。数多くの信仰を取り込んで成立した天神信仰は、時代の変化に応じて、時には「怨霊神」となり、時には「連歌の神」、時には禅宗の接近に応えて「渡唐天神」の伝承までも受け入れてきた。その懐の幅広さと奥深さは、天神祭に通底しているようである。

（1）真壁俊信「天神信仰と疱瘡」（『日本歴史』四八一号、一九八八年）。
　真壁氏の指摘を小論の関心に引きつけていえば、菅公の諸神格を明らかにするだけではなく、それらが天神信仰成立当初からの神格であるのか、あるいは、それ以後に付加された神格であるのかについて、その時系列を明らかにすることが、今後の天神信仰研究の課題と考える。
　なお、菅公の多彩な神格については、坂本太郎氏が「荒人神」「慈悲の神」「正直の神」「起請の神」「学問の神」「和歌の神」「書道の神」などをあげている（『菅原道真』、吉川弘文館、一九九〇年）。また筆者も、平安中期における京都周辺の景観が、照葉樹林から針葉樹林に転換したことを背景に生まれた「松樹信仰」が天神信仰の一要素となったことを論じたことがある（「大阪天満宮の創祀伝承――天神信仰と『松』――」、『大阪天満宮史の研究』、思文閣出版、一九九一年）。

（2）延宝八年（一六八〇）の「摂州西成郡南中嶋惣社天満宮略御縁起」に記された「七本松伝承」は大阪天満宮の最も古い創祀伝承であるが、それは星辰信仰にもとづいて天満宮の創祀を説くものであり、そこに菅公は登場しない。初期天神信仰と菅公のかかわりを考える重要な史料といえよう。この創祀伝承については、前掲拙稿「大阪天満宮の創祀伝承」、および「大阪天満宮と大将軍信仰――星辰信仰と疱瘡神――」（『大阪天満宮史の研究』第二集、思文閣出版、一九九三年）において検討した。

（3）前掲拙稿「大阪天満宮と大将軍信仰」。

（4）中島陽一郎（『病気日本史』、雄山閣出版、一九八八年）。

（5）「天満天神託宣記」（『扶桑略記』二五）。

（6）この天満の森周辺が開発されると、大将軍社の周辺は「北森」、天満宮の周辺は「南森」と呼ばれ、現在に「南森町」の地名として伝わっている（「北森町」も近年まで伝えられた）。

なお、のちに大将軍社の社祠が天満宮の境内に遷され現在にいたっていることは、拙稿「『摂津名所図会』改版一件――寛政期の大阪天満宮と朝廷権威――」（『大阪の歴史』四一号、一九九四年）で明らかにした。

（7）北山円正「藤原敦基・敦光『九月尽日、陪天満天神祠』注釈（上・下）」（『神戸女子大学文学部紀要』三〇・三一巻、一九九七・九八年）。

（8）「正覚寺合戦御陣図」（『新修大阪市史』二巻、大阪市、一九八八年）

（9）伊藤毅「摂津石山本願寺寺内町の構成」（『近世大坂成立史論』、生活史研究所、一九八七年）、のち『蓮如大系』四巻（法蔵館、一九九六年）に再録。

（10）「拾塵記」。

（11）「康富記」（『増補史料大成』三九巻）。

（12）大川の屈曲した地先の意味から「川崎」の地名が生まれたらしく、のちの天満郷の北東部にあたる。

（13）鈴木棠三『日本年中行事辞典』（角川書店、一九七七年）。

（14）拙稿「戦国期の本願寺と天満宮――真宗の天神信仰観――」（『日本の社会と仏教』、永田文昌堂、一九九〇年）、のち『蓮如大系』四巻に再録。

（15）「大館常興日記」『史料綜覧』巻一〇。

（16）「細川両家記」巻三六（『群書類従』三八〇）。

（17）『大阪天満宮所蔵古文書目録』分類番号H−1文書。

（18）天神祭が六月二五日に変更されて以後は、七月七日には「七夕祭」が斎行されたらしい。また、天神祭の祭日は、明治五年（一八七二）の太陽暦採用にともなって七月二五日に変更され、現在にいたっている。

（19）「六月天神祭礼之義氏地へ御触」（『摂陽奇観』巻一三）。この「御触」と同種の史料が「阪大滋岡家文書」（一七九号文書）にも収められており、脇田修氏が検討を加えられている（「大阪天満宮の祭礼と戎島行宮」、前掲『大阪天満宮史の研究』所収）。

なお、雑喉場の御旅所は、寛文九年（一六六九）に戎島（幕末に「梅本町」と改称）に移転し、さらに明治四年（一八七一）には松島（現「千代崎」）に移り、現在にいたっている。

（20）『天満宮御神事　御迎船人形図会』は、一九九六年に筆者が東方出版から翻刻出版している。

(21) 幕末・維新期に天神祭が中止された際、御迎人形が他地域に放出されたこともあったらしい。近年、岩手県一戸町の小倉家に御迎人形の「恵比須」が保存されていることがわかったが、これも幕末に購入されたものと伝えられる(大阪天満宮社法報『てんまてんじん』三五号)。

(22) 本書所収の明珍健二論文を参照のこと。

(23) 酒呑童子伝承と天神信仰のかかわりについては、前掲拙稿「大阪天満宮と大将軍信仰」において触れるところがある。

(24) H・O・ローテルムンド『疱瘡神——江戸時代の病いをめぐる民間信仰の研究——』(岩波書店、一九九五年)。

II　描かれた天神祭

天神祭船渡御図について――『摂津名所図会』挿画の誕生まで――

近江晴子

はじめに

江戸時代、大阪天満宮の夏大祭である天神祭が全国的に知られるようになるにつれ、天神祭の様子を描いた絵画が登場してくるのは当然のことであろう。しかし、現存している天神祭図は、それほど多いとはいえない。しかも、「簡略な墨摺りの一枚物、版本の挿絵、錦絵などの量産品が多く、著名な絵師による本格的な肉筆作品は意外に少ない」と松浦清氏が指摘している。(1) 本稿では、現存する天神祭船渡御《ふなとぎょ》図の変遷を検討することにより、『摂津名所図会』(2) に描かれた「船渡御図」の重要性を明らかにしたい。

延宝期の天神祭船渡御図

江戸時代初期の延宝期（一六七三～八一）に、あいついで出版された大坂案内の版本に天神祭船渡御の様子を描いた挿画がある。

①『芦分船』の挿画（挿図1）

天神祭を描いた図で最も古いものは、延宝三年（一六七五）に刊行された、一無軒道治の手になる『芦分船』(3) 巻五の挿画である。「天神御旅所」と題する画面は、見開き二頁にわたり、引船にひかれた鳳神輿《おおとりみこし》船と玉神輿《たまみこし》船が今まさに天満宮戎島《えびすじま》御旅所（現大阪市西区本田一丁目）の前の浜（木津川岸）へ到着しようとするところを描いている。鳳神輿と玉神輿は、別々に、二艘の船を横に並べてつないだ上に載せられ、それぞれの神輿船を大きな引船がロープで引っ張っている。引船には、片側に、櫂で漕ぐ六人の漕ぎ手が描かれている。浜（川岸）に見える鳥居は、戎島御旅所の鳥居である。その鳥

挿図1 『芦分船』（大正一三年復刻版）

居に向けて進む人の列が描かれている。先に火のついた長い松明《たいまつ》を二人の男が舁《か》き、一人の男が松明にまたがり、采配を振っている。その後に二張りの提灯がつり下げられた竿を持つ男たちが続き、最後尾に、「だいがく提灯」の原型のようなものを三人の男が舁いて続く。『芦分船』では、天満宮御旅所と祭礼に関して、次のように記している。

天神御旅所《てんじんのおたびどころ》

本は京町といふにありしが、近曾《さいつころ》、恵比須嶋といふにうつしけり。としこと、六月廿五日、天満宮の祭礼には、神輿二社を此所にふるなり。其義式いふにおよばず。所の人ハさら也。洛陽、遠き縣《あがた》の人も来りて群集し、河逍遙数千の舩をうかへ、灯のひかり、西海をかゝやかし、魚鱗もいかでをそれざらんや。寔《まこと》に夥しくそ侍る

神こゝろとる手になひく榊かな

この記述で注目すべきは、天満宮御旅所について、「近曾、恵比須嶋といふに」移したとしていることである。それまで、雑喉場《ざこば》（現大阪市西区京町堀三丁目あたり）にあった天満宮御旅所が、延宝三年より少し以前に戎島に移転したことを示している。戎島移転の時期に関して、天満宮社務所発行の『府社天満宮　神事要録』（昭和七年）では、「延宝二年六月一五日に行宮を恵美須嶋へ移転した」としているが、史料的な裏付けはない。しかし、『芦分船』の記述が、「延宝二年六月一五日移転説」を裏付ける根拠の一つと考えられるであろう。

②『難波鶴』の挿画（挿図2）

延宝七年（一六七九）三月に『難波雀』[4]が出版され、同年中に体裁は同じであるが内容を訂正、増補した改訂版が次々と出された。『難波鶴』は七月に出た改訂版である。その中に一頁と三分の二頁（表裏）にわたって、「天満天神祭くわんぎょの所」と題し、前に鳳神輿船、後ろに引船に曳かれた玉神輿船が描かれている。二つの神輿とも、二艘の船を横並びにつないだ上に載せられているのは、『芦分船』の挿画と同様である。

鳳神輿には巴紋（丸に三ッ巴）が、玉神輿には引両紋（丸に二ッ引）がついている。引船にも、両神輿船にも裃を着用した武士が乗船しており、その裃には釘抜紋が見える。この挿画の表題が「天満天神祭還御の所」となっており、御旅所へ遷幸する場面ではなく、天満宮へ還幸するところを描いてい

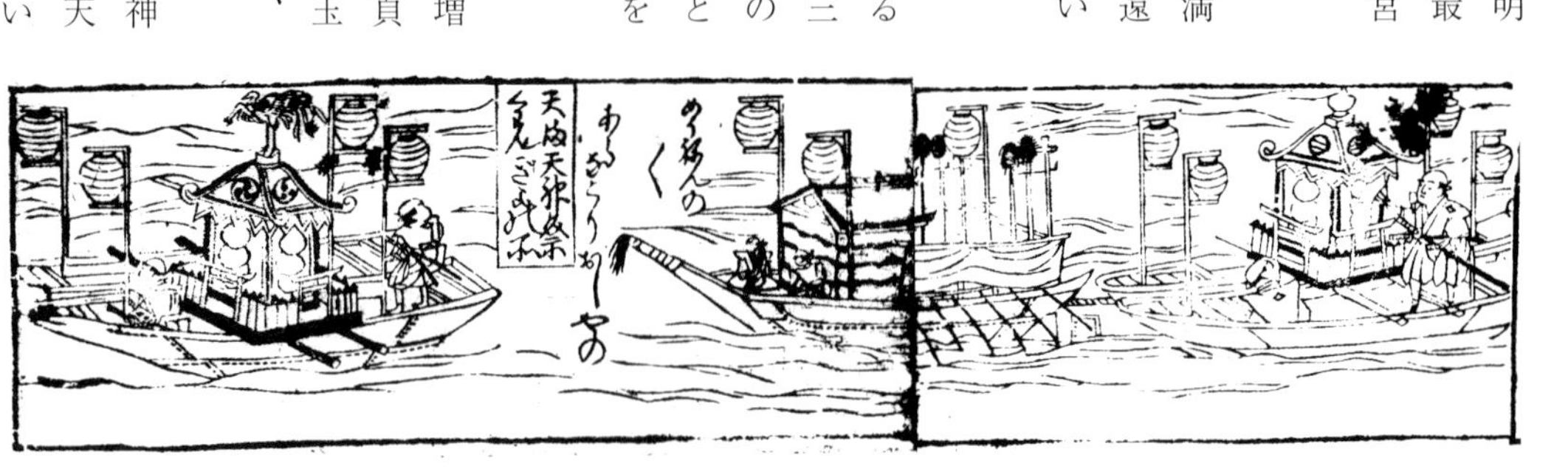

挿図２　『難波鶴』（大阪府立中之島図書館蔵）

るのは、珍しい。表題横の書き込みに、「めうねんの〱あらなこりおしやの」とあり、終わりに近づいた天神祭の名残りを惜しみ、また明年に思いをはせている。他に還御の情景を描いた図は、慶応三年（一八六七）に描かれた「久留米藩大阪蔵屋敷絵図」(5)（挿図8）の中の天神祭船渡御図くらいしか思い当たらない。挿画は、スケッチ風の描写であるが、何ともいえない味わいがあり、江戸初期の船渡御の雰囲気をよく表現している。

③『難波鑑』の挿画（挿図3）

『難波鶴』の挿画についで古い図が、『難波鶴』出版の翌年、延宝八年（一六八〇）に刊行された『難波鑑』(6)巻三の挿画「天神の御たび所」である。著者は『芦分船』と同じく、一無軒道治である。『芦分船』の挿画は、見開き二頁の画面であるが、『難波鑑』は一頁の画面になっている。『難波鑑』の図は、『芦分船』の図の一部分であると考えてもよいくらい、両図の構図は酷似している。しかし、細かい部分では、かなり差異がみとめられる。画面の制約から、玉神輿船とその引船の一部分のみが大きく描かれ、手前には、鳳神輿船の引船の舳先部分が見える。玉神輿船引船の艫には、日の丸扇をうち振る若衆姿の武士が、鳳神輿船引船の舳先には、釘抜紋の扇をかざす裃姿の武士が描かれている。玉神輿船引船の提灯には、引両紋（丸に二ツ引）がついており、『難波鶴』の玉神輿の屋根にも同じ引両紋がついている。また、玉神輿の屋根については、『難波鑑』では黒く塗りつぶされており、『芦分船』では、梅鉢紋（丸に星梅鉢）が見える。鳳神輿船引船の幟《のぼり》には、『難波鑑』『芦分船』ともに、釘抜紋がついている。江戸初期においては、鳳神輿船・玉神輿船の運航にかかわった者と釘抜紋・引両紋の家中（堂島川両岸に蔵屋敷を持つ大名家か）とは、なんらかの関係がありそうである。御旅所の浜の描写は、『難波鑑』では、『芦分船』に描かれている松明一行が省略され、提灯を捧げ持つ二人の男が描かれている。

『難波鑑』の「天満天神御祓」の項には、御神事（天神祭）について次のように記している。

　御神事、ねりもの、引山三方面にして、内に児《ちご》あるひハ花笠をきたる子どもにおとらせ、あるひハ異類異形に出立せ、さまさまの芸づくし。かね太鼓を笛にあハせ、拍子ハ都祇薗会のまつりのごとし。また引舟なンどあり。内にて、おもしろき小歌うたハせ、また母衣《ほろ》かけ武者、小具足、いろいろ有。天神橋通をわたりて、難波橋辺までゆく。御輿二社難波ばしより舟にめし、今ハ恵

挿図3　『難波鑑』（大正一三年復刻版）

比須島に漕行、御旅所に遷幸あり。夜に入てかへらせ給ふ。御迎の挑灯（ママ）の数々浪間をかかやかし、
蒼波もからくれなゐに水くぐり、神代もきかぬ祭礼のありさま、いときらきらし。

この記述により、神輿二社が難波橋のたもとより乗船し、戎島の御旅所へ遷幸し、夜に入って還幸する船渡御のスタイルが、この時期には確立していたことがわかる。また、「夜に入りてかえらせ給ふ」とあるところから、還御は深更に及ぶのではなく、比較的早い時間であったようである。「御迎の挑灯の数々浪間をかかやかし」とは、還幸の際の船列を迎えるものであろう。「今ハ恵比須島御旅所に遷幸あり」としているのは、前述の通り、それまで雑喉場にあった天満宮御旅所が、少し以前に戎島に移転したことを示している。

『芦分船』『難波鑑』両書の挿画とも、古雅な趣きのある画で、江戸時代初期の天神祭船渡御の様子をよく伝えている。

享保期から天明期の天神祭船渡御図

延宝期ののち、享保期（一七一六〜三六）にいたる三〇数年間に描かれたことがはっきりわかる天神祭船渡御図は、現在のところ見つかっていない。享保期から天明期に描かれた船渡御図は、版本の挿画の他に、本格的な肉筆絵画が現存している。

④『諸国年中行事』の挿画（挿図4）

享保二年（一七一七）に出版された『諸国年中行事』[7]の中の一頁に天神祭船渡御を描いたと思われる挿画がある。小型の版本のため、挿画も小さく、無駄を省き、すっきりとデザイン化された画面になっている。今、橋をくぐり抜けてきた船には、提灯を支えている数名の人物が描かれている。手前に林立する提灯が、もう一艘の船の存在を暗示している。

この挿画ではじめて橋が描かれた。その橋の上には人影が見えない。きわめてデザイン化された画のため、この画を史料とすることは難しいかもしれないが、のちの船渡御図にあるように、神輿船が通過する橋の上は見物人の通行を禁止した状況を表現したものと考えられる。この頁のあとに、大坂天満天神御祓について次のように記述している。

（六月）廿五（中略）大坂 天満天神御祓。此日神輿ねりもの地くるまおほし。美々しき壮観な

挿図4　『諸国年中行事』

り。御たび所、はしめ八京町にありしが、中古よりゑひす嶋にうつし奉る。此日貴賤河水に数千のふねをうかめ、種々の遊楽をなし、鼓太鼓のひゞき雲上に通ず。

この文章で、六月二五日「此日神輿ねりもの地くるまおほし」としているが、地車宮入は二四日宵宮の呼びものであった。ねりものも、北新地のねりものとして人気のあったものは、少し時代が下るが大田南畝の随筆「芦の若葉」[8]によれば、やはり二四日に出たもののようである。

⑤『本朝歳時故実』の挿画（挿図5）

延享三年（一七四六）出版の『本朝歳時故実』[9]の夏の部に天神祭船渡御を描いた見開き二頁の挿画がある。画家は西川祐信。堂島川を下る神輿船と太鼓船が描かれている。左上部に通行止めをした橋、堂島川右岸（北岸）には、敷物をしいて見物する人々、河岸の雁木にも見物人、右端の床几《しょうぎ》の上にはマクワウリと籠らしいものが見える。マクワウリは、宮崎安貞著『農業全書』[10]には、「甜瓜、甘瓜と云、唐瓜といふ。夏月貴賤の賞玩する珍味たり。暑気をさり、渇きをやめ、酒毒を解す」とある。今から二、三〇年前までは、大阪では「まっか」と呼び、夏によく食した瓜である。

手前の堂島川左岸（中之島側）にも見物席が設けられ、見物するための小屋まで建てられている。見物人の眼前を、横につないだ二艘の船に神輿二基をならべて乗せた神輿船が御旅所へ遷幸して行く。神輿船の前を神輿太鼓[11]の船が航行し、太鼓船と神輿船はロープでつながれている。太鼓船は、舳先に一人、艫に一人、船頭が棹を操っており、神輿船の艫には、三人の船頭がいて棹を押している。しかし、これだけの大きさの太鼓船と神輿船が航行するには、少々力不足の感がある。画面には描かれていないが、神輿太鼓船の前には、おそらく一艘あるいは複数の引船がいて、太鼓船と神輿船を引っぱっていると思われる。神輿船には二つの神輿が横にならんで乗船し、四隅に忌竹が立てられ、四本の忌竹から神輿の上で交差する注連布が張られている。神輿二基がならんで乗船し、忌竹が立てられ、注連布が張られるスタイルは、この挿画以降の船渡御図によく見られる構図である。四隅の忌竹とクロスした注連布は現在まで受け継がれている。

ただ、この絵で二基並んでいる神輿が両社とも鳳神輿になっているのは西川祐信の誤りであろう。神輿のうしろの二つの朝顔形の行灯には、「南」の文字が付けられている。南の文字について、暁鐘成が安政二年（一八五五）に執筆を始めた『摂津名所図会大成』は、往昔平野町南辺屋某が献上した

挿図5 『本朝歳時故実』

（大阪府立中之島図書館蔵）

ことによるとしている。[12]『本朝歳時故実』の「天満宮祭礼」についての記事は次の通りである。

六月廿五日天ま神輿川船にて御旅所へいたりたまふ。神輿太鼓おくり、船付々の船多し。廿五日七ツ時にわたりたまひて、たひより御帰りハ日暮過にして、川筋つき〱のふね、ちやうちんの数、何にたとへがたし。両川ばた火を見物数人集りて賑ハへり。

続後選集に　　　　　為　経

夏くる、神なひ河のせをはやみ　御祓《みそぎ》にかくる波(の脱)しらゆふ

この記述に、はじめて船渡御の時刻が書かれた。「廿五日七ツ時にわたりたまひて、た(御旅所)ひより御帰りハ日暮過にして」とある。夕刻四時ごろ、天満宮を発輿し、難波橋北詰西の波止場から神輿船は出航する。日暮過ぎには御旅所を出発したとすると、天満宮への還御は夜八時から九時頃であろう。

⑥「古来天神祭船渡御之図」(図1)

天満宮蔵の六曲一隻の小屏風である。『府社天満宮　神事要録』によると、享保一六年(一七三一)長谷川光信筆ということであるが、落款印章はなく断定はできない。箱にはりつけられた小さな紙に次のように記されている。「奉納神恩感謝／古来天神祭船渡御之図　小屏風／正徳享保年間絵師柳翠軒長谷川光信正筆」。絵はすばらしく、金箔をふんだんに使い、格調高く仕上げられている。ひとりひとりの人物が丁寧に書き込まれ、芸術性にもすぐれ、史料的な価値も高いと思われる。それらの点から長谷川光信筆と考えてよいのではないか。松浦清氏は、この船渡御図について、「横長に展開する画面を屏風に改装した作品」[13]としている。この図ではじめて、船渡御の出発地点から終着点の戎島御旅所まで鳥瞰図のように描かれたといえる。

⑦「天満祭礼之図」(挿図6)

南木文庫蔵と伝える版画であるが、現物は戦災で焼失したらしい。現在、『府社天満宮　神事要録』と『天満宮社報』第八七号(昭和六年七月二一日発行)に掲載された写真版があるのみである。『府社天満宮　神事要録』には「白昼渡御の情景―享保年度―」「当時は日中に渡御ありて初夜に還御されたのである」との解説がある。『天満宮社報』は、「享保年度『天神祭之図』―筆者不詳―」、「本図は日中渡御の情景にして珍しきものである　南木文庫蔵」としている。この図を享保年中と断定することは難しいが、画の雰囲気から、かなり古い時期に描かれたものであると思われる。

挿図6　天満祭礼之図

(『府社天満宮　神事要録』)

画面右の通行止めされている橋は、難波橋。その北詰西側の浜から、出航したばかりの太鼓船と神輿船が描かれている。神輿船は二艘の船をならべた上に二基の神輿を載せている。太鼓船と神輿船がロープでつながれているのは、『本朝歳時故実』の挿画と同じである。この絵では、太鼓船の前に船頭一人が棹を押している小さな船が描かれ、その前方にロープがのび、さらに何艘かの引船がいることを暗示している。『本朝歳時故実』では、太鼓船にも神輿船にも棹を押す何人かの船頭が描かれているが、この絵では、両船に船頭の姿は見えない。

画面左には、中之島の東端が描かれ、大川は、堂島川（上側）と土佐堀川（下側）にわかれる。画面左上の小さな掘割は、鍋島藩蔵屋敷の舟入である。堂島川浜に設けられた見物席の手すりに、白い布らしきものが懸けられているのが見える。これは、祇園祭の山鉾巡行の際、巡行路に面した町屋の二階の窓の手すりから、絨毯などを垂らして見せる風習に通じるものではないかと考えられる。

この絵に「日中渡御の情景にして珍しきもの」と解説したのは、当時、天満宮教学部に籍をおき、さかんに文筆活動をしていた藤里喜一郎（好古）氏であると思われる。藤里氏は、「滋岡日記」[14]「寺井家記」[15]など天満宮に残る記録を整理して厖大な「大阪天満宮年表稿本」[16]を作りあげたが、そこには、享保期以降、飛び飛びではあるが、天満宮神輿の遷幸・還幸の時刻についての記録がある。申の刻（午後四時）に遷幸、戌の刻から亥の刻（午後八時〜一〇時）に還御としているのが多い。遷幸のときは、日中とはいえないまでも、充分明るい内であったことは間違いないと思われる。

⑧「天神祭図」（大坂十二ケ月風俗図屏風の右隻第六扇）（図５）

月岡雪鼎が大坂の年中行事を描いた六曲一双の屏風（大阪歴史博物館蔵）の一場面で、旧暦六月のところに天神祭船渡御が描かれている。安永元年（一七七二）、雪鼎六三歳のときの作である。

絵の上部には、大川に架かる難波橋と天満宮の鳥居と本社が、小さく描かれ、今まさに橋をくぐりぬけようとしている神輿船と太鼓船が遙かに堂島川を漕ぎ下ってきた様《さま》をあらわしている。したがって、この橋は一番西の船津橋であろうか。その一つ上の玉江橋は反《そ》りの大きいことで有名であったため、絵の橋とは違うようである。橋詰めには柵が立てられ、通行止めになっている。

神輿船には神座が設けられ、その四隅には、やはり忌竹が立てられ、クロスした注連布が張られている。神輿船の舳先には、棹を押す者が一五名、太鼓船の舳先には八名、艫にも八名の者が棹を操っている。神輿船に乗船している神官や輿丁《よちょう》の者たち、太鼓船の八人の願人（打手）や舁手《かきて》たちの表情まで細かく描かれていて、興味深い。

⑨「浪花天満天神祭之図」（一七七頁参照）

安永（一七七二〜一七八一）のころ、江戸で活躍した浮絵の名人歌川豊春の作。阿蘭陀銅版画の構図を模倣した体裁である。(17) 中央に異様に反った難波橋を描き、その手前（東側）に太鼓船と神輿船が航行しているが、実際には、考えにくい構図である。

寛政期の天神祭船渡御図

寛政四年（一七三二）、天満宮は火災で焼失する。その前年の寛政三年に白桃斎の筆になる「摂州大坂天満宮神事之図」が出版された。これは、一枚の版画の画面に、船渡御の出発点から到着点の御旅所までを鳥瞰図的に描き込んでいる。火災を経て、寛政一〇年（一七九八）にいよいよ『摂津名所図会』が出版される。

⑩「摂州大坂天満宮御神事之図」（図6）

法橋白桃斎長興（大岡春山）画の合羽刷版画である。順慶町塩屋喜助版、今橋二丁目塩屋三郎兵衛の出版。この版画には、出版年は記載されていないが、全く同じ版の墨刷り一枚物が大阪府立中之島図書館に所蔵され、それには「寛政辛亥仲夏」の書き込みがあり、寛政三年（一七九一）に、この図の版画が出版されていたことがわかる。

この図では、右上に難波橋北詰西側浜の神輿乗船地点、左下に渡御船列の到着点である戎島御旅所前の浜を描いて、その間の全画面を使って、堂島川と大江橋、渡辺橋、田蓑《たみの》橋、玉江橋を描き、中央に大江橋をくぐって渡辺橋へ向かう太鼓の船と、これから大江橋にさしかかろうとする神輿船を描いている。この絵の神輿船も、二艘の船を並べてつなぎ、その上に板を渡し鳳神輿と玉神輿をならべて載せている。ここでは、神輿二社のまわり四隅に立てられた忌竹にクロスの注連布ではなく、注連縄が張られている。太鼓船と神輿船の前方や周囲には、行灯の上に御迎人形を立てた御迎船が賑やかに航行している。画面中央上に六甲山を描き、堂島川を実際とは逆にカーブさせ、一枚の画面に、途方もなく大きな広がりを収めるのに成功している。前掲「古来天神祭船渡御之図」に次いで、船渡御全体を描いた絵である。

この図が『摂津名所図会』出版の少し前に描かれたことと、しかも版画であることから、おそらく、丹羽桃渓はこの図を見てなんらかのヒントを得たことと思われる。

⑪『摂津名所図会』の「六月廿五日天満天神神輿渡御図」（挿図7）

天神祭船渡御の図は、『摂津名所図会』巻四上に収められている。画家の丹羽桃渓は、大坂の人。通称大黒屋喜兵衛、島之内木挽北之丁に住んだ。実家は心斎橋大丸向いで家伝の薬を商っていた大黒屋。画は蔀関月に学び、寛政期ごろから挿絵画家として活躍した。『摂津名所図会』と『河内名所図会』『紙漉重宝記』『鼓銅図録』の四つは、桃渓の代表作となっている。(18)『摂津名所図会』『河内名所図会』で、庶民の生活を生き生きと描いて見せた。その絵は史料的にも高く評価されるものである。(19)

『摂津名所図会』の大坂の部（巻四上・四下）が出版されたのは、寛政一〇年（一七九八）のことである。それより早く、寛政八年に巻七〜九が出版された。したがって、丹羽桃渓は、天神祭船渡御図を描くにあたって、寛政八年前後の船渡御を実際に見たのではないか。

「滋岡日記」によると、寛政四年から寛政八年まで、毎年六月二五日の渡御の時刻は申の刻、還御は亥の刻と記録している。寛政九年は、戌の刻に還御している。そのことをふまえて、丹羽桃渓の船渡御図を見ていこう。まず、見開き四画面に書き込まれている文章を掲げておく。

其一

六月廿五日天満天神神輿渡御　鉾流神事《ほこながししんじ》といふ

天神祭　難波橋《なにハはし》　夜遊舩《やゆふふね》　花炮行《はなひかう》

其二

堂島河面　神輿乗舩

天満祭　月夜ならねと　挑灯を　京の御客の　外聞にする　　貞柳

其三

天神祭ハ大坂市中の賑にして、天満本社より神輿渡御ありて、難波橋より舩にて夷嶋の御旅所へ神幸まします。御迎舩として、福嶋より例ありて、舩を漕つれ来り。寺嶋よりハいろ〱の木居《にんぎや》士《う》を飾りて、舩中に太鼓を囃し踊りて興ず。これを見んとて、河中所せくまで美々敷艤して、酒

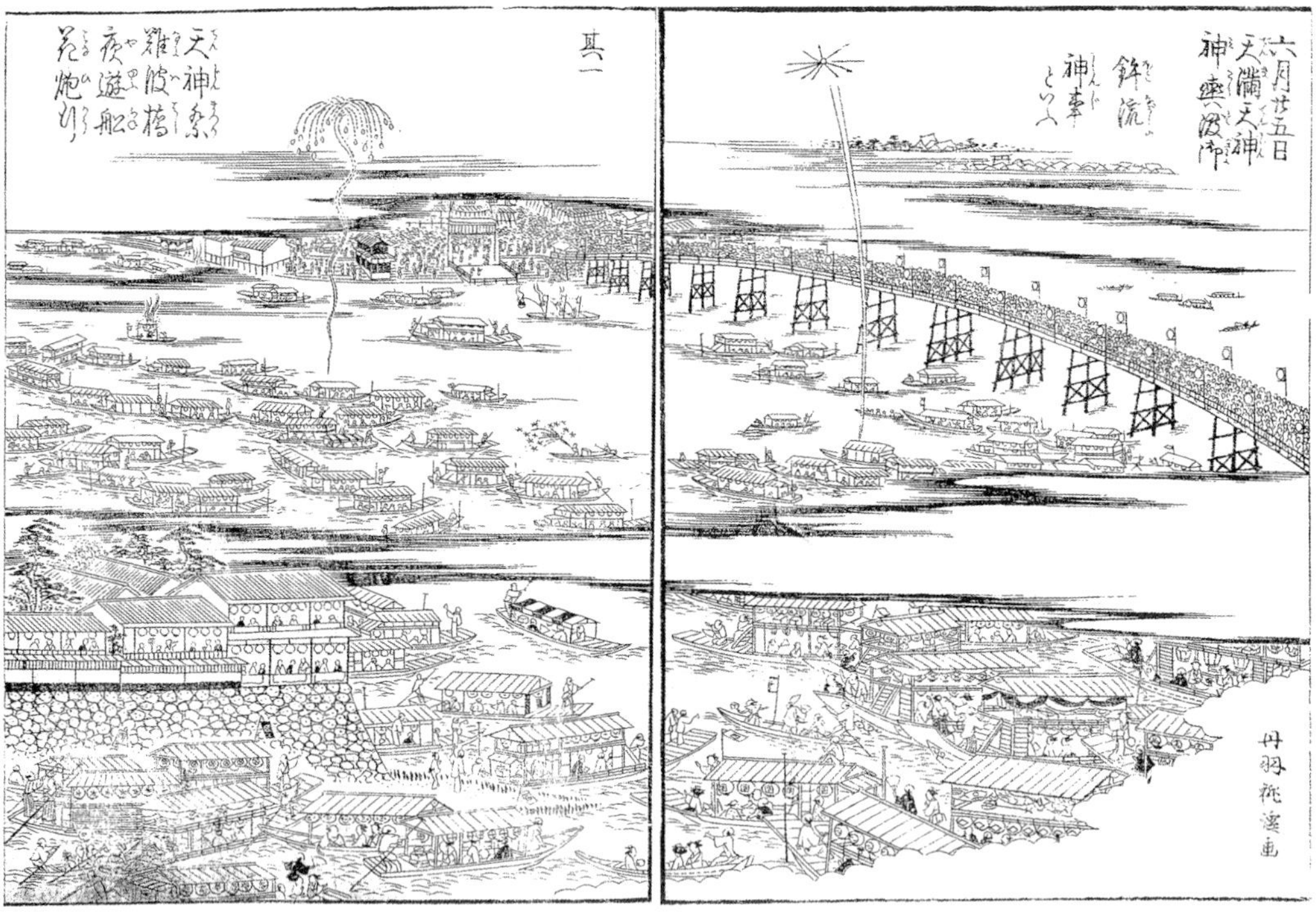

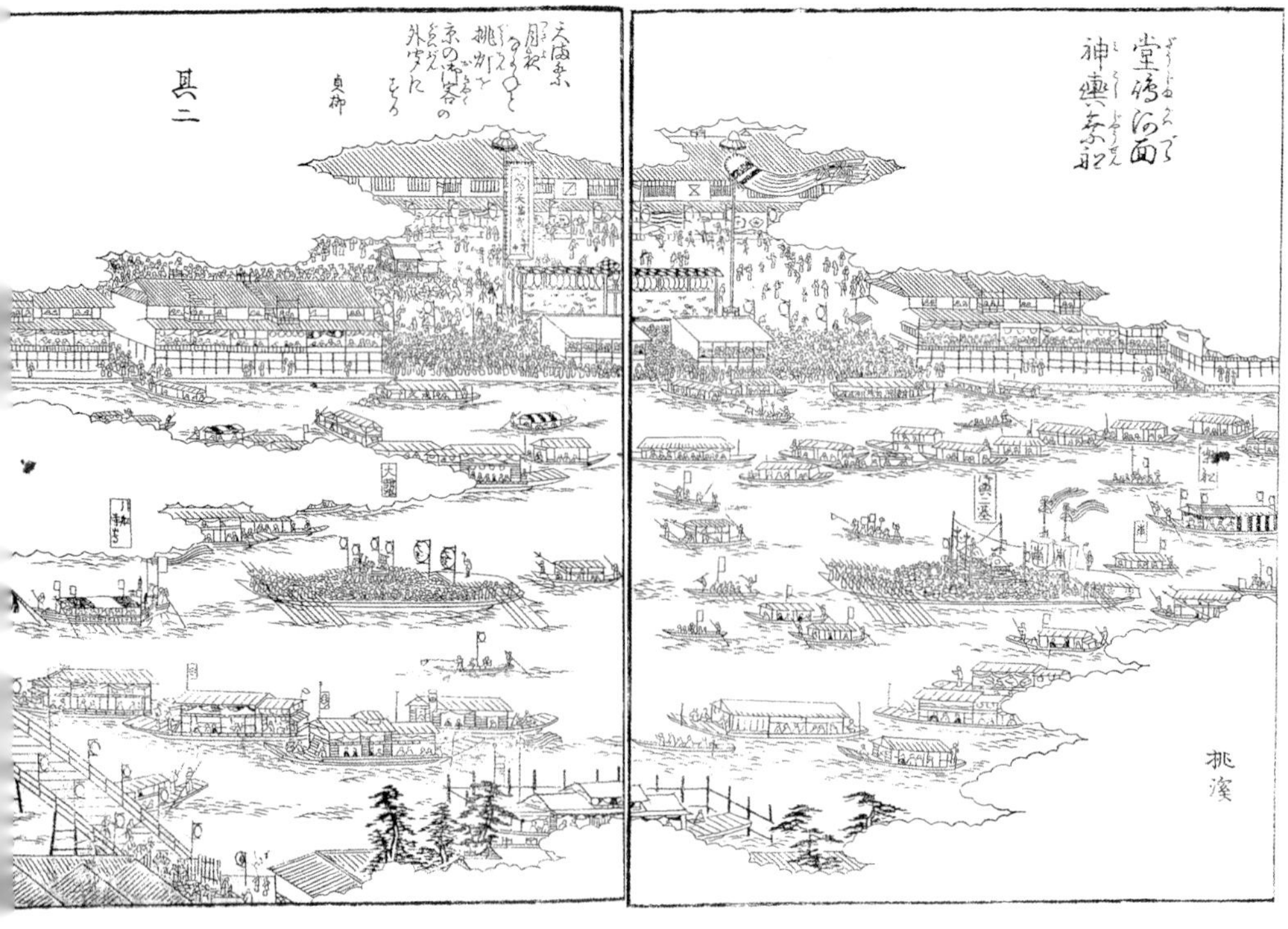

挿図7　六月廿五日天満天神神輿渡御図（『摂津名所図会』）

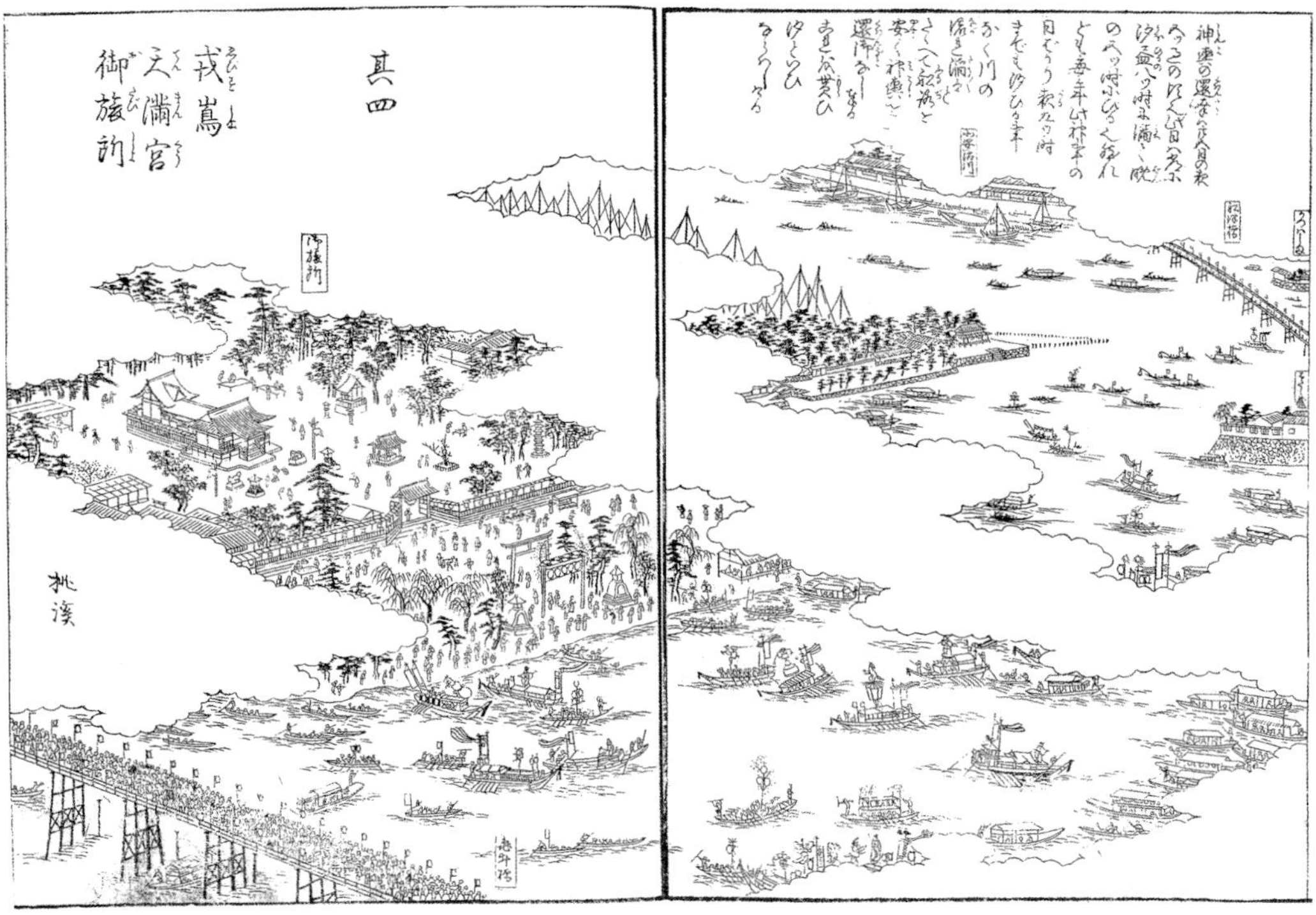
其四
戎嶋天満宮御旅所
桃溪

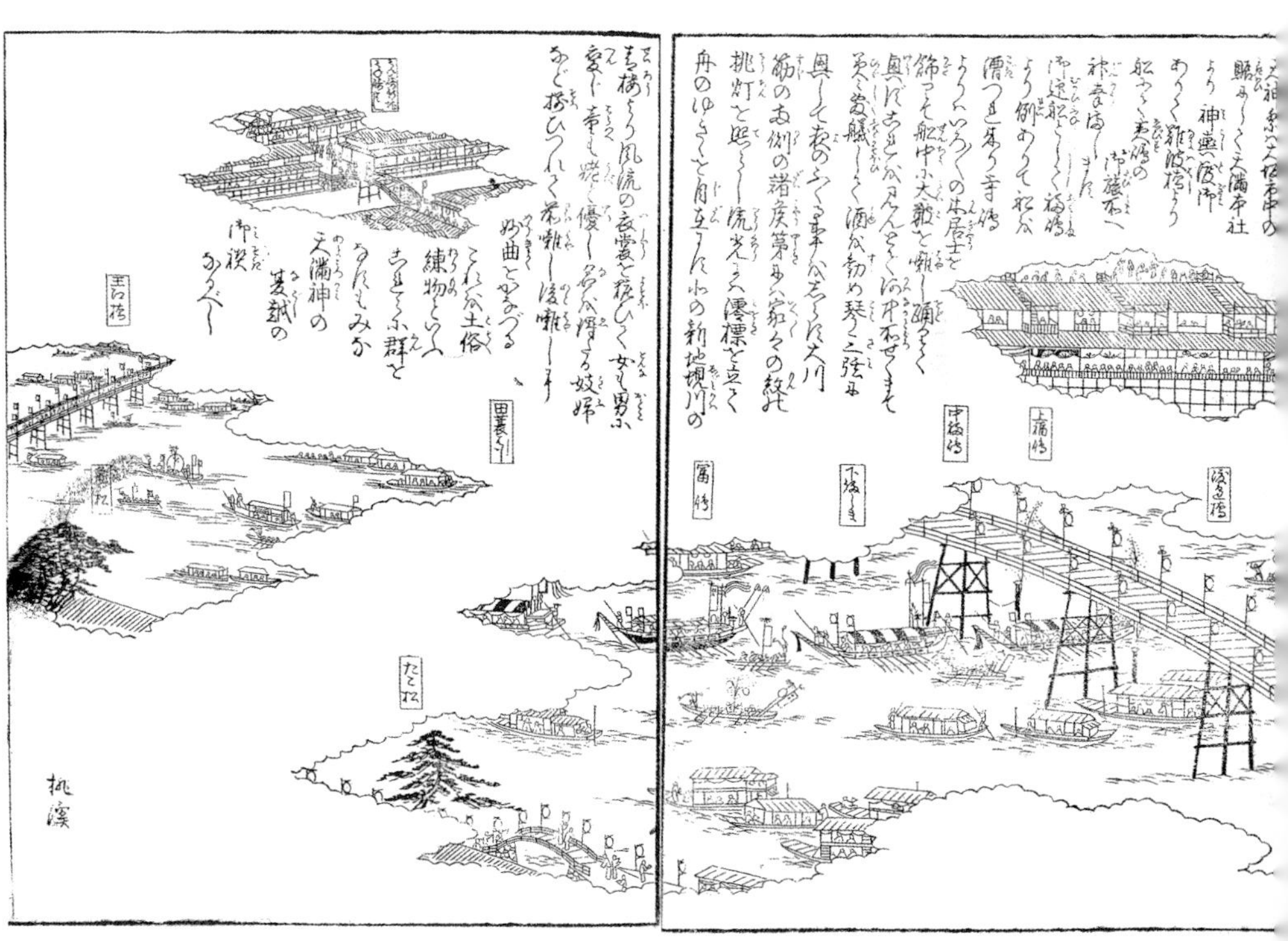
桃溪

を勧め、琴三弦に興して、夜のふくる事をしらす。大川筋の両側の諸侯第《だいミやうやしき》には家々の紋の挑灯を照らし、流光にハ澪標《ミをき》を立て、舟のゆき丶を自在にす。北の新地、蜆川の青楼より風流の衣裳を粧ひて、女も男に変じ、童も姥と優《やつ》し、名を得たる妓婦など揃ひつれて、前囃し後囃しに妙曲をかなづる。これを土俗練物《ねりもの》といふ。これらに群をなすもみな、天満神の夏越《なごし》の御禊《ミそぎ》なるべし。

其四

神輿の還幸ハ廿五日の夜五ツ過の頃也。此日ハ常に、汐昼八ツ時に満て、晩の五ツ時にひる也。然れども、毎年此神事の日ばかり、夜九ツ時までも汐ひる事なく、川の流れ滔々とた丶へて、船路を安く神輿を還御なし奉る。これを貰ひ汐といひならハしける。

戎島　天満宮　御旅所

まず、其一から其四の見開き四画面は、神輿船が堂島川の大江橋と渡辺橋の中間地点を航行している時点で、難波橋から戎島御旅所までを描いた大パノラマ図である。したがって、其一の画面では、太鼓船・神輿船・音楽船の船渡御船列が、すでに出航してしまったあとの大川の風景を描いている。大川に架かる難波橋が大きく描かれ、その北詰西の浜の波止場、神輿乗船場が見える。ここから、神輿船は三〇分ほど以前に出航して行ったのである。

難波橋の上方（北東）には、鳥居と天満宮本社が小さく描かれている。左下には、中之島の東の鼻が突きだし、そこには、ずらりと提灯を吊した料理屋の座敷がならび、たくさんの客で賑わっているようすである。ここでも、座敷の窓の手すりに白い布らしきものが懸けられている。

大川は、中之島の鼻で堂島川と土佐堀川に分流する。左下の川が土佐堀川である。花火があがり、河面には、夥しい夜遊船、涼船が繰り出し、難波橋の上には、華やかな情景を見物する人々が鈴なりになっている。神輿が難波橋のたもとから乗船し、出航して行く、そのときには、おそらく、難波橋は通行止めになっていたであろう。神輿船が出航してしまったこの時刻であるからこそ、大勢の見物人が橋の上から川をながめているのである。この賑やかな夜遊船と見物人は、神輿船の還御を迎えるまで、祭りの夜を満喫しながら待っていたのではないか。

「滋岡日記」に記録された天満宮への還御の時刻が戌の刻から亥の刻（夜八時から一〇時）ということは、神輿の難波橋北詰の波止場帰着時刻はそれより三〇分～一時間早い時刻になる。この当時の船渡御は、時間的には、現在の船渡御に近いものだったのかもしれない。

次に、其二と其三の見開き四頁は、完全につながる一つの場面である。

其二には、堂島川を下る渡御船列、即ち、太鼓船・神輿船・（音）楽船の三船が描かれている。画面左下すみの橋は渡辺橋で、其三の画面右下の橋につながる。今から、神輿船が通過しようとしているため、渡辺橋上は通行止めになっている。神輿船は、ちょうど、堂島米市場の浜あたりを通過しているところである。二基の神輿は、大型船上に並んで載せられ、四本の忌竹に注連布がクロスして張られている。神輿の後ろに朝顔形の行灯が二本立てられ、南の文字が見える。太鼓船も神輿船も舳先に多くの船頭が棹を押し、艫にも片側三、四人の船頭が棹を押している。しかし、両船はロープでつながっており、しかも、太鼓船は、その前の「引船　寺島」と記載のある船とロープでつながっている。引船は、中型船ながら、片側数人の漕ぎ手が櫂で漕いでいて、棹を持つ者も舳先と艫に二人ずついる。

其三画面には、渡辺橋を今くぐりぬけつつある引船らしい船と、その前にも同じような船がもう一艘いる。この三艘は、屋根がだんだら模様になっており、いずれも引船だとすれば、三艘が太鼓船と神輿船を引っぱっているとも考えられる。太鼓船、神輿船ぐらいの大型船になると、棹だけでは、充分なスピードが出ないのであろう。三艘の引船の先にも、さらに二艘の引船らしい船も見えるので、太鼓船と神輿船は、最大五艘の引船に引かれているのかもしれない。音楽船は、棹で自力航行しているようである。

天神祭に奉仕する「どんどこ船講」の夏凪一嘉講元によると、どんどこ船（約四〇人の漕ぎ手）ならば、旧難波橋たもとから、戎島御旅所のあった辺りまで三〇分から四〇分で下れるということである。そうすると、江戸時代の神輿船も引船に引かれ、自らも棹を押しながら進むのであるから、正味航行時間は一時間ほどと考えてよいのではないか。申の刻に神輿が天満宮を出発して、難波橋の北詰から乗船し、酉の刻には、充分戎島御旅所へ到着しているであろう。御旅所で神事を斎行し、すぐに還幸ということになると、天満宮への還御は、早ければ戌の刻、ゆっくりすれば亥の刻ごろになったのであろう。

其三の画面の左下には中之島の広島藩蔵屋敷の前にあった有名な「たこ松」が見える（挿図8）。

挿図8　神輿還幸の図（出典：注5）

「たこの松」と「筑後（久留米藩）の大篝」の前、堂島川を遡航する太鼓船と神輿船（なぜか玉神輿のみ描かれている）

その東側の小さな橋は、広島藩蔵屋敷の舟入に架かった舟入橋である。広島藩蔵屋敷の西隣りは久留米藩の蔵屋敷である。また、其三の左上には、雲のすき間に「そね崎新地」と蜆川に架かった「そね崎はし」が見える。其二・其三の画面には、渡御船列の前方や周辺を自在に漕ぎ回っている小船が描かれていて、現在のどんどこ船の原型のように見える。一方、御迎人形を載せた船は見あたらない。御迎人形船は、このときすでに、木津川の戎島御旅所のところまで、到達しているからである。

最後に其四の画面は、木津川の流れと左中央に天満宮戎島御旅所、左下に亀井橋を描いている。御旅所の北には、幕府の川口船番所（御船手）があり、その北側の流れは安治川である。画面右上には、堂島川下流に架かる船津橋、その西手には、堂島西端の「かつハしま（合羽島）」が、船津橋の南側には、中之島の西端にあった「はたし蔵（はだし蔵）」が描かれている。御旅所の前の木津川には、種々の御迎人形を大型行灯の上に立てて漕ぎまわりながら神輿船を待ち受けている御迎人形船、どんどこ船の原型のような船、見物の夜遊船などがひしめきあっている。手前の亀井橋は、見物衆であふれんばかりである。

其四の書込みに、神輿の還幸は、二五日夜五つ（八時）過ぎであるとしている。そして、此日の満潮は昼八つ時（午後二時）、干潮は晩五つ時であるが、毎年此神事の日ばかりは夜九つ時（真夜中一二時）までも汐がひくことなく、川の流れは滔々として、神輿は安けく還御される。これを「貰い汐」と言い習わしてきたと記している。

大坂の川は、土砂が堆積しやすいため、川の水量が豊かであることが大切となる。干満の差の大きい大阪湾では、大潮の干潮にぶつかれば、船の航行にも差し支えることにもなりやすい。この「天神さんのもらい汐」について、本年二〇〇一年の『大阪の気象の暦』[20]で検討してみよう（下表参照）。本年の旧暦六月二五日は、八月一四日にあたる。この日の満潮は一七時四六分・潮位一三九センチ、干潮が二一時六分・潮位一三一センチで、満潮から干潮の時間差が短く、干満の潮位の差がたったの八センチである。次の満潮が、一五日の午前一時三三分・潮位一三四センチであり、干満の差は三センチ。たしかにこの日はもらい汐の現象が起きている。旧暦の一〇日と二五日は、「長潮」といい、干満の間隔が長く、潮の動きが非常に緩やかな潮であるという。干満の間隔が長いというのは、一四日の午前〇時四一分の満潮から九時一一分の干潮までの間隔と、次の一七時四六分の満潮までの間隔

8月の潮位

日	月相	旧暦	大阪							
			満潮				干潮			
			時刻	潮位	時刻	潮位	時刻	潮位	時刻	潮位
			時分	cm	時分	cm	時分	cm	時分	cm
12	◑	6/23	—	—	12.44	118	7.01	81	17.56	111
13		24	0.04	135	17.05	127	8.07	72	19.12	124
14		25	0.41	133	17.46	139	9.11	61	21.06	131
15		26	1.33	134	18.04	150	10.11	47	22.40	130
16		27	3.09	137	18.12	160	11.02	33	23.20	124

が長いことをさしている。天神祭の日は、古くは七月七日であったが、それを六月二五日（菅原道真の誕生日）に設定するときに、長潮の知識があったかどうかは不明であるが、結果的に川渡御に非常に好都合な日を選んだことになった。

おわりに

『摂津名所図会』において丹羽桃渓は、見開き四枚、八頁にわたって天神祭船渡御の様を描いているが、それぞれが、異なった時刻における情景を描いているのではなく、鳳神輿・玉神輿を載せた神輿船が、今まさに堂島川を遷幸しているその時刻の大パノラマ図を描いて見せたのである。『摂津名所図会』以前に描かれた船渡御のパノラマ図としては、「古来天神祭船渡御之図」と法橋白桃斎画の「摂州大坂天満宮神事之図」がある。「古来天神祭船渡御之図」は肉筆の絵画であり、世間的に広く知られたものとは考えにくいし、丹羽桃渓が見たかどうかもわからない。

「摂州大坂天満宮神事之図」は、『摂津名所図会』出版の少し前に出た版画であるだけに、当然、丹羽桃渓は見たであろうし、参考にしたと考えられる。しかし、一枚刷の版画に、難波橋北詰西の出航地点から、戎島御旅所の到着地点まで、すべてを書き込もうとしているために、少々煩雑になっている点は否めない。そこで、船渡御の全貌を三場面（見開き四画面）にわけて余すところなく描いて見せた丹羽桃渓の「六月廿五日天満天神神輿渡御図」は画期的であり、史料的にも高く評価できるといえる。しかも、それがベストセラー本の『摂津名所図会』に掲載されたことで、広く知られるようになり、出版以降、幕末にいたるまで描かれた多くの天神祭船渡御図に少なからぬ影響を与えたことについても、注目すべきである。(21)

（1）　松浦清「天神祭図」（『茶道雑誌』第六二巻第七号、一九九八年）。
（2）　秋里籬島著『摂津名所図会』（全九巻一二冊）は、巻七～九（四冊）が寛政八年（一七九六）に出版され、巻一～六（八冊）が寛政一〇年に出版された。天神祭船渡御図は、巻四上に納められている。
（3）　一無軒道治輯。六巻附録一巻、七冊。延宝三年（一六七五）陽月吉辰。書林、山本氏理兵衛開板。大坂及び近辺の名所・旧跡・社寺などを収録した大坂最初の地誌。なお、「古写天神祭渡御船之図」（図7）が、延宝三年よりさかのぼる作品であるとすれば、天神祭を描いた最も古い図ということになる。

（4）水雲子撰。一冊。延宝七年（一六七九）三月出版。同年五月に『難波雀追跡』、七月に『難波鶴』、八月に『難波鶴追跡』が出た。城代・城番・町奉行から諸問屋・医師・学者の名など、一五〇項目を掲げる大坂案内。

（5）眉山玉震誌併写。屛風一双。慶応三年（一八六七）五月。尾崎彰廣氏蔵。一九八三年、『久留米藩大阪蔵屋敷絵図』として編集出版された。

（6）大坂及び近辺の社寺の神事・仏事と町方の年中行事について記述。

（7）享保二年（一七一七）三月吉旦、皇都書肆、長村半兵衛版行。

（8）大田南畝が享和元年（一八〇一）、大坂銅座勤務中に書いた浪速見聞録。

（9）延享三年（一七四六）刊、四冊。

（10）元禄一〇年（一六九七）刊。一～一〇巻は宮崎安貞著。附録一巻は貝原楽軒著。

（11）古くは「神輿太鼓」の名称で呼ばれており、「催太鼓」の呼称が定着するのは寛政期ごろからである（拙稿「大阪天満宮の講について――享保九年～慶応二年――」、『大阪の歴史』第五四号）。

（12）「神輿船の行灯（俗に朝貌のあんどうと云）に南の字のあることは、往昔平野町南辺屋何某より献上の例によつて今に至つて南の字を記せり」（『摂津名所図会大成』）。

（13）松浦清、前掲論文。

（14）江戸時代に大阪天満宮の神主職を勤めた滋岡家代々の日記（大阪大学蔵）。

（15）江戸時代、大阪天満宮の筆頭社家寺井家の記録（大阪天満宮蔵）。

（16）大阪天満宮関係の資料を網羅して、白雉二年（六五一）から昭和三四年（一九五九）一一月一五日までの記事を原稿用紙に手書きで書いた稿本（大阪天満宮蔵）。

（17）肥田晧三「江戸時代の書物に見る天神祭」（『大阪天満宮社報　てんまてんじん』五号、一九七四年）。

（18）『日本古典文学大事典』（岩波書店）。

（19）肥田晧三「絵本と遊戯史」（『近世大坂画壇』、大阪市立美術館編、一九八三年）。

（20）財団法人日本気象協会関西支社発行。

（21）図11～13の解説参照（一八七～八頁）。

［付記］この稿を書くにあたり、天神祭船渡御図について、肥田晧三先生が『大阪天満宮社報　てんまてんじん』四号・五号・七号・九号（一九七四～七六年）に連載された「天神祭図会」を参照させていただきました。

近世絵画にみる天神祭

松浦　清

はじめに

大阪の夏祭りを代表する天神祭は、大阪市北区に位置する大阪天満宮の祭りであり、また、京都の祇園祭、東京の山王祭あるいは神田祭とともに、日本三大祭の一つに数えられるわが国の都市の祭りの代表でもある。その祭りの中心をなすのは、七月二四日に行われる鉾流《ほこながし》神事と翌二五日に行われる船渡御《ふなとぎょ》である。特に祭礼のクライマックスである船渡御は、夕闇の中の水上の大パレードで、篝《かがり》火《び》や花火で華やかに演出されるため、水都大阪の水と火の祭典として広く知られている。

祭礼は厳《おごそ》かな鉾流神事に始まり、華やかな船渡御でフィナーレを迎える。現在、それらは半ば独立した神事のように見受けられるが、鉾流神事と船渡御とは本来、御旅所の存在を介して切り離すことのできない密接な関係にあった。というのは、そもそも鉾流神事とは、大阪天満宮の南側を東から西へと流れて大阪湾に注ぐ大川（旧淀川）に神鉾を流して、その漂着地を神霊が遷座すべき斎場《さいじょう》と定めるもので、船渡御はその御旅所に神霊が船で向かう神幸祭だからである。社伝によれば、大阪天満宮の草創は平安時代の天暦三年（九四九）とされ、二年後には鉾流神事が始められていたと伝えられている。しかし、時代が下った江戸時代初頭には御旅所は常設化され、その場所は寛文～延宝（一六六一～八一）頃以降、明治初年まで、下流の戎島とされていた。御旅所の常設化は鉾流神事の存在意義を希薄にするため、江戸時代初頭には鉾流神事は行われなくなった模様である。現在の鉾流神事は昭和五年（一九三〇）に古式に則って復興された。

社伝では長い伝統を伝える天神祭であるが、この祭礼の実態が文献の上で確認されるのは、室町時代から戦国時代になってからであり、その頃の公家の日記に天神祭の見物記事が散見されるものの、具体的な内容をうかがうことはできない。[1]江戸時代になってから、各種の文献に壮麗な船渡御の様子が記されるようになり、それとともに天神祭を描く絵画作品も登場するようになる。天神祭の様子を描く絵画は、現存作例を見る限り、肉筆、版画ともに全て江戸時代後期以降のものであり、残念ながら、それ以前の様子をビジュアルに捉えることはできない。絵画作品は写真とは異なり、実景の再現ではないため、描かれた内容がそのまま事実を反映しているとは限らないが、天神祭図が祭りの様子を伝える第一級の資料として貴重であることはいうまでもないだろう。江戸時代に制作された絵画に天神祭はどのように描かれているのだろうか。代表的な肉筆作品を中心に概観してみたい。

鉾流神事を描く絵伝

大阪天満宮に伝わる土佐光孚筆「天満宮御絵伝」（図4）には、大阪天満宮の草創期の物語がとりあげられており、鉾流神事が描かれている。鉾流神事を描く本格的な絵画は、この作品以外には確認できない。

この作品は五幅からなる絹本著色の縁起絵で、天神祭の主人公である菅原道真公の生涯と没後の怨霊譚、北野社創建とその霊験利生が描かれており、天神縁起絵巻を掛幅形式に展開した作品であることがわかる。金雲で区切られた画面毎に天神縁起絵巻に見られる代表的な物語が一つずつ描かれ、その進行は各幅ともおおむね右上の場面から始まり、蛇行しながら下段に連続し、最下段にいたる。内容は、弘安本として分類される天神縁起絵巻を参考にして画面が構成されている。

この絵伝の第五幅の最下段、すなわち絵伝全体の最終画面として、大阪天満宮の草創期の鉾流神事・御旅所・船渡御の三画面が描かれている（挿図1）。これは各種の天神縁起絵巻には描かれていない大阪天満宮独自の表現であり、このため、この絵伝は一般的な天神縁起絵伝とは異なり、大阪天満宮草創絵伝となっている点で極めて貴重な作品である。

金雲で区切られた三つの画面（図4）のうち、向かって左上の画面には、川を流れる長い鉾と川岸に立つ二人の人物が描かれている。二人は風折《かざおり》烏帽子《えぼし》に狩衣姿で描かれており、大阪天満宮の草創期である平安時代の装束を意図した表現である。向かって右の人物は流れる鉾を指差し、隣の人物になにか語りかけている様子である。これが鉾流神事を描いたものであることは明白であろう。二人の人物は流れる鉾の行方を語り合っており、それは同時に流れ着く先、すなわち御旅所を設ける場所を占うことでもある。鉾はその先端を画面の向かって右側に向けており、その向きが川下である。川は金雲の仕切りを越えて、向かって右側の画面にも流れ込んでいるため、この画面に描かれている社が御旅所であることは、画面の連続性から明らかである。汀には鳥居が設けられ、冠直衣姿で参拝する公卿や茅の輪をくぐる浄衣の人物の姿も描かれており、船渡御の前の神事を意味している。この画面に隣接する最下段には、舳先を龍と鳳凰で装飾した二隻の船がそれぞれ鳳凰と宝珠を屋根に置いた神《しん》輿《よ》を載せて、楽奏船をともなって川面を進む様子が描かれている。乗船の人物の中には松明《たつまつ》を掲げる者も描かれ、船が向かう川岸にも松明を掲げる人物や篝火が描かれている。夕闇の中の船渡御とそれを出迎える御旅所の氏子たちの様子を表現していることが理解されよう。

さて、この絵伝には、制作背景を明らかにする資料が残されている。大阪大学が所蔵する滋岡文書にある「御絵伝記」がそれであり、紙数八枚の袋綴じの簡略な墨筆の文献であるが、それには次のように記されている。

挿図１　天満宮御絵伝　第５幅

御絵伝記奉納ハ昔天満惣会所ヨリ氏地之
面々申談シ寄付ナリ然ルニ天保八年酉二月
十九日大塩平八郎乱暴之兵火ニテ焼亡其後
天満惣年寄薩摩屋仁兵衛殿惣会所
之土蔵ニ旧来残シアル五幅之下絵ヲ以テ京都
画所預リ土佐守光孚ニアツラヘ已前
之通再画ナリ表粧加ヘテ奉納ナリシ也
右願主ハ天満惣会所氏地中也

これによれば、本絵伝ははじめ天満惣会所より寄付されたが、天保八年（一八三七）二月一九日に大塩平八郎の乱により焼失し、その後、惣会所の土蔵に残されていた五幅の下絵（現在、所在不明）をもとに、天満惣年寄薩摩屋仁兵衛が京都画所預土佐光孚に依頼して旧来の絵に復して奉納したことがわかる。後段に三八場面について簡略に内容を記しているが、実際の絵は四三場面を数えるため、この「御絵伝記」は、描かれている絵の全ての場面を絵解きしてくれない。特に、後半になると、画面との齟齬が生ずるようになり、どのような物語を描いたものか比定するのが困難な場面もある。

この「御絵伝記」は、焼失した絵伝がいつ奉納されたのか、あるいは、いつ頃から存在していたのか、つまり、いつ制作されたのかを示唆する情報をなんら記していない。また、本図の制作に用いられた下絵が、焼失した絵伝の稿本なのか、下絵として概括される粉本類一般を指すのかも曖昧である。仮に、焼失した絵伝の稿本を意味し、それを忠実に再現して本図が制作されたとすれば、鉾流神事は早い段階から絵画化された可能性を残すことになる。

しかし、既述の通り鉾流神事は御旅所の常設化とともに江戸時代初期には行われなくなっており、現存するいくつかの天神祭図の中に鉾流神事を描いた本格的な作品は確認できない。本画の制作後は経年とともに失われることの多い下絵によって絵伝が再び制作されていることや、弘安本の天神縁起絵巻としての体裁の一貫性からすれば、第五幅の最終段の表現は新しい付加的な要素とみるべきであり、再興時の制作と考える方が自然ではないだろうか。仮に、焼失した絵伝に当初より鉾流神事が描かれていたとしても、その制作年代は天保八年をさほどさかのぼることはないように思われる。

土佐光孚（安永九年＝一七八〇〜嘉永五年＝一八五二）は幕末に活躍した土佐派の正系絵師で、本図の穏やかな筆致には大和絵の伝統が色濃く残されている。特に、天神祭を大阪天満宮の草創期の祭礼として表現するため、有職故実に十分配慮した装束が用いられ、この表現にも土佐派の本領が十分発揮されている。

宵宮の地車を描く屏風

江戸時代の天神祭は旧暦の六月二五日に行われており、前日の二四日は宵宮で、この日に行われる地車の宮入は、翌日の船渡御と並ぶ大イベントであった。安永九年（一七八〇）の記録によれば、この日に宮入した地車の数は七一台にのぼり、[2]本来、くじ順に従って宮入すべきところ、くじを引かない地車もあって、その実数と賑やかさが相当なものであったことは容易に想像される。幕末に制作された代表的な錦絵である「浪花百景」の中にも歌川（一養斎）芳瀧の描いた「天満天神地車宮入」（図11）の場面があり、その賑わいを伝えている。

この宵宮における地車の宮入を描いたとみられる作品に「天神祭図」（図3）がある。紙本着色による六曲一隻の屏風がそれで、横長の画面いっぱいに橋を掛け渡す斬新な構図が用いられ、その橋の上には地車を引く多くの人々が描かれている。部分的に金雲を用いてはいるが、画面は全体に暗く、橋の両側に高く掲げられた梅鉢文の提灯の演出もあって、橋全体が宵の薄暗い闇に包まれた表現となっている。しかし、地車を引き、踊り興ずる人々の中には、仮面を被《かぶ》る人や仮装した人が数多く描かれており、画面の暗さとは異質な、異様な熱気——今しも賑やかなかけ声が聞こえてきそうな迫力、あるいは強烈なエネルギー——が伝わってくる。

この屏風が大阪天満宮の宵宮を描いたものであるという根拠は、時刻が夕暮れ時で、橋の上の二つ屋根の地車に「天満宮」と墨書した飾りが掲げられていることと、橋の両側に掲げられた提灯が梅鉢文であって、画面に船渡御が描かれていないことである。しかし、大阪天満宮の氏地は大川をはさんだすぐ南にはなく、[3]一方、御旅所のある戎島などからも地車の宮入はあった。また、翌日の船渡御を描いた絵の中に、市中を引き回される地車が描かれる例をしばしば目にする。この橋はどこの橋なのか、今のところ不明といわざるを得ない。さらに、地車を引く氏子とみられる人々の中の何人かは団扇を握っているが、その団扇には「金」「う」「大」「泉」などの文字が一文字ずつ墨書されている。おそらく講や講の構成員に関するなんらかのサインであると予想されるが、残念ながら、そのメッセージを読み解くことはできない。

宵宮の地車を単独で描いた唯一の作例と想定されながら、作者不詳であり、内容も不明な点が多く、その解明は今後の課題である。もっとも、天神祭に対する民衆の熱狂的なパワーは画面から明確に読み取ることができるであろう。当時の地車の多くは今では失われてしまい、嘉永五年（一八五二）制作の「三ツ屋根地車」だけが一台、明治二九年（一八九六）に大阪天満宮に奉納され、当時の姿をとどめている。

御迎人形図会の初稿

天神祭も元禄（一六八八～一七〇四）頃になると、御旅所付近の氏子たちは風流人形を飾った御迎船に乗って大川に繰り出し、船渡御を迎えるようになる。[4] この際に用いられた人形は御迎人形といわれ、本来は神の依代《よりしろ》であったと考えられるもので、船に載せられる前は町内に飾られていたものである。のちに歌舞伎や浄瑠璃のキャラクターが加えられるようになり、享保（一七一六～三六）頃から次第に大型化し、精巧で豪華な人形が作られるようになって天神祭をいっそう盛大に演出するようになった。

弘化三年（一八四六）に刊行された『天満宮御神事　御迎船人形図会』は御迎人形のいわばビジュアル集成であり、三番叟・酒田公時・恵比須ほか合計四四体もの御迎人形が掲載されている（四四～七頁）。これは松川半山が絵画部分を担当し、暁鐘成が著述部分を担当した版本であるが、この画稿である「御迎人形図会初稿」が大阪天満宮に残されている。それは「天満宮御神事　御迎船人形図会」を描いた松川半山自身が描いた墨筆による下絵として貴重である。

残された複数の下絵のうち、天神祭に特に関係の深い猩々《しょうじょう》の画稿をとりあげよう（挿図2）。猩々は猿に似て酒を好むと伝えられるオランウータンの別称で、全身が赤い毛で覆われており、疱瘡除けに造形化されることが多い。それは、赤が疱瘡除けに有効な色であると一般に考えられていたからであり、のちに全ての御迎人形は赤い衣装を身につけるようになる。「御迎人形図会初稿」は墨線によ

挿図2　猩々

る画稿であり、彩色は施されていないが、本画制作のための線を決定するため、何本も試みの線が引き重ねてあり、部分的に紙を貼って修正が行われている。絵師が最終的な輪郭線をどのようにして描いてゆくのか、それら多くの線は構想・変更・修正の過程を明確に示しており、同時に絵師の苦心の跡を記録している。絵師の松川半山（文政元年＝一八一八〜明治一五年＝八二）は大阪の画家で、風景人物画を得意とし、肉筆画のほか、版本挿絵を多く描いて人気を博した。

実際の御迎人形は一六体と一頭《かしら》が現存し、そのうちの一四体が大阪府の指定文化財に指定されており、天神祭の際には、数体ずつ境内に飾られている。

船渡御を描く絵画

天神祭のクライマックスである船渡御を壮大なパノラマとして展開した作品が大阪歴史博物館所蔵の「浪華天神祭礼図」（図2）である。画面は六曲一隻の屏風で、大川に浮かぶ中之島東端付近の上空より北方を望んだ鳥瞰図であり、大画面いっぱいに天神祭の賑やかな様子が広がっている。画面の向かって右手には、天満橋・天神橋・難波橋の浪華三大橋が配され、その北方に大阪天満宮が描かれており、画面中央に天神祭の盛大な船渡御の光景が一望される画面構成となっている。画面中央の難波橋北詰が船渡御の乗船場であり、神輿を載せた船は川を下って画面の左手に見える戎島の御旅所を目指す。大川は渡御の船や御迎船で埋め尽くされ、三大橋に集まって渡御の様子を見物する人たちも、今しも溢れ出しそうな賑わいである。本図には落款印章がないため、作者は不明であるが、大阪の四季風俗を描いた屏風と一双をなすため、おそらく大阪の風俗画家による作品と考えられる。装飾的な金地の霞が夕暮れ時の微妙な明暗を表現する上で効果的であり、天神祭を描く代表作といえよう。

江戸時代中期の大坂の著名な風俗画家である月岡雪鼎（宝永七年＝一七一〇〜天明六年＝八六）が描いた「大坂十二ケ月風俗図」（大阪歴史博物館所蔵）は六曲一双の屏風で、全一二場面のそれぞれに月毎の大坂の年中行事が描かれているが、右隻の第六扇に六月の行事として天神祭が描かれている（図5）。豊臣秀吉より拝領と伝えられる催太鼓を載せた船が鳳神輿と玉神輿を載せた御座船の先導を務めて、ともに御旅所を目指して大川を下る光景を描くもので、神輿の脇に控える神官の神妙な面もちと、真っ赤な投げ頭巾を被り威勢よく桴《ばち》を振りあげる太鼓の打手の動きが好対照で、同乗した人々にも思い思いの仕草や表情が示されている。神聖な船が通過する際に橋の上が通行止めとされていたことは、柵の向こう側に見物人が集団で描かれていることから理解される。月岡雪鼎は月岡派の祖として多くの門人を輩出しており、本図には印影のほかに六三歳の年齢を記しているため、円熟期の安永元年（一七七二）の制作であることが知られる。

本来、絵巻ないし画帖として横長に展開していた画面を屏風に改装した作品として、大阪天満宮所蔵の「古来天神祭船渡御之図」（図1）がある。右から左へと続く画面は三段に張り込まれており、画面には天神橋の北詰めの乗船場から大川を下って戎島の御旅所へいたる船渡御の様子が連続して描かれている。上段の乗船場近くには神輿を載せた御座船が描かれ、神主船や網引船と記す付箋のある船が描かれており、中段には船渡御の先導をなす赤い投げ頭巾の催太鼓の船も描かれている。その先は、鍋島藩の船入橋や難波小橋など、蔵屋敷周辺で船渡御を見物する群衆が描かれ、下段には川口船番所や御神燈を掲げて渡御を迎え入れる御旅所の様子が描かれている。作者を宝暦（一七五一～六四）頃に活躍した浮世絵師の長谷川光信とする伝承があり、その真偽は不明であるが、画風は錦絵作品と共通する特徴を顕著に示している。作者の系譜が錦絵作家に連なることは明かであろう。

むすびにかえて

天神祭を描く絵画の古い作例として近世の絵画の代表例を概観してみた。既述のように天神祭を描く作品は全て江戸時代後期以降のものであり、しかも、肉筆絵画は数えるほどしか残されていない。このことは、祇園祭礼図や日吉山王祭礼図など、屏風を中心とした各種の祭礼図の残存例と比較して、いささか寂しい感を抱かせる。斬新な構図が魅力的な葛飾北斎の「諸国名橋奇覧　摂州天満橋」（図9）や、空飛ぶ絵師と呼ばれるほど鳥瞰図を得意とした歌川貞秀の「浪速天満祭」（図10）など、錦絵にも天神祭を描いた秀作はあるが、鑑賞絵画としての完成度という観点からすれば、大阪の風景風俗版画は全体として低調であり、版本挿絵や一枚刷りは天神祭の歴史資料としては重要であっても、絵画のジャンルに含める場合、やはり主要作品の列からは漏れることになろう。

天神祭の始まりを告げる重要な鉾流神事が、本格的な絵画作品としては、土佐光孚筆「天満宮御絵伝」の第五幅の最終段に描かれているにすぎないという事実は、天神祭に対する当時の人々の感覚を反映しているように思われる。「天満宮御絵伝」の中の鉾流神事は、大阪天満宮の草創期の縁起を描く際、必要不可欠な要素である。しかし、その神事は氏子や講に支えられているとはいえ、あくまでも大阪天満宮の神事であり、絵伝の中での存在意義は大きいが、大阪の民衆が天神祭に期待する要素としては必ずしも不可欠なものではない。民衆が求めたのは神聖な神事そのものではなく、都市住民のエネルギーを発散させる契機であり拠り所である天神祭であったと思われる。

時代はややさかのぼるが、天文二年（一五三三年）に室町幕府が宗教的な理由から祇園祭の中止を決定した際に、京都の町衆が神事はなくても山鉾巡行だけは挙行したい旨を申し出ているのは、祭礼が純粋な神事とは異なる遊興的要素の濃厚なものであることを如実に示している。天神祭の場合も同様であろう。御旅所が常設化され、鉾流神事は行われなくても、船渡御が挙行できることこそ江戸時代の大坂の庶民にとっては重要であったに違いない。

一方、天神祭は本来、御旅所への神幸祭であり、御旅所に行き着くことが船渡御の目的であった。船渡御を描く絵画作品に込められた熱狂的なエネルギーの表現を見れば、船渡御の絵画化を促したのはひとえにその壮麗さであったと推測されるが、その祭礼図を支えた基盤が御旅所の存在であったことは十分に意識されるべきであろう。説明的にならざるを得ない祭礼図の場合、船渡御の全景描写を意図した絵画作品の中に御旅所が描かれるのは当然ともいえるが、御旅所が天神祭を表現する上で不可欠な要素であることは重要な観点である。

祭礼図は民衆のエネルギーの高揚を表現した作品であり、神聖な神事そのものを描くのとは異なる意義が込められているが、祭礼の本来の目的を離れて祭礼図が成立するはずもない。天神祭には、鉾流神事、宵宮、御旅所、御迎人形など、単独で画題として成立する重要な要素があるにもかかわらず、版本挿絵や一枚刷りを含め、残された絵画作品の多くは船渡御を描くものである。このことを見れば、天神祭を描くことは船渡御を描くこととほぼ同義であると解釈することもできよう。そして、そこには常に御旅所が描かれていた。

天神祭は戦後に復活したが、大阪一帯の地盤沈下により、神輿を載せた船が橋の下を通過できない事態となり、船渡御は現在、大川を遡上するコースに変更を余儀なくされている。祭りがそれを取り巻く時代の状況によって変化するのはやむを得ないことであるが、単なる水上パレードとは異なる船渡御には、やはり御旅所の存在が不可欠であるように思われる。江戸時代の天神祭図を見れば、浪花っ子ならずとも、御旅所へ向かう船渡御の壮麗さをつい夢想してしまうのではないだろうか。

（1）『言経卿記』天正一五年（一五八七）六月二五日および天正一八年六月二五日の記事（『大日本古記録』）。

（2）近江晴子「天神祭の地車　Part 1」（『大阪春秋』第五五号、一九八八年）。

（3）糸井洋子氏作図の氏地区分による（註2論文所収）。

（4）御迎人形については、高島幸次「天神信仰と御迎人形」（『天満宮御神事　御迎船人形図会』、東方出版、一九九六年）を参照した。

［付記］本稿をなすにあたり、松浦清「天神祭図（絵解きの玉手箱）」（『茶道雑誌』第六二巻第七号、一九九八年、河原書店）を参照した。重複する箇所の多いことを了とされたい。

夢の中にある船渡御――生田花朝の《浪花天神祭》

橋爪節也

はじめに――天神祭幻想

天神祭のクライマックスである船渡御は、大阪八百八橋を象徴する川筋でくりひろげられるページェントで、昔も今も熱狂的な興奮のうちに催されたことが、大正九年刊行の随想集『夜の京阪』収録の斎藤渓舟《けいしゅう》「夜の天神祭」にもうかがえる[1]。大阪らしい温気ただよう面白い文章なので少し抜粋しよう。天満宮を出た行列が乗船場に到着し、主人公の若い巫女がようやく船に乗りこむところからである。

いよ〳〵お供船に乗るのや、お神輿もこゝからお船へ移されるのやが、何んしよ大へんな人ごみやよつて、大騒ぎしやはるに違ひない〔中略〕こない見物人が立てこんでは、何んならん！　乗船場に近うなるほど、身動きならん混み合ひや、塩小、金政、伊予藤、桝忠、仰山な高張提灯や、いろ〳〵な屋号や名前で、まるで林のやう、人の頭の上に立つてある、おや、花火が揚がつた、公園（中の島）やな、おゝ、パチ〳〵云うてる、まア、向ふ岸かて、橋の上かて、真つ黒な人出や〔中略〕この船の数はまた仰山なもんやな、何艘集つたるか知らん、一イ二ウ三イ、とても数へ切れへん、それにしたかて、神輿船も、お供船も、どれもこれも綺麗づくしや、何んたら美しいこつちや、お供船は十三艘やさうなが、この辺に集まつたる船ばかりでも、なか〳〵二十や三十やあらへんやろ、赤と白の段々羅、水浅葱の段々羅、いろ〳〵の定紋や、お天神様の御紋の梅鉢を染めた幔幕で囲うたり、お屋形船には簾つるして、紅いお祭り提灯吊つたんもある、大つけい団平船に櫓組んで、青竹立て、金や太鼓で囃してるのもある――お、やう〳〵お神輿が見えた〔中略〕お見やしな！　あの仰山な黒山のやうな人、まア何うや！　両方の浜側かて、橋の上かて、船かて町かて、まるで人で埋まつたるやおまへんか〔中略〕もう高張も吊し提灯にも、みな灯がともつたさうな、まア綺麗やな、日が段々暮れてゆくのに、灯の数がだん〱多なる、こない灯が仰山に灯つても、船がぎつしりやさかい、灯の影の映る水も見えんくらゐや、ほ、船から見ると、花火は一層綺麗やな〔中略〕囃し船の屋根の上で、あない、紙球の丸幣や、御幣振つて、お福はんや、ひよツとこの仮面被つた人らが、一生懸命踊り狂つてやはる、それに、どこやあの三弦は、お、あこや〱、あの船の中や、簾吊つて、赤い丸提灯たんと〱吊つて、五六艘もつゞいて西横堀の方から出て来た、ありあ何んやな、南地の芸妓はんの船やな

実況中継のように、絢爛たる祭りの情景と熱狂を色彩豊かに伝えるこれを読む限り、画家にとっても天神祭は、腕のふるいどころの多い画題のはずである。しかし、天神祭を本格的に描いた絵画はそう多くはない。無論、夏場の大阪では、料亭の数だけ季節の風物詩として天神祭の絵が座敷に掛けられたであろう。けれども近代的な芸術作品として画家が天神祭を描き、全国規模の展覧会に出品した例はあまり見ない。どうしてだろうか。

大阪の洋画家鍋井《なべい》克之《かつゆき》は、昭和二四年の随筆集『閑中忙人』で、天神祭を油彩画に描いて外国人に見せたいと記す。浴衣の白と藍、提灯の赤は日本伝来の西陣の織物の感覚であり、無数の手が神輿をさしあげるのにも芸術的な雰囲気が流れ、油絵の画材にならぬこともない気がしたという（挿図1）。一読すると鍋井が天神祭を積極的に絵画化したと錯覚するが、鍋井はすでに齢六〇歳、還暦をすぎるまで天神祭が画題として彼の意識に上らなかったことを逆説的に物語る。日本画家も天神祭を頻繁に描いたわけではなく、菅楯《すがたて》彦《ひこ》でさえ、天神祭を描いて全国的な展覧会に出品したのは、昭和三〇年の第一一回日展「赤日浪速人」（図21）ぐらいであった。

大きな祭礼はどこも同じと思うが、氏子以外の大多数の参詣人は、信仰心よりも季節の風俗、観光イヴェントとして祭りを享受する。祭りの絵画も描写が忠実なほど記録としては貴重だが、展覧会に発表される芸術作品としてみると、記録性の高さが絵画表現のおもしろさを抹殺し、鑑賞意欲を減退させてしまうこともよくある。天神祭のように圧倒的な視覚性と音楽的要素に満ちた祭礼を描く場合、まず重要なことは、祭りの巨大なエネルギーがいかに造形化され、ハレの気分が画面に再現できるかであろう。

挿図1　『大阪繁盛記』挿図（鍋井克之）

その好例が五雲亭《ごうんてい》こと歌川貞秀《さだひで》の「浪速天満祭」（図10）である。詳細は図版解説を参照されたいが、神事や地理の記述に誤りが多いにもかかわらず、この三枚続きの錦絵の臨場感は傑出する。意表を突く構図、執拗な細部描写、ルポルタージュのような書き込みの多さにより、歴史資料としては不正確ながら、絵画上の表現や演出において史実上の誤りを越え、画面いっぱい熱狂的で陶酔的な祝祭空間を再現して、絵画独自の〝ファンタジー〟に膨らますことに成功しているのである。

さて近代で天神祭を描いて成功したのが、大阪の日本画家生田花朝《いくたかちょう》（一八八九〜一九七八）であった。花朝は大正一五年（一九二六）、第七回帝展に船渡御を描いた「浪花天神祭」（挿図2）を出して特選となる。帝展は大正八年に文展（文部省美術展覧会）を改め、帝国美術院が主催した官立の公募展で、花朝の特選は、洋画部での岡田三郎助門下の有馬三斗枝《さとえ》とともに、帝展初の女性の特選として話題となった。「二十年の記録を破り現はれた女流特選」（『東京新聞』）「単調な帝展に新局面を開く二女流の特選」（紙名不詳）などの見出しが、女性画家の躍進を快挙と報じる。特に花朝は「帝展創つて以来、初めて女流が特選に／名誉の生田花朝女史『浪花天神祭』の図に審査員が感じ入る……大阪天満の祭礼を描いて」（『国民新聞』）と高く評され、「浪花天神祭」は第七回帝展での売約第一号となり五〇〇円の値がついた。[2] これを契機に花朝は生涯、天神祭を描きつづけ、戦後のインタビューでも、

> 私の今日があるのは天神さまのおかげです。『浪速《ママ》天神祭』が特選になり仕事に励みがつきました。祭りはなんというても大阪の夏祭。中でも天神祭が一番ですなあ。今まで十点ばかり天神祭を描きましたが、生きている間にもう一点、船渡御を描いて残したい……これが私の念願ですのや
> （生田花朝女「描き残したい〝夢の船渡御〟」、『大阪天満宮社報　てんまてんじん』第五号、昭和四九年）

と語った。残念ながら「浪花天神祭」はその後、所在不明となり、晩年の花朝も思い出深い作品との再会を願いながら果たせなかった。今も作品の所在は確認されていないが、ここでは天神祭の絵画を彼女抜きでは語れない生田花朝と、幻の名作「浪花天神祭」をとりあげたい。

生田花朝「浪花天神祭」

生田花朝は、明治二二年、現在の大阪市天王寺区上之宮町に生田南水《なんすい》の三女として生まれた。本名は稔子《ミノリ》。最初、四条派の喜多暉月《きげつ》に学び、大正二年に菅楯彦（一八七八〜一九六三）に入門した。楯

彦は洒脱な筆致で大阪風物や歴史画を描き、国学や有職故実、漢学にも通じた。ついで花朝は、楯彦の勧めで同じ町内の蔵鷺庵《ぞうろあん》にいた北野恒富《つねとみ》（一八八〇～一九四七）に師事する。恒富は妖艶な美人画で知られ、大正三年の日本美術院の再興に参加し、のちに美術院同人となった。画塾白耀社《はくようしゃ》を主宰し、門下に島成園《せいえん》、樋口富麻呂《とみまろ》、木谷千種《ちぐさ》、中村貞以《ていい》らがいる。花朝が大正一五年の『大毎美術』一一月号に寄せた「郷土芸術の礼讃」という一文によると、楯彦は倭絵《やまとえ》の画家で絵の具が土佐風になるので、現代の新らしい絵の具も知りたいと思い恒富にも師事したという。

父の紹介で菅楯彦先生につきまして、ずつと御指導を仰いでをります、けれども菅先生は御存じのとほり倭絵の方でございまして、絵の具が土佐風になりますから、この外に現代の新らしい絵の具のことも知りたいと思ひまして、幸ひ北野恒富先生がわたくしの宅のつひ近くのこの小宮町の蔵鷺庵の中に居られました時分、先生にお頼みいたしまして、絵の具の事や何かを教へて頂きました、今度の天神祭の絵の大かゞりの火焔などは、先生から教えて頂きました絵の具のつかひ方によりましたものです、尤も一たいの描写はわたくしの持ち前の倭絵を基に致したのは申すまでもありません（「郷土芸術の礼讃」）

その成果か、大正一四年の第六回帝展に四天王寺の彼岸を描いた「春日」で初入選し、褒美として南水との約束で、入選日を起工日に、三方ガラス張りで廻り縁のある八畳一室の画室が生田家の庭に新築された。「浪花天神祭」はこの画室で描かれたのである。画題に天神祭を選んだのは、前年の寺院についで、今年は神社関係を描きたいと思ったためという。本図について花朝は、

この絵は二枚折の大きさで、人物が三百余り、船も六十艘から描いたものです。尤も前景は大きなものに致しましたが、何しろ小さな人物を沢山に、相等変化をつけたり、またその一たいの気分や調子を統一する必要がございますので、それにはかなり骨が折れました。今や御神輿が、人波を分けて御行列を従へて大川の御座船へ移るところで、左には難波橋がおぼろに見えてをります（同前）

と語っている。『第七回帝展図録』で確認すると、見物客でごったがえす難波橋《なにわばし》西側の乗船場において、まさに神輿《みこし》が筏《いかだ》にのりこもうとする瞬間をダイナミックに描いた作品で、画面中央では大きな篝《かが》火《りび》が燃えさかり、堂島川には御鳳輦、鳳神輿、玉神輿、金幣などの筏や無数の船がひしめきあって川

挿図2　浪花天神祭(生田花朝／第7回帝展特選)

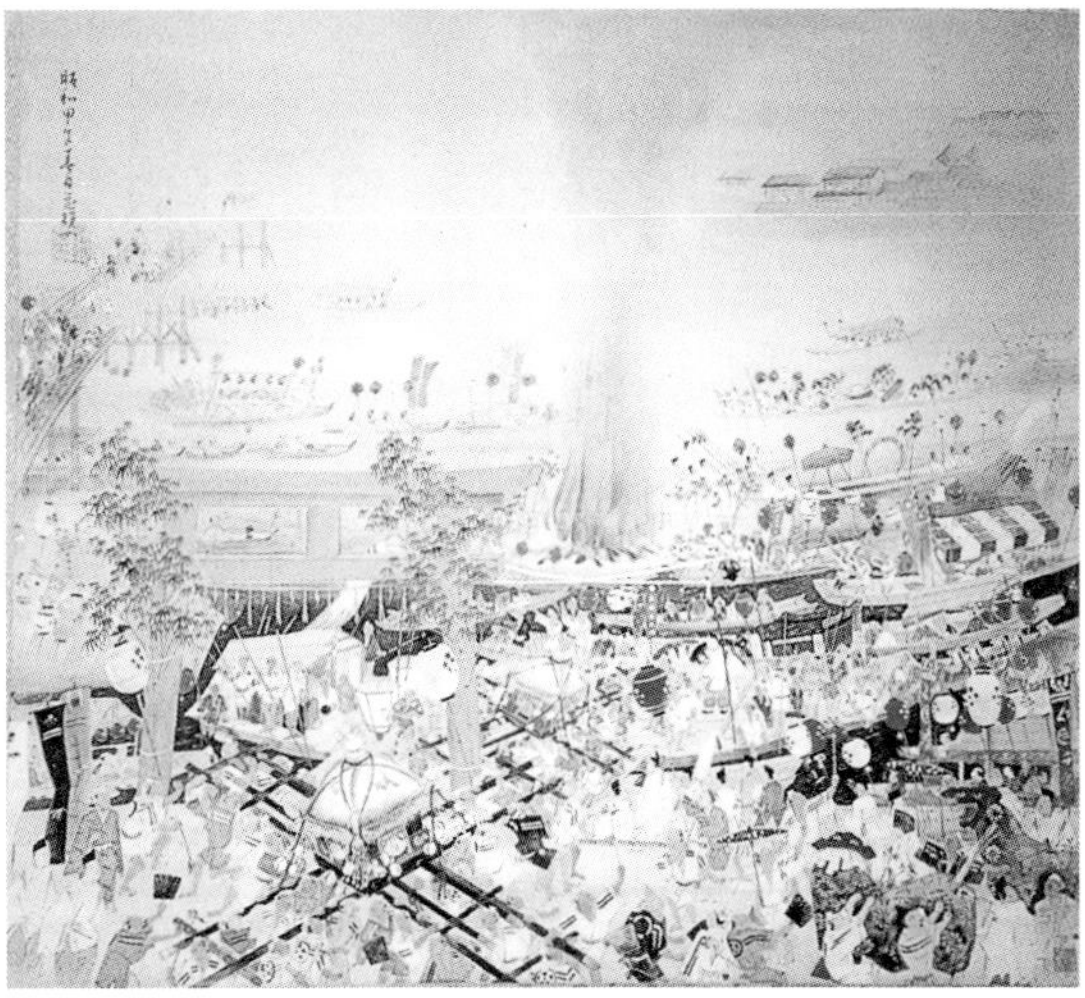

挿図4　天神祭船渡御(生田花朝)

挿図3　四天王寺曼荼羅(生田花朝)

面を埋めている。

本図が花朝畢生の力作であったことは間違いない。短期間で仕上げた努力は並大抵ではなく、群衆を描く苦労で一か月間、日に二、三時間しか眠れなかったという。持ち前の倭絵に恒富じこみの絵の具を用いた色調や筆致の片鱗は、翌年の第八回帝展無鑑査「四天王寺曼荼羅」（挿図3）や、完成度は違うが構図が似た「天神祭船渡御」（挿図4）、さらに「天神祭」（挿図5）「天神祭」（図23）などにしのぶことができる。また、時代設定については次のように語っている。

人物の風俗は最初現代のものにしようと考へましたが、何うもわたくしの技倆では群衆の中の小学生や何かの洋服姿などを、うまくお祭りの気分の中に調子をこわさないやうに浮かしてくることが困難だと思ひましたので、万一の危険を避けて、専ら徳川末葉、弘化文政あたりの風俗をいろいろ研究致しまして、それにしたのでございました（同前）

帝展批評も好意的で、吉川霊華《きっかわれいか》は、女性画家として異色の絵であり、楯彦風だが鍬形蕙斎《くわがたけいさい》が加わってそれを新しくしたようで、俗気がなく俳味のあるところを面白いと評し、小杉未醒《みせい》は、春陽会の河《こう》野通勢《のみちせい》を彷彿とさせ人のポーズがうまいとする。鏑木清方《かぶらぎきよかた》も、この人の絵は隅から隅までどこでも面白そうに書いてあり、「女流作家の掘り出し者」とたたえた。[3] また『美之国』では豊田豊が、群衆描写を称賛する。

其群衆描写がさうした苦心に加ふるに、其表現効果に於いて完全な成功を納めて居たならば、我々の讃嘆を弥《いや》が上にも誘はずには居ないであらう。さうして生田君の作品の如き実に此種のものである。生田君は其人物、群衆の描写に当つて、デッサン式の素描に依る印象描写ではなく、飽迄も忠実丹念な細緻写実を行つて居る。さうしてそれ等を蔽ふ色調美は切に我々を徳川時代の天神祭の夜の歓楽の世界に誘なつて行く。さうしてそれは単なる擬古主義のものではなく現代的情感を待った女性の懐古芸術である（『美之国』大正一五年一一月号）

豊田がいう「忠実丹念な細緻写実」による「群衆描写」は、絵巻物や近世風俗画、浮世絵など古典絵画に学んだものであろう。しかしそれに加えて、精魂こめた稠密な描写には、若い花朝のひたむきな情熱が感じられ、細密画風は以後の帝展出品作につづく花朝画の特色となった。

挿図5　天神祭（生田花朝）

ところで、花朝が天神祭を画題に選んだ背景には、地元大阪への執着と深い愛情があった。最初「朝鮮あたりの風俗画」も考えたが、自分の馴染多い大阪の郷土を捨て、よく知らない遠い土地を表面的な観察で描くのは間違いと思い、天神祭を選んだという。そして大阪に生れ育った以上、郷土礼讃を忘れずに努力し、以後も郷土色を出したいと抱負を語るが、しかし大阪も次第に郷土趣味を失いつつあるので、郷土色彩の消滅しないうちに、急いで一つでも多く大阪にちなむ作品を描きたいとも述べている。大阪らしさの強調は、郷土史家である南水の娘として当然であり、

私は郷土芸術といふことに深い執着をもつてをります、一たいわたくしの家は先祖代々久しく大阪に住んでをります関係上、またわたくしの父南水は、やはり郷土芸術にふかい趣味をもつてをりますところから、わたくしもその方に憧憬してをるのでございます（「郷土芸術の礼讃」）

と説明する。けれども〝郷土芸術〟への愛着は、父親の影響だけではなく、大正四年に第一回展を開いた大阪美術展覧会にもみられる大阪の日本画壇の主張であった。

大阪では、大正元年（一九一二）に結成された大正美術会に若い日本画家が結集して、画壇の新時代を開いた。大正美術会は、恒富が、大阪朝日新聞社員でもあった野田九浦《きゅうほ》を説き、菅楯彦、上島鳳《うえしまほう》山《ざん》と組んで大阪の新進画家を集めて結成された。創立に岡本大更《たいこう》、伊藤溪水《けいすい》、久保井翠桐《すいとう》、金森観陽《かんよう》、水田竹圃《ちくほ》、阪田耕雪《こうせつ》、平野晃岳《こうがく》、伊藤直応《ちょくおう》も参加する。これに対抗して同年、大阪の四条派系の中川和堂《わどう》が土筆会を結成したが（図28）、文展出品者の数で大正美術会が圧倒し、「現金な大阪人は大正会の画家でないと自然画家とも呼ばぬと云ふ風」で、大阪の青年画家は皆大正美術会の会員になることを希望するようになったという[4]。

ついで東京・京都に遅れた大阪にも権威ある展覧会設立の必要があり、大正三年、大阪美術展覧会（大展）が設立された。大展《だいてん》は「大阪に於ける青年芸術家の集り」として大阪画壇の新光明、芸術界に新しい旗幟をたてるものと期待され[5]、翌年に第一回展を三越に開催し、戦時中まで、ほぼ毎年、催されている。その第三回展で恒富は大阪の画家としての思いを次のように語り、大阪の色調と実生活に根差した創作を奨励した。

大展の覗ふ処は大阪の土から生まれた芸術即ち地方色《ローカルカラー》の出たものを貴びます。彼の文展や院展の

やうな或る型から離れた奔放な芸術境を見出すことです。而して今度の製作の上を見渡すと一体に芸術の上の動揺と云ふ事を眺められます。之は喜ばしい傾向だと思ひます。此の意味で筆者の実生活を描いたものを貴びます。（「芸術の動揺を示した大阪情調の大展」、『大阪新報』大正六年三月二六日）

恒富には造形問題を論じた画論もあり、郷土色に固執した画家と考えるのは間違いだが、京都や東京を意識して自己の立脚点を明確にしたい思いは、恒富はじめ当時の大阪の画家全体に強くあっただろう。郷土芸術を礼讃する花朝の主張も、彼女が師事した先輩たちの世代の意識を引き継いでいたはずである。[6]

それに花朝の帝展デビュー直前の大阪では、大展につづき、恒富や楯彦、矢野橋村《きょうそん》らの活躍で有力な画塾や美術学校が開かれ、明治四〇年代からの画壇刷新の成果が実りつつあった。加えて行政も新しい美術振興策にのりだし、大正九年に大阪市立美術館建設が議決され、大正一一年、大阪市教育部が「美術に縁遠い土地」である大阪に、絵画彫刻から一般応用美術まで網羅した団体として大阪市美術協会の設立を計画した。協会は近く大阪市立美術館の建設されるのを機会に組織されるとし（実際の開館は昭和一一年）、市の美術工芸の振興もはかって、大正一二年に発会する。同年には、後進者の誘掖指導を目的として大阪市立工芸学校（現在の市立工芸高校）も開校された。

結果的に市の美術支援策は十分な成果をあげなかったにしても、一連の政策の登場時期は、大正末の合併で大阪市が市域を拡大し、東京市を抜いて日本最大の都市である〝大大阪〟へと変貌する時期と一致する。花朝が憂慮する「郷土色彩の消滅」が近代都市への急成長で古い大阪情緒を失うことを意味するならば、矛盾するようだが花朝作品の明朗で活力に満ちた画風には、〝大大阪〟へと発展する大阪の活力が反映されているように感じられる。

このあと花朝は、昭和二年の第八回帝展「四天王寺曼荼羅」、昭和三年の第九回帝展「住吉大社御田植」を出品し、天満宮・四天王寺・住吉大社という大阪を代表する三社寺を画題として制覇した。以後の帝展では、大阪を舞台とした作品から離れ、万葉集や記紀など古代に題材を求めていく。

次に別角度から「浪花天神祭」をみよう。本図は、日本画家が近代都市を描くことの問題も提起する。それを考えるため船渡御を描いた絵画を二つの要素に分解したい。一つは神事として船渡御を描いた絵画、もう一つが船渡御の舞台となる大川周辺、中之島の風景を描いた絵画である。

前者の神事を中心に描いた絵画には、吉川進の「天神祭図巻」（二六〜四〇頁）がある。吉川は氏子中の日曜画家らしく、背景には当時の中之島周辺の洋風建物も描き加えているが、氏子としての使命感から祭礼の記録者に徹し、丹念に船渡御や陸渡御を描写して長大な図巻にまとめている。

また、竹内栖鳳門下で文展帝展に入選した京都の川口呉川の「天神祭の図」（図29）も、船渡御の神事を中心に描いた作品である。本図は昭和七年の『大阪毎日新聞』付録の原画であり、祭礼や神事の描写は、正確を期して大阪天満宮教学部の監修のもとに描かれている。[7] ただし監修の内容は神事の考証に精力が注がれたらしく、背景をなしている大阪の町は、時代劇にあるような類型的な近世の町並みとして描くにとどめられた。さらに絵画表現としては、近世初期の金碧障壁画を思わせる擬古的な金雲の使用や放射状に広がる菊花のような花火など、江戸時代の風俗画や浮世絵の型を意識した装飾的表現が目立つ。徹底した現場写生で成り立った吉川進の図巻の詳細な記録性とは異質な、装飾性が強調された華麗な作品といえよう。

一方、船渡御の舞台となる中之島周辺を描いた絵画には、幕末の森派、西山派が大川納涼や対岸の蟹島《かにしま》新地（築地）を描くほか、田能村少斎《たのむらしょうさい》の「大川真景図」（挿図6）が天満・中之島を眺望する。本図には装飾的な呉川の「天神祭の図」にない現実感がただよい、江戸時代から家屋が稠密に建てこんだ大阪で、大川沿いが空間的に開放感に満ちた風光明媚な場所であったことを再認識させる。

さらに大正になると中之島には、市庁舎や控訴院、日本銀行、中央公会堂などの建築や、都市公園として整備された中之島公園、難波橋や水晶橋などの石橋が集中し、近代的風景が形成された。鍋井克之は大正一三年、『風景画を描く人へ』（中央美術社刊）で都市を題材にした風景画を論じ、「都市自身の生命」の輝いた日本の都市を描く画家の出現に期待する。鍋井には「近代的と云ふこと」だけで魅力あり「いやでも次に生れて来るべきもの、資格」であった。

時代なれば時代のものが生れなければならない。その時代とは何だらう。曰く建築物である。曰く都市を題材にした風景画である。そして時代を背景にした画家の個性が都市と共に新しい感情

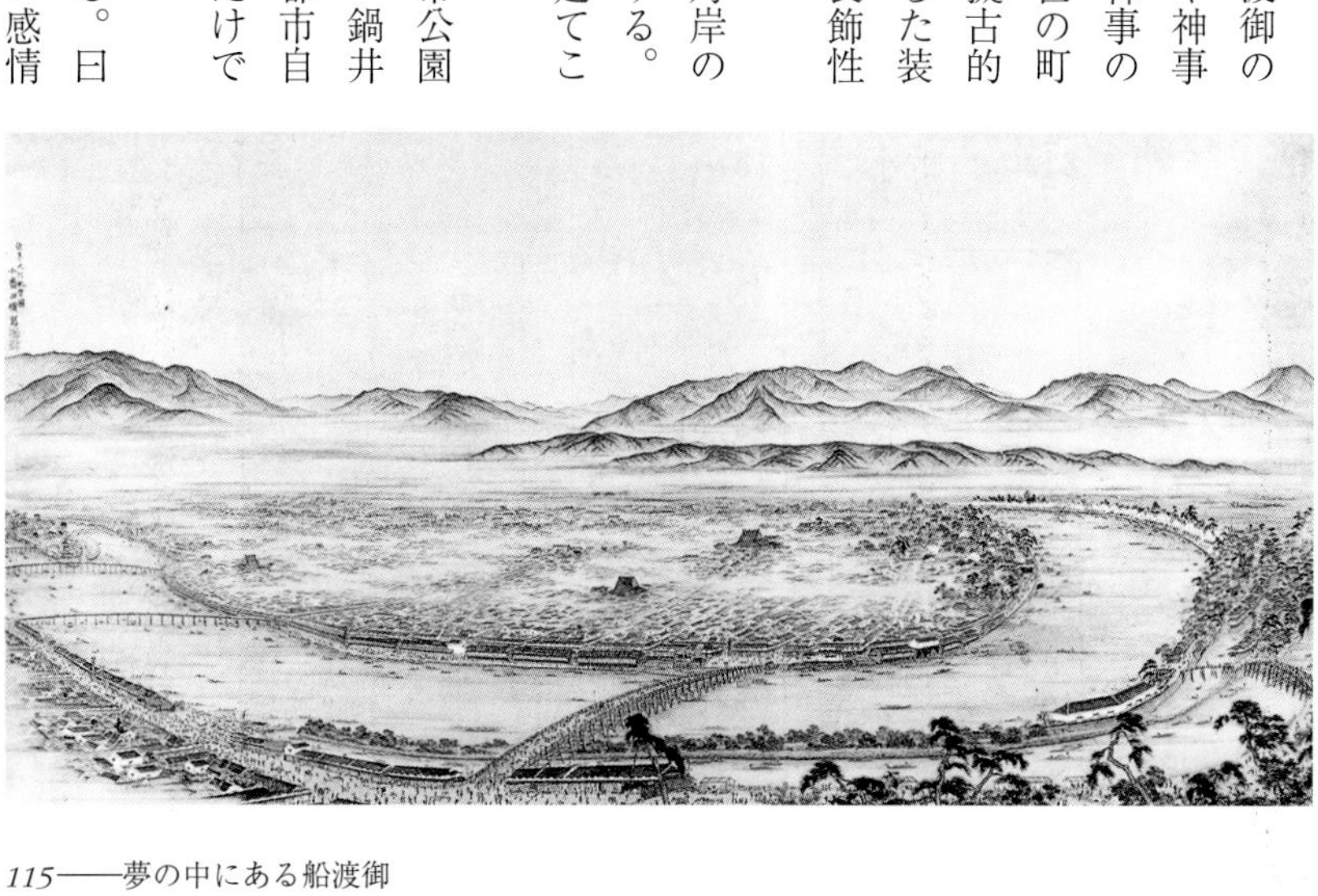

挿図6　大川真景図（田能村少斎）

で動き出して来る事である（『風景画を描く人へ』）

その鍋井には、貸しボートから見た中之島の印象が忘れられない。

ボートを淀川迄漕ぎ出して行くと、急に川幅の広すぎる大川へ出た為に風が思ひがけなく強く身にあたるやうに感じられるが、水平線の向ふにある白い大きな建築物や長い人道の鉄橋などを落日の余光で眺めると、これは全く近代的な魅力を持つた都会風景画であると感心させられたのであつた（同前）

鍋井の盟友小出楢重《ならしげ》（一八八七～一九三一）も、昭和五年の随筆「上方近代雑景」で、心斎橋筋・大丸百貨店屋上からの眺望を、「大阪は驚くべく黒く低い屋根の海」で坦々たる徳川時代の家並、不思議なくらいの名所図会的情景が続くとする。しかし、北と西には近代らしい顔つきもあり、大阪の近代的都市風景としては、大正橋や野田附近の工場地帯も面白いが、中央電信局中之島公園一帯は先ず優秀とする。そして、大建築が増えれば「都会としての構成的にして近代的な美しさ」も増加するとした。小出は、大正一四年に大江橋北詰の堂島ビルから中之島西部を眺望した《街景》を描くが、鍋井・小出という大阪を代表する洋画家が、中之島を最も近代的な風景とすることは興味深い。

これに対して花朝が特選をとった二年後の昭和三年、第九回帝展で特選となった池田遙邨《ようそん》（一八九五～一九八八）の「雪の大阪」（挿図7）は、同じ中之島や難波橋を描いても視点が異なる。遙邨は岡山に生まれたが、天神橋筋三丁目や堺で少年時代を過ごし、京都市立絵画専門学校で日本画を本格的に学ぶ以前は、洋画家松原三五郎《さんごろう》の内弟子に入るなど大阪と関係が深く、遙邨にとって大阪はいわば第二の故郷であった。

「雪の大阪」は、社寺参詣曼荼羅に擬した構成で、雪の日の静謐な市街をとらえる。モダン都会の構成美を讃えた小出なら、同じ雪の街景でも、低い屋根や名所図会的情景が続く「雪の大阪」のアングルを採用しなかっただろう。しかし、よく見ると「雪の大阪」も、決して懐古的風景ではない。背景にある大阪府庁と大林組本店（現、辻学園調理技術専門学校）は大正一五年に竣工したばかりだし、画面下の難波橋は市電敷設の目的で、公園と一体の豪華な橋梁として架橋された。噴水、音楽堂がある中之島公園も、市民生活のための新しい施設である。この絵は雪を媒介に、大阪城を中心とした江戸時代以来の伝統ある古き大阪の市街風景と、都市基盤の整備が進む新しい近代都市の姿を画面の中

挿図7　雪の大阪（池田遙邨）

で融合させている。(8)

当時の船渡御は、今日の進路とは違って難波橋上流に向かわないが、中之島一帯が祭りの重要な舞台であることに変わりはなく、もしも花朝が「浪花天神祭」を同時代の中之島を舞台に描けば、背景は「雪の大阪」を夏模様に衣替えした風景になるはずであった。つまり大正、昭和初期に、天神祭を同時代風俗の〝時世粧《じせいしょう》〟の絵画として描こうとすれば、古式ゆかしい祭礼の進行と、ビルディングがそびえたつ近代的な都市景観とを、一つの画面のなかで結びつける必要に迫られたはずである。それを回避して「浪花天神祭」は成立した。

再び生田花朝「浪花天神祭」

近代の画家が同時代の都市景観のなかを進行する祭礼を忠実に描くと同時に、由緒ある祭の雰囲気を失わず画面に再現することは難しかったのではなかったか。花朝も「お祭りの気分の中に調子をこわさないやうに」という理由で幕末に時代を設定し、意識的に現代風俗をカットした。

戦前の絵葉書（一八二頁の参照）をみると、御神輿や御迎人形の船団で埋めつくされた堂島川の背景に、市庁舎、図書館、公会堂、大阪ホテルなど近代建築の威容が連なる。また、昭和一二年の大阪市電気局・産業部制作の映画『大大阪観光』（大阪市指定文化財）は、市内を地下鉄、市バス、遊覧船で案内し、名所旧跡のほか道頓堀の夜景、電気科学館の電光掲示板、エスカレーター完備の地下鉄心斎橋駅などを紹介するが、中之島をパリ・セーヌ河畔にたとえ、遊覧船「水都」から見える近代建築に囲まれた中之島周辺のモダンな都会風景を映し出す。映画には陸渡御、船渡御も登場し、天神祭が現代以上の混雑した群衆と都市景観のなか、新旧併存しながら進行したことが記録される。

冒頭に紹介した「夜の天神祭」でも、巫女の船は、無数の篝火《かがりび》が水面に映えて、真っ赤になった堂島川周辺の都会風景を御旅所へ進んでいく。

難波橋の上はまた何うや、出たも出た、仰山な人やおまへんか、これでは、石造りの日本一の大橋も、へしやげしまへんやろか、美事やなア、橋の上の欄干の電燈と、船の提灯の光りが、丁度水の上に十文字になつてんのが……ほ、左側の大阪ホテルの、浜座敷（露台）をお見やしな、綺麗な岐阜提灯と、六角なガラスの電燈を庇に吊つて、涼しさうやおまへんか、それに、ほら、異

人はんもたんと居やはる、何んやら見ては、笑うてハンカチ振つてやはるわ、え、御機嫌やな

難波橋の人出、欄干の電燈と船提灯、絵葉書（一八二頁参照）にもなった大阪ホテルでは人工光線が交錯し、ハンカチを振る見物の外国人など、随所に近代都市の姿が見いだせる。

お、すぐもう大江橋やし、まア何うやあの人出！　ほら巡査はんが提灯振つてまつしやろ、ありや何んやわ、通行止めや、余り混雑して、ひよつとすると怪我人が出来るも知れんさかい、一つ時通行を止めて、この船行列が通り過ぎた時に、通行を許しやはるのんやわ〔中略〕もう渡辺橋や、ここも電車まで停つたる、ようもまアこない黒山のやうに人が出たもんや、篝火と花火で、それでも昼のやうやわ、田蓑橋、玉江橋、堂島大橋、千舟橋、この長い堂島川は、まるで火のやうになつたる

かつては信仰から正中を避けて通行止めとなった橋も、近代では安全のため警官が交通整理し、市電も停止する。その都心をぬけて船行列は、府庁のある江之子島方面へ進んでいく。

花朝が同時代の天神祭を描くとすれば、川岸には大阪ホテルや中央公会堂など西洋建築が並び、難波橋は豪華な石橋で華麗な照明具が連なり、橋の袂には彫刻家天岡均一《あまおかきんいち》のライオンの石像が置かれなくてはならない。御神輿や催太鼓、御迎人形の背景として、それらの建造物を描き加えるには違和感があったろう。遙邨は「雪の大阪」で、降り積もる大雪のなか、近代建築と町家の屋根という新旧の都市景観を融和させることに成功したが、「大阪の土から生まれた芸術」を理念とし、大阪情緒に依拠した創作を模索していた大阪の日本画家にとって、近代都市大阪の姿をありのまま描くことには難しい問題があったのである。

それでは花朝の「浪花天神祭」は、単なる懐古趣味の古臭い作品だったのかといえば、そうではない。花朝が描きたかったのは祭りの記録ではなく、祭礼の日の晴れがましさであり、輝かしい祝祭の日の歓びと熱狂を鑑賞者に喚起させる〝ファンタジー〟であった。幕末に舞台設定することで時代考証の制約を受けるが、そのことでかえって想像力が膨らんで自由に筆をふるい、花朝自身が体験した祭りの熱気や躍動感を表現できたのである。

この問題に関連して興味深い画家が、恒富門下の女性画家で花朝の先輩にあたる木谷千種（一八九五〜一九四七）である。千種は堂島の裕福な家庭に生まれ、東京で池田蕉園《しょうえん》に学んだ後、帰阪して九

浦・恒富に師事し、のちに京都の菊池契月《けいげつ》にも学んだ。文楽研究者の木谷蓬吟《ほうぎん》と結婚し、女性画家の育成を目指して八千草《やちぐさ》会を結成する。そして「浪花天神祭」が出品された第七回帝展に千種は、少女時代の思い出である堂島川の夕涼みを描いた「浄瑠璃船《じょうるりぶね》」（挿図8）を発表した。同じ帝展会場に、奇しくも大阪の古い情趣をテーマにして、季節も川筋も同じ堂島川の、夜船の情景を題材にした作品が並んだのである。夕涼みや船のモチーフが似ているのは偶然かもしれないが、あらためて疑問に思うのは、天満宮の氏地である堂島出身で郷土史にも造詣の深い千種こそ、上町育ちの花朝よりも天神祭を描く資格のある画家でありながら、正面切ってはそれを描かなかったことである。

もともと千種は画風上、百人を越えるような群衆表現には適さないうえ、幕末浮世絵を好み、熟女の美しさを〝年増美〟に提唱するなど、耽美的傾向が強かった。[9]花朝の「浪花天神祭」が喧噪のなかで華麗にくり広げられるのとは異なり、千種の「浄瑠璃船」は文学的感興を重視し、浄瑠璃と太棹《ふとざお》の調べが櫓音も静かな闇に溶けこんだ密室的ともいえる濃密な雰囲気のなかに幻想美を探求する。こうした資質の画家である千種にとって天神祭は、過剰なまで現世的エネルギーに満ちた画題であったろう。もしも仮に氏子の使命感から天神祭を描いたにしても、古典文学や芸能、過去の風物を典拠にして耽美的な物語に変換された天神祭のエピソードが、千種には必要だったはずである。安倍保名の御迎人形に恋した町娘のおさわの伝説などに、千種は興味をもったかもしれない。

それに対して花朝は、天神祭の活気をそのまま受けいれる開放的な精神性と、造形的な資質に恵まれていた。豊田が指摘した「忠実丹念な細緻写実」による「群衆描写」である。それも細緻なだけの写実では画面から躍動感が失われ、生硬になるが、花朝はデフォルメされた人物像をてきぱきした短い線で描き、顔料の発色を生かした明るい色調を加える。描かれた人物群は運動体の集積となり、躍動感とリズムが生まれる。同じ恒富門下の千種や島成園が、情念こもる大正期の妖艶な美人画の系譜に属する女性画家とすれば、人物が快活に動き、爛漫とした花朝作品は、まさに昭和の新しい日本画につながるものといえよう。画題は古くとも、楯彦流の大和絵と恒富風の表現の強さを基礎に、明快な線と色彩の運動体に画面を結晶させたエネルギッシュな造形スタイルこそ、花朝のモダニズムであり、造形的な新しさであった。

なお、花朝も同時代の天神祭を全く描かなかったわけではない。小画面の作品であるが、大阪天満

挿図8　浄瑠璃船（木谷千種）

宮所蔵の「浪速天神祭」（図24）の背景には、控訴院と思われる立派な塔のある洋風建築が描かれている。『府社天満宮　神事要録』（昭和七年刊）に、昭和四年の天皇大阪幸行の際に大阪市が献上した画帖に花朝が描いた「天神祭御迎人形船列之図」（挿図9）が掲載されており、それが本図と同じモチーフ・構図の作品であったことが確認できるが、「浪速天神祭」もおそらくこの画帖とほぼ同時期に描かれ、皇室への献上記念として天満宮の所蔵になったのかもしれない。

確かに本図の存在は、近代都市景観を描くのを花朝が避けたとすることとは矛盾する。しかしよく見ると、青や赤の色彩は鮮明だが、建物は柔らかい筆づかいで描かれて石造りの厳格さが和らげられ、画面全体もソフトフォーカスで撮影されたかのような印象をうける。献上画帖の制作には、商工業都市大阪の活気を伝えたい市側の意向があったと思われるが、この依頼をうけながらも花朝は、都市の姿をありのまま描くよりも、祭りの印象を第一にして、都市景観の再現は雰囲気描写にとどめた。花朝がこだわったのは、あくまでも祭りの気分の再現で近代都市の記録ではなかった。

おわりに――〝夢の中にある船渡御〟――

戦後、船渡御は昭和二四年に復活したが、翌年から二年間中止され、昭和二八年の再々開以降は、船渡御のコースも難波橋から上流へと変わった。中止期間の昭和二六年に描かれた池田遙邨「戦後の大阪」（挿図10）は、焼け跡を象徴する背景に、大阪城や電気科学館、古い天神橋や中之島の噴水、外輪船など、現存物と過去の失われた大阪ゆかりの建物が混在して描かれ、中央の鉄橋下に梅鉢の紋のある天神祭の船が進んでいく。失われた戦前のモダンな大阪の記憶と戦禍をまぬがれた建物が画面を浮遊し交錯するこの作品は、天神祭を内面世界のうちにとらえた戦後の名作である。

そして現代もターミナルや商店街に天神祭は描かれる。JR大阪駅中央コンコースを飾る前田藤四《とうし》郎《ろう》「大阪の四季」（挿図11）、新大阪駅の木村光佑《こうすけ》「大阪の詩」などの巨大な陶板壁画や、赤い輪郭線が印象的なクリスタ長堀地下街の祢宜吉子《ねぎよしこ》の船渡御の陶板画は、観光客だけではなく、通勤通学の平凡な日々を過ごす人々に祭りの華やかさ、ハレの日を思い出させる。また成瀬國晴《くにはる》のように天神祭をイラストで記録する現代の絵師もいる。

ここで筆者が印象深く思う画家の随筆も紹介しておこう。心斎橋筋の足立時計店の息子として船場

挿図9　天神祭御迎人形船列之図（生田花朝）

挿図10　戦後の大阪（池田遙邨）

に生まれ、春陽会創立に参加した洋画家足立源《げん》一郎《いちろう》が語る明治末頃のどんどこ船の思い出である。

夏の横堀風景に明るい色調を添へ、川岸を楽しくしてゐたのは夾竹桃の花であつた。いつ頃誰に植ゑられたものか、水にのぞんだ狭い場所にかなり沢山眼立つ程育つてゐた。この皮質の葉が真夏の光を反射して銀色に輝き、紺青の影をつくり、淡紅の花をちりばめて裏川岸の複雑な建築構造の間に存在する景趣を私は好きであつた。さうした水面を天神祭のドンドコ船が単調な、然し軽快な太鼓をはやしながらギーギーと櫓音を立てて、走る光景を想ひ出すことがある。

（足立源一郎「想ひ出の大阪」、『随筆大阪』所収、錦城出版社、昭和一八年）

いまも夕闇の東横堀川で待つと、上流の橋のかげからぬっとあらわれるどんどこ船は印象的である。船団がひしめく大川とは異なり、遠く上流の橋の下に提灯が灯り、船影とともに御囃子もしだいに大きくなる。船はさっと足元の橋をくぐって反対側の欄干へ抜け、下流の道頓堀へと去っていく。天満宮氏子でなくても川沿いの町には幻想的な夏の風物詩であろう。

ところで花朝は、昭和四九年、大阪天満宮社報の前掲インタビューで、現代の天神祭を描くのですか、と質問されて次のように答えた。

私の夢の中にある船渡御をです。かがり火、ぼんぼり……美しく豪華な昔のお祭を描くのです

帝展特選の「浪花天神祭」では、雰囲気をこわさず、祭礼のエネルギーそのものを造形化するため、江戸時代の天神祭を描いた花朝だが、戦後の彼女にとっての天神祭は、夢のなかにのみ存在する美しく豪華な祭りであり、古き大阪への夢想にいざなう詩情豊かな〝ファンタジー〟であった。大阪を愛し、終生船渡御を描きつづけた花朝のなかで、天神祭は心象風景へと昇華されたのである。

（文中敬称略）

挿図11　大阪の四季（前田藤四郎）（部分）

（1）『夜の京阪』（一九二〇年、文久出版社出版部）。京阪神の夜の楽しみに関する随想を集め、斎藤の他にも長田幹彦、巌谷小波、生田葵、近松秋江、上司小剣、松崎天民、薄田泣菫、吉井勇、宇野浩二、石割松太郎らの文章がおさめられる。

（2）東京美術学校が保存する新聞等の美術関係記事の切り抜きには（『日本近代美術資料』、ゆまに書房、マイクロフィルム）「浪花天神祭」を平尾賛平が五〇〇円で購入したとする記事がある。

（3）吉川霊華、菊池契月、鏑木清方、小杉未醒の帝展合評。前注の『日本近代美術資料』所収。

（4）紫生「大阪画壇の勢力戦」（『中央美術』第二巻四号、一九一六年）
（5）空閑「三府の画壇」（『美術画報』一九一六年五月）
（6）ただしこの頃、岡田播陽は「大阪と芸術」という一文を発表し（掲載誌未詳）、そこで「大阪ニズム」という言葉を用いながらも、それに拘泥しない姿勢を示した。播陽は心斎橋筋の呉服店主で文筆家としても聞こえ、『中央美術』等に美術評論を執筆した。文脈からみると地域性の強調よりも普遍性を尊重し、大阪への拘泥に懐疑的であったらしい。大阪の画家たちの郷土への愛憎、距離のとり方は複雑だが、播陽の言説そのものは、大阪色を強調する恒富などを意識したものと想像される。
（7）『府社天満宮　神事要録』（一九三二年）
（8）中之島と美術の関係は、橋爪節也「美術パノラマ・大阪――二〇世紀美術と中之島――」（大阪市立近代美術館［仮称］コレクション展『美術パノラマ・大阪』図録、二〇〇一年）参照。
（9）木谷千種「年増美」（『大毎美術』一九二四年五月号）

挿図1　鍋井克之『大阪繁盛記』挿画（布井書房、昭和三五年）
挿図2　生田花朝「浪花天神祭」（大正一五年・第七回帝展）
挿図3　生田花朝「四天王寺曼荼羅」（昭和二年・第八回帝展）大阪城天守閣蔵
挿図4　生田花朝「天神祭船渡御」（昭和二九年）大阪府総務部用度課蔵
挿図5　生田花朝「天神祭」（年代不詳）大阪府立中之島図書館蔵
挿図6　田能村少斎「大川真景図」大阪歴史博物館蔵
挿図7　池田遙邨「雪の大阪」（昭和三年・第九回帝展）大阪市立近代美術館建設準備室蔵
挿図8　木谷千種「浄瑠璃船」（大正一五年・第七回帝展）大阪市立近代美術館建設準備室蔵
挿図9　生田花朝「天神祭御迎人形船列之図」（昭和四年）『府社天満宮　神事要録』所収
挿図10　池田遙邨「戦後の大阪」（昭和二六年・第七回日展）大阪市立近代美術館建設準備室蔵
挿図11　前田藤四郎「大阪の四季」大阪駅中央コンコース

III　発展する天神祭

「天神祭図巻」について

澤井浩一

はじめに

天神祭は、近世から『諸国年中行事』に「天満祭」として京都の祇園祭、江戸の山王祭とともに日本三大祭りに数えられる都市祭礼の典型のひとつである。その祭礼の風景は、大阪という都市の祭礼であるが故に、近世初期から『芦分船』『難波鑑』をはじめとする地誌類などに描かれ、寛政一〇年(一七九八)刊の『摂津名所図会』には四丁分にわたる船渡御の挿し絵が掲載されるなど、近代にいたるまで数々の絵画の題材としてとりあげられてきた。これらの絵画作品の大部分は、天神祭の大きな特色である戎島の御旅所への船渡御を描いており、陸渡御を含めた祭礼の全貌を紹介するものは少ない。弘化三年(一八四六)刊『天満宮御神事　御迎船人形図会』も、船渡御を迎えるため御旅所周辺の氏地から出される御迎船に乗せられる御迎人形を紹介する版本である(四四～七頁参照)。

大阪天満宮には、寄進などによりこうした出版物や肉筆の天神祭を描いた絵画が多数所蔵されている。なかでも、ここで紹介する吉川進筆「天神祭図巻」は、近代の絵画作品であるが、陸渡御列を含めた渡御全体を紹介する絵巻という点で特筆すべきものであろう。本稿では、描かれている講社などの団体に注目しながら、絵巻を概観的に紹介していきたい。

絵巻の概要

吉川進筆の天神祭の絵巻は、陸渡御を描いた「夏祭渡御列図」甲乙二巻と船渡御を描く「夏祭船渡御図」甲乙二巻の全四巻から成っている。全体を指し示す資料名としては、ここでは大阪市立博物館の特別展図録[1]の用例に倣って「天神祭図巻」としておきたい。「夏祭渡御列図」巻甲の巻頭には「大

正庚申秋　吉川進（印「進」）」とあり、また「夏祭船渡御図」巻甲には「大正十年秋十一月　吉川進（印「吉川進」）」とあって、絵巻の完成が大正一〇年（一九二一）一一月と知ることができる。但し、この絵巻を納める箱には「大正十年七月」とあり、絵巻の内容としては、その年七月の祭礼を基準として描いたものと考えられる。

　作者である吉川進については詳細は不明である。天神祭で使用されている鳳神輿《おおとりみこし》・玉神輿《たまみこし》は天保一一年（一八四〇）に江之子島の大工が製作したものと伝えられているが、この神輿を造った大工が吉川氏といい、その子孫が吉川進であるといわれている。絵柄は非常に手慣れた筆致ではあるが、天神祭と近しい位置にいた素人画家と考えられる。

　天神祭図巻各巻の法量（単位はセンチメートル）は次の通りである。

「夏祭渡御列図」巻甲　縦四七・三×長一七〇三・八（見返三四・九、奥付二二・〇）
　　　同　　　巻乙　縦四七・四×長二〇〇七・二（見返三五・〇、奥付二二・二）
「夏祭船渡御図」巻甲　縦四六・六×長二三〇六・九（見返四三・五、奥付二一・八）
　　　同　　　巻乙　縦四六・七×長一一三五・九（見返四三・六、最後尾余白五三・〇）

各巻とも長大なものである。ただし、「夏祭船渡御図」巻乙については奥付はなく、絵画部分の終わりに雲形を描いてからかなり長く余白を取り、巻末近くでもう一度雲形を描いて余白を奥付にみせているので、示した数値よりも絵画部分は短い。大正期に入って製作された絵巻であるためか、使用されている紙は一紙が約二〇〇センチもあり、近世の絵巻よりも非常に大きな間隔での紙継ぎになっている。また陸渡御列のみを描く「夏祭渡御列図」の二巻には、上下に〇・七センチの金箔の装飾帯が施される。「夏祭船渡御図」では背景までが描かれ金箔の装飾はみられない。

　各巻の内容は、「夏祭渡御列図」巻甲が、陸渡御列の先頭、松島廓《くるわ》から出される猿田彦から北新地廓から出される八処女《やおとめ》と御供講《ごくこう》の登場を告げる提灯まで、巻乙が御供講の御供櫃《ごくひつ》から渡御列の最後尾までを描く。巻甲と乙の関係は構成上分けたものではなく、紙継ぎの切れ目で巻子があまり太くならないように分断したようである。「夏祭船渡御図」巻甲は、遠景に松嶋の御旅所の鳥居と屋根、江之子島の府庁を冒頭に描き、どんどこ船、大篝《おおかがり》船に続いて、船渡御列が始まる。巻末は北浜㈱團の網《あ》代《じろ》車、伶人《れいじん》である。乙巻は、大篝船に続いて御鳳輦《ごほうれん》があらわれ、絵画部分の最後には、船列の最後尾となる梯子乗りなどをおこなう侠客の船、難波橋とその近くの乗船場の鳥居などが描かれている。

絵巻にみる渡御列と講社

天神祭図巻は大正一〇年の製作であり、昭和五年（一九三〇）の鉾流神事の復興以前の姿を基本的に描いていると考えられる。そこには、現在も天神祭を支えている講社とよばれる団体の姿も多く描かれている。講社の大まかな定義としては、大阪天満宮を中心に地縁や職業などで結ばれた奉仕組織であるということができるが、その成立の経緯や構成はさまざまである。また講社そのものは神社への奉仕組織を示す用語でもあり、天神祭に直接に関与しない講社も存在する。昭和五一年（一九七六）には、巨大な都市祭礼となった天神祭の運営を円滑にし、講社間の連絡をとるために「天神祭講社連合会」が結成されている。現在では、この講社連合会の名簿に名を連ねる三〇の組織を天神祭に奉仕する講社とすることになるはずだが、複雑なことにこのなかにも天神祭に直接関与しない紙商燈明講が存在する。

講社は産業などの盛衰とともに廃絶、復興、新設が繰り返されてきたようだが、こうした講社のあり方は近世以来のものであり、すべての講社が連綿と伝統を保ちながら天神祭を支えてきたわけではなかった。[2]その変動は社会や経済の状況を反映していると考えられ、商業や加工業などの団体が多く参画しているのは都市祭礼の運営のあり方として特徴的である。天神祭図巻に描かれた講社やその他の団体も、当時の社会状況を反映した編成となっている。大正期という近代大阪の繁栄の時期に描かれた絵巻にみられる渡御列・船渡御列をまとめると、別表のようになる。

以下には、陸渡御列から順に登場する講社等をみていくことにしたい。なお、近世の講社については近江晴子氏の成果を、現存の講社については『大阪天満宮社報　てんまてんじん』の「講社めぐり」を参照させていただいている。[3]

陸渡御列の講社など

【猿田彦・処女《おとめ》】　先頭を示す提灯と警護に続いて、猿田彦が登場する。松嶋廓がこの役割を負っているのは松嶋に御旅所が所在するからであろう。猿田彦は現在は講社ではなく個人に依頼する形式で役

別表　天神祭図巻に描かれた奉仕内容と団体

夏祭渡御列図・甲巻

1	提灯2張・警護2名・鉾	神社
2	提灯2張・鉾・猿田彦（騎乗）・処女8名	松嶋廓
3	御引船の幟・冨嶋町の旗	冨嶋町
4	提灯2張・催太鼓	太鼓中
5	奉献燈10張	雑喉場
6	奉献燈10張	堂嶋濱
7	奉献燈10張	市場
8	奉献燈10張	乾物問屋中
9	金幣付の御神燈2張	天満魚市場
10	提灯2張	松竹合名社専属俳優中
11	提灯2張	大阪料理商喫庖会
12	旗と提灯2張	天満宮御神酒講
13	奉献燈2張	大一献燈講
14	提灯2張	御船係
15	提灯2張・御旗・獅子舞・唐櫃の金銀の大獅子	天神講
16	提灯2張・茅の輪	梅壽講
17	提灯2張・神職（騎乗）	神社
18	提灯2張・根掘大榊・風流花傘	神木講
19	提灯2張・榊・八処女	南五花街
20	提灯2張・榊・八処女	堀江廓
21	提灯2張・榊・八処女	新町廓
22	提灯2張・榊・八処女	北新地廓
23	提灯2張・榊	赤心講
24	提灯2張	御供講

同・乙巻

1	鉾2口・御供櫃	御供講
2	提灯2張・萬歳旗・御供櫃	日供翠簾講
3	提灯2張・巫女2員	神社
4	提灯2張・釼鉾	此花町一丁目釼鉾係
5	提灯2張・紅白の御旗2対・鉾2口	大阪料理飲食業組合
6	提灯2張・神職（騎乗）	神社
7	提灯2張・唐櫃（御弓）	祭禮講
8	提灯2張・唐櫃（御太刀）	丑日講
9	提灯2張・御旗	菅前講
10	提灯2張・唐櫃	神衣講
11	提灯2張・和琴・風流花傘・童子3名	松風講
12	提灯2張・前駆（騎乗）	神社
13	提灯2張・塩水	盤水講
14	提灯2張・童子2名・網代車	［北浜］㊑團
15	提灯2張	永司講
16	提灯2張・伶人	伶人
17	提灯2張・篝2・紫翳2・御鳳輦・菅翳2	御鳳輦講
18	提灯2張・神馬	神社
19	提灯2張・奉献燈2張・御錦蓋	米穀商
20	提灯2張・御菅蓋	久栄講
21	提灯2張・梅の瑞枝・手輿（斎主）	神社
22	提灯2張・旭日旗（分会旗）	在郷軍人分会
23	提灯2張	青年團
24	提灯2張	聯合小学校
25	奉献燈・提灯2張・御翳2	菅神講
26	提灯2張・鳳神輿	天神橋一丁目・地下町
27	提灯2張	氏子総代
28	提灯2張・御翳2	江之子嶋輿護会
29	玉神輿	［江之子島町］
30	殿衛（騎乗）	神社
31	提灯2張	評議員
32	提灯2張	北区役所
33	提灯2張	西区役所
34	提灯2張	祭禮世話係
35	提灯2張・献燈4張・直垂姿と力士2名・纏と提灯を持つ消防の一団	北小林二代目酒井［栄蔵］

夏祭船渡御図・甲巻

1	列外　どんどこ船	今木町・今木町若中
2	列外　大篝船	尼崎[町]
3	御曳船（汽船）	冨嶋町
4	冨嶋町	冨嶋町
5	人形囃子2隻	浪花三友派
6	御迎人形船第一号　三番叟	
7	御迎人形船第二号　雀踊	[江之子島西町]
8	御迎人形船第三号　海士	
9	御迎人形船第四号　安倍保名	
10	御迎人形船第五号　与勘平	[安治川上一丁目]
11	御迎人形船第六号　坂田金時	[江之子島東町]
12	御迎人形船第七号　関羽	
13	列外　大篝船	下福嶋二丁目
14	御迎人形船第八号　胡蝶舞	[江之子島東町]
15	御迎人形船第九号　鬼若丸	
16	御迎人形船第十号　八幡太郎義家	[市之側]
17	御迎人形船第十一号　御所五郎丸	
18	列外　大篝船	
19	御迎人形船第十二号　猿田彦	
20	御迎人形船第十三号　羽柴秀吉	
21	御迎人形船第十四号　神功皇后	
22	御迎人形船第十五号　楠正成	
23	御迎人形船第十六号　恵比須	
24	御迎人形船第十七号　加藤清正	
25	御迎人形船第十八号　猩々	[旧上博労]
26	御迎人形船第十九号　素戔嗚尊	
27	御迎人形船第廿号　白楽天	
28	御迎人形船第廿一号　鎮西八郎	[松島町一丁目]
29	御迎人形船第廿二号　佐々木高綱	
30	御迎人形船第廿三号　武内宿禰	
31	御迎人形船第廿四号　奴照平	
32	御迎人形船第廿五号　野見宿禰	

33	御迎人形船第廿六号　石橋	
34	御迎人形船第廿七号　木津勘助	
35	御迎人形船第廿八号　朝比奈三郎	
36	御迎人形船第廿九号　鯛	
37	御迎人形船第三十号	奉迎講
38	御曳船（汽船）	冨嶋町
39	本船列一号　猿田彦・処女	松島廓
40	本船列二号　催太鼓	太鼓中
41	本船列三号	太鼓中
42	本船列四号	氏子総代
43	本船列五号　御迎人形葛の葉	松竹合名社専属俳優中
44	本船列六号　御迎人形豆蔵	大阪料理商喫庖会
45	本船列七号	御神酒講
46	本船列八号　獅子舞・御旗	天神講
47	本船列九号　茅の輪	梅壽講
48	本船列十号　根掘大榊・風流花傘	神木講
49	本船列十一号　御迎人形吼噦・榊・八処女	南五花街
50	本船列十二号　御迎人形奴妻平・榊・八処女	堀江廓
51	本船列十三号　御迎人形天神花・榊・八処女	新町廓
52	本船列十四号　御迎人形茲童・榊・八処女	北新地廓
53	本船列十五号　榊	赤心講
54	本船列十六号　御供櫃	御供講
55	本船列十七号　萬歳旗・御供櫃	日供翠簾講
56	本船列十八号　劔鉾	此花町一丁目
57	本船列十九号　御迎人形瓢駒・御旗	大阪料理飲食業組合
58	本船列廿号　唐櫃（御弓）	祭禮講
59	本船列廿一号　唐櫃（御太刀）	丑日講
60	本船列廿二号　和琴・風流花傘・童子	松風講
61	列外　大篝船	
62	本船列廿三号　塩水	盤水講
63	本船列廿四号　網代車	[北浜]㈱有志團
64	本船列廿五号　伶人	永司講・伶人
65	列外　大篝船	

夏祭渡御列図・甲巻		
1	列外　大篝船	
2	列外　献茶船	中之島七丁目
3	本船列廿六号　御鳳輦	御鳳輦講
4	本船列廿七号	御鳳輦講
5	本船列廿八号　御錦蓋	米穀商
6	本船列廿九号　御菅蓋	久栄講
7	本船列卅号　手輿	神　社
8	本船列卅一号	
9	列外　大篝船	
10	本船列卅二号　鳳神輿	天神橋一丁目・地下町
11	本船列卅三号　輿丁	天神橋一丁目・地下町
12	本船列卅四号	氏子総代
13	本船列卅五号	輿護会
14	本船列卅六号　玉神輿	江之子島町
15	本船列卅七号　輿丁	江之子島町
16	本船列卅八号	氏子総代評議員
17	本船列四十号	北小林二代目酒井栄蔵
18	本船列四十一号　梯子乗り	北小林二代目酒井栄蔵
19	列外　別火船など	
20	乗船場	

割が分担されている。現在の渡御列では先頭は催太鼓の太鼓中が勤めている点が、絵巻が描かれた当時との大きな相違点であろう。一般には渡御列の先頭は猿田彦であることの方が多く、戦前期の天神祭も同様であったのだが、太鼓中が先頭を勤めるようになるのは、戦争や戦後の状況のなかで祭礼の再編等の事情があったものと推察される。八人の女性は単に処女と称されていたようである。

【冨嶋町】　冨嶋町（現西区川口三〜四丁目）は幟《のぼり》に「御引船」と記している通り、船渡御の曳船を担当している。冨嶋町は近世には蔵屋敷もあり、諸国の廻船が発着した地域である。絵巻のなかでは講社としての表記はないが、昭和五年の記録には「富島町曳船講」の記載もみられ、[4]近世にあった御船講の役割を引き継いだ講社ともみられる。現在の船渡御の船の大部分は御船講・供船講・梅風講が分担して出しているが、このうち御船講を運営する会社は富島組・富島海運という輸送業者から流れを汲んでおり、冨嶋町の系譜を継ぐ講社にあたる。

【太鼓中《たいこなか》】　続いて、近世から続く講社のひとつである太鼓中が催太鼓で登場する。カタと呼ばれる担ぎ手が太鼓を担い、願人《がんじ》が赤い投頭巾《なげずきん》に色鮮やかな衣装で太鼓をたたく。カタに比べて細かい柄の浴衣を着用し青・赤・白の采配や日の出烏・舞烏の大扇を持つのは采方《ざいかた》、采頭《ざいがしら》とよばれる役付きの者たちである。

　太鼓中は、近世には釼先船仲間によって組織されていた講社とされ、催太鼓は豊臣秀吉拝領のものと伝えられている。[5]太鼓中の組織は他の講社に比べて特異なもので、大阪市を中心に大阪府内で結成される一三のトヤ（当屋・当家などと表記、近年一二に減少）と称される有志団体の集合体が太鼓中である。総勢六〜八〇〇名を数えるという巨大な講社である。

【松竹合名社専属俳優中】　雑喉場《ざこば》・堂嶋濱などの献灯に続き、松竹合名社専属俳優中の提灯がみえる。現在の船渡御にも歌舞伎船や落語船などの船が列外で参加することがみられるが、芸能と天神祭の結びつきの一端を物語る。

【御神酒講】　御神酒講も近世から「酒屋講」「御神酒講」の名称で存在する講社で、酒屋講は元文二年（一七三七）の結成とされる。天満の壺屋町の酒造家を中心に結成されていたが、のちに活動が頓挫していたらしく、明治三九年（一九〇六）に再結成され講員拡大のため伊丹・灘・伏見の酒造家も参加している。絵巻のなかでは旗のみが描かれるが、昭和一一年（一九三六）には猩々《しょうじょう》の御迎人形を製作して渡御に加わっている。

【天神講】　獅子舞の集団は天神講である。天神講は近世から存在はしていたが、その実態は不明な点が多く、寺子屋のような学徳成就のための講であったであろうとされている。明治二三年（一八九〇）、古道具商の人々が中心となり天神講を復興したのが、現在の天神講の直接的な始まりであるとされる(6)。しかし明治二一年の印刷物である「大阪天満神社祭礼渡御列(7)」には、「吹貫幟　北区道具屋中　天神講」とあって、大阪市北区内の道具屋が中心となり天神講がすでに結成されたことを明示している。年不詳の「諸講中雑記(8)」に「天神講　御祭礼供奉　担当　幟　吹貫　獅子舞　明治廿三年ヨリ始ル」とあって、明治二三年から獅子舞を供奉するようになったと考えられる。絵巻には、史料中にみられる幟、獅子舞と現在ではみられなくなった金銀の大獅子が描かれる。獅子舞は天神橋近くに居住した阿倉川（四日市市）系の伊勢大神楽《だいかぐら》の親方である藤井宗太夫の協力で奉仕を始めたものである(9)。

【梅壽講・神木講】　続く梅壽講は近世にはみられず、今日は存在していない講社である。昭和五・六年（一九三〇・三一）の渡御列の記録(10)には、茅の輪に奉仕する講社として記されている。茅の輪の奉仕は昭和二四年（一九四九）に結成された福梅講が一時期担当していた。

根掘大榊と風流花傘を奉仕する神木講は、近世から活動がみとめられる講社である。植木屋仲間により結成されていた(11)。現在は神木講は存続していないが、昭和四七年（一九七二）に榊会という講社が結成され、また平成一二年（二〇〇〇）に榊講として花卉商の組合が母体となり復興されている。

また神木講が奉仕していた風流花傘は、花傘講などに引き継がれている。

【八処女《やおとめ》】　南五花街・堀江廓・新町廓・北新地廓から榊とともに八処女が出される。廓は戦後その姿を消してゆき、八処女は現在では采女《うねめ》がこれに相当すると考えられるが、これは敬神婦人会が世話をしている。花街や廓が祭礼に関与しているのは戦前までの世相・社会状況をよく示しているが、住吉大社の御田植神事の植女《うえめ》を堺の乳守《ちもり》の遊女が勤めていたことをはじめ、祭礼に遊廓が奉仕することは近世以来の慣例であり、現在でもその痕跡として芸妓衆の参列する祭礼も多い。

【赤心講・御供講・日供翠簾講】　榊を供奉する赤心講、萬歳旗等を供奉する日供翠簾講については詳細は不明である。赤心講については、昭和五年の渡御一覧にみられないので、絵巻が描かれて間もなくに廃絶したようである。

　御供講は現存しないが、天明元年（一七八一）には存在が確認され、近世から活動を続けていた講社である。神社に供物を捧げることを目的として結成されたと考えられ、一時期は神酒講を吸収していたこともあった。

【此花町一丁目釼鉾係・大阪料理飲食業組合】　此花町一丁目は現北区天満一丁目・天神橋一丁目に相当する。現在では釼鉾の奉仕はみられないが、旧此花町が母体となり昭和二四年に福梅講が結成され、茅の輪・唐櫃で奉仕、その後の一時期は旧川崎東照宮の葱華輦《そうかれん》を供奉し、昭和三二年頃から牛曳童子を出している。紅白の御旗で奉仕する大阪料理飲食業組合は、現在では大阪料理組合連合会を母体とする御旗講として活動している。成立は明治二〇年（一八八七）頃で、堂島・北新地の料理屋を中心に結成されたという。

【祭礼講・丑日講・菅前講・神衣講・松風講】　祭礼講は天保八年（一八三七）の結成、近世から続く講社で丑日講は現存する。祭礼講は酒造仲間が御供献上のために結成したものだが、ここでは御弓の奉仕をおこなっている。また丑日講は寛延三年（一七五〇）に初見史料があるが、明治八年（一八七五）に古手屋中により再興されたのが現組織の直接の発祥であろう。旧北区大工町の呉服古着商、太物卸商、蒲団商などが集まった団体のようで、奉仕する太刀は伊勢神宮から申し受けたものとされる。

　菅前講と神衣講の詳細は不明で、菅前講は昭和五年の記録にみられない。松風講は帽子商の組合によって組織される講社で、大正期の服飾を担った、時代を反映した講社である。現在は風流花傘はなく、和琴のみを奉仕する。

【盤水講・北浜㊑團・永司講】　塩水を奉仕する盤水講、伶人に関与すると思われる永司講も詳細不詳である。北浜㊑團は北浜の証券取引業者が母体となる講社で網代車を供奉し、近年まで存続していた。天神祭の講社のなかには、住吉大社など他の神社にも奉仕する組織が存在するが、北浜㊑團は堀川戎社の祭礼にも関与していたようである。

【御鳳輦講】　随身を従わせ、前に紫翳《むらさきかざし》、後ろに菅翳《すげかざし》をかざして祭神を乗せる御鳳輦が渡御する。御鳳輦講は明治九年（一八七六）に旧菅原町・樋之上町・市之側の地域を中心に結成されている。地域には乾物商が多く、地縁だけでなく職業的な結びつきの側面もみられる講社である。

【米穀商（御錦蓋講）・久栄講】　近世の記録には前身としての「米屋講」がみられるが、直接の発祥としては米穀商が明治二五年（一八九二）に御錦蓋《おきんがい》と高張提灯を新調し奉納したのを機に結成されたとされる。絵巻に描かれている提灯と御錦蓋がそれであろう。ただ絵巻のなか、また昭和初期の記録にも御錦蓋講としての記載はなく、「米穀商」とのみ記される。

　久栄講は万延元年（一八六〇）に結成されている近世から続く講社である。奉仕する御菅蓋《おかんがい》は明治四四年（一九一一）に新調し奉納されたものである。久栄講は現存しないが、御菅蓋の奉仕は北信友の講に引き継がれている（御菅蓋自体は昭和三〇年に製作）。

【梅の瑞枝・斎主】　御鳳輦への神霊移御に用いた梅の瑞枝《みずえ》、斎主の手輿《たごし》が続く。昭和五年の鉾流神事復興以後、神鉾講・御鳳輦講で世話をする神童に梅の瑞枝が手渡されるようになったと思われるが、大正期には手輿に乗る斎主の代わりの者が持して渡御に加わっていたことがわかる。

【在郷軍人分会・青年団・連合小学校】　旭日の分会旗を持す在郷軍人会、北区の連合青年団、連合小学校が続く。

【菅神講・鳳神輿】　菅神講は安永年間に活動の記録がみられ、近世から続く講社であるが、詳細は不明である。この絵巻のなかでは鳳神輿に対して翳《かざし》をかざす役割を負っていたとみることができるが、他の講社がそうであったように役割には変遷があった可能性がある。

　鳳神輿を奉仕するのは旧天神橋一丁目・地下町である。神輿を担ぐ輿丁《よちょう》には天満堀川の沖仲仕など水運・陸運にかかわる若者を頼み、これに町内の者も加わっていたという。戦後は周辺の菅南連合八町会で奉仕することになり、現在は鳳講として神輿を担いでいる。

【輿護会・玉神輿】　昭和五年の渡御列の次第には高張を輿護会、神輿が江之子島町となっているので、絵巻の図からは輿護会は高張提灯と翳を奉仕する講社と思われる。玉神輿を奉仕する江之子島町の組織については不詳である。現在、玉神輿を奉仕するのは、大阪市中央卸売市場を中心に結成される玉神輿講である。中央卸売市場が玉神輿を引き継ぐことになったのは、戦後に中央卸売市場の附属商組合にいた吉川市松氏の尽力によるという。吉川氏は神輿を製作した江之子島の大工の子孫で、本図の作者吉川進の系譜に連なる人物である。

【北小林二代目酒井】　北区や西区の代表、祭礼世話係の後に、陸渡御列の最後尾に「北小林二代目酒井」と記された提灯を掲げる集団が描かれている。船渡御においても同様に最後の船に乗船している。火消し装束の人物も描かれ、船渡御では梯子乗りまで披露している。弓と太刀を持つ力士を従える直垂姿の集団の中心人物は、大阪を代表する侠客、酒井栄蔵である。酒井は北区の消防頭取を勤めた侠客、小林佐兵衛の二代目である。明治初期から彼らは天神祭の渡御列の「押さえ」として殿《しんがり》を勤め、その姿は祭りに欠かせないものであったという[12]。

船渡御にみられる講社・風景

【どんどこ船】　列外船として川を上下に駆けまわるどんどこ船が「夏祭船渡御図」の冒頭に二隻描かれている。提灯には今木町、幟には今木町若中とあり、西区今木町（現大正区）から出されていたものである。昭和五・六年の渡御船列の次第では、今木町青年会、三軒家下之町、難波島町神祇会、木津川町三丁目から各一隻ずつ出されており、御迎人形船の船列に数えられている。御迎人形船列に位置づけられているのは当時の船渡御を、大阪天満宮からの渡御の本船列と、それを御旅所周辺地域が迎える御迎人形船列の二編成に分けていたため、便宜的に分類していたものと思われる。現在はどんどこ船講という講社としてどんどこ船の伝統が守られている。

【篝船・篝火】　「夏祭船渡御図」には今日の祭りでも大川に浮かんで祭礼の演出に大きな役割を果たす篝火《かがりび》が数多く描かれている。現在、こうした篝火の奉仕をするのは篝講である。篝講は燃料を取り扱う会社で運営されているが、もとは薪炭商の仲間で奉仕がなされていた。堂嶋篝講の名が寛政七年

（一七九五）の活動記録にみられるので、組織的な中絶はあるとしても、近世からこうした祭礼での奉仕が続けられてきたのである。絵巻の大篝船の脇にある提灯には、「尼崎（町）」や「下福嶋二丁目」の表記があり、篝講のなかでも分担して活動していたことがうかがわれる。

【浪花三友派】　冨嶋町の引船に続いて浪花三友派の提灯をつけて二隻の船がみえる。三友派は明治二六年（一八九三）に桂派に対抗して結成された落語の一派であるが、現在あるような列外の落語船ではなく、渡御の先頭に立っている。船尾の幟には「人形囃子」とある。昭和初期の渡御船列では囃子船とあり、島之内百貫連や松竹座がこの役割を担う。御迎人形のための囃子はこうしたプロを含めた芸人がつとめたのである。

【御迎人形船・奉迎講】　御旅所の氏地から渡御を迎える御迎人形の船列が華やかに続くようすが描かれ、「夏祭舩渡御図」の前半は御迎人形とその見物風景が絵巻の主題である。御迎人形は氏地各町から出され、例えば酒田公時は江之子島東町、八幡太郎は天満市之側、鎮西八郎は松島町一丁目から出された。奉迎講はこれらの町々を束ねる講社であろう。

前掲の表にまとめたように、「夏祭舩渡御図」には三六体の御迎人形が登場している。現存する御迎人形は一七体（うち一体は頭）であり、また昭和初期には二〇体程度が残るのみであり、「現存二〇軀中交互に毎年八艘宛参加する定めである」[13]という状況を考えると描かれた人形の数はかなり多い。近世の『御迎舩人形図会』には四四体の人形が描かれているが、絵巻中の人形の描き方は同書を下敷きにしており[14]、収録される御迎人形をできるだけ網羅しようとした可能性がある。

【献茶船】　御鳳輦の少し前に市松模様の屋根の献茶船が描かれている。献茶船は航行中の御鳳輦船（明治九年以前は神輿船）に茶を献じる儀式をおこなった。この船は元禄年間から小倉藩蔵屋敷が奉仕してきたもので、昭和初期には「天満宮御船献茶講」という講社が役割を担っていたようである[15]。

【風景】　「夏祭舩渡御図」の特徴は渡御のみでなく、背景や見物のようすを描いていることである。前述の通り、冒頭には渡御の目的地である松嶋御旅所、府庁舎が描かれ、その後も近代の特徴的な建造物が描かれる。残念ながら筆者にはそれをすべて特定する力量はなく、一部を紹介するにとどめる。

場所を特定する手がかりとしては描かれている橋をみることになるが、地図上の橋と絵巻では数が合わない。距離や建物などをみて描かれる橋は、堂嶋川下流から順に玉江橋、田蓑橋、渡辺橋、大江橋、巻末の難波橋であると考えられる。大江橋、渡辺橋、田蓑橋を鳳神輿が通過するときには三瀬の神楽が奏せられたというから、橋はある程度祭りと関係するものに限定したのであろうか。玉江橋左に描かれる塔屋をもつ建物は大学病院、渡辺橋右には大阪朝日新聞社が描かれる。大江橋の右には日本銀行大阪支店、左には市庁舎、豊国神社、中之島図書館、中央公会堂、大阪ホテルが描かれる。豊国神社には豊臣秀吉像のシルエットまで描き込まれている。その対岸には渡御の乗船場の鳥居や提灯がみえる。

手前の見物風景には、今日ではみられない貸し船で川に出ての祭り見物の人々が描かれている。帽子の男性や髷の女性も多くみられ、当時の風俗を表現している。市役所前には市長礼拝場があったようだが、その表現はみられない。代わりに中央公会堂の前にアサヒビールと記された巨大なテントがあり、大きな見物場の存在を知ることができる。

以上、天神祭図巻を絵解き風に概観してきた。本図は鉾流神事復興前の大正期の渡御をビジュアルに知ることのできる絵画資料である。特に廃絶した講社などについては、その活動の具体像を示してくれる。しかし、御迎人形について指摘したような絵画としての演出を施す部分が存在する可能性もあり、文献や古写真との比較をおこないながら、さらに史料批判をする必要があるだろう。

(1) 特別展図録『天満まるかじり』(一九八八年、大阪市立博物館)
(2) 近江晴子「大阪天満宮の講について――享保九年～慶応二年――」(『大阪の歴史』五四号、一九九九年、大阪市史編纂所)
(3) 近江論文(前掲注2)、および『大阪天満宮社報　てんまてんじん』(第二二～三九号、一九九二年七月～二〇〇一年一月、大阪天満宮社務所)。
(4) 『大阪天満宮社報』第二七号(一九三〇年、天満宮社務所)
(5) 『陣太鼓末代記録』(一九五七年、太鼓中)
(6) 『天神講一〇〇年誌』(平成元年)の天神講など
(7) 大阪天満宮所蔵文書
(8) 同右
(9) 拙稿「伊勢大神楽と大阪の獅子舞――大神楽研究の整理と課題――」(『大阪市立博物館研究紀要』

第二八冊、一九九六年）

（10）前掲注（4）および『府社現行特殊慣行神事』（一九三二年、大阪國學院）

（11）前掲注（2）

（12）飯田直樹「明治期大阪の消防頭取について」（『大阪市立博物館研究紀要』第三三冊、二〇〇一年）

宮本又次『てんま——風土記大阪——』（一九七七年、大阪天満宮）

（13）『府社現行特殊慣行神事』（前掲注10）、また『大阪天満宮社報』第二七号（前掲注4）の座談会中には二体を三班に分けて出していた旨の発言もみられる。

（14）明珍健二氏の御教示による

（15）『府社現行特殊慣行神事』（前掲注10）

よみがえった天神丸と御迎人形

明珍健二

天神丸

天神丸の沿革

現大阪天満宮は、二五年ごとに正遷宮を繰り返してきた。天満宮記録に残るだけでも正徳五年（一七一五）から前回の昭和五二年（一九九二）まで一二回の式年遷宮を数える。そして平成一四年には菅公一一〇〇年祭を執り行うことになっている。

大阪天満宮に一枚の摺り物が残されている（挿図1）。「天神丸」と名付けられた一艘の曳船を描いたもので、嘉永五年（一八五二）の年紀が記されている。上部の説明部分は損傷が著しく判読不能の部分もあるが、大意はこうである。元禄年間（一六八八～一七〇四）に上荷船《うわにぶね》・茶船《ちゃぶね》仲間がこの天神丸を造立し、天神祭には飾り立てて曳きだしていたが、寛政四年（一七九二）に起きた天満の大火の折りに類焼して損壊し、しばらくの間修復できずにいたが、菅公九五〇年祭で町がにぎわっているのにこの曳船が損傷したままになっているのは、残念である。諸氏の助力を得てなんとか修復したいという、天神丸修復祈願の内容となっている。

この嘉永五年は、菅公九五〇年祭の前年に当たっている。しかしながら、同様の摺り物は明治七年（一八七四）と明治一五年（一八八二）の二枚残されている。明治七年版の画中銘文を紹介する。

抑此神事曳船の義ハ、我々上荷茶ぶね同業中、元禄のむかしより相伝へ所持仕候、御神事ことニ粧ひかざり年々御供致来候処、寛政四子年斗らずも類焼ニおよび、其後再ひ造作致さんとよりよりニ催せども時至らず、歳久しく世に埋もれし処ニ、去嘉永五壬子年、畏くも天満大自在天神九

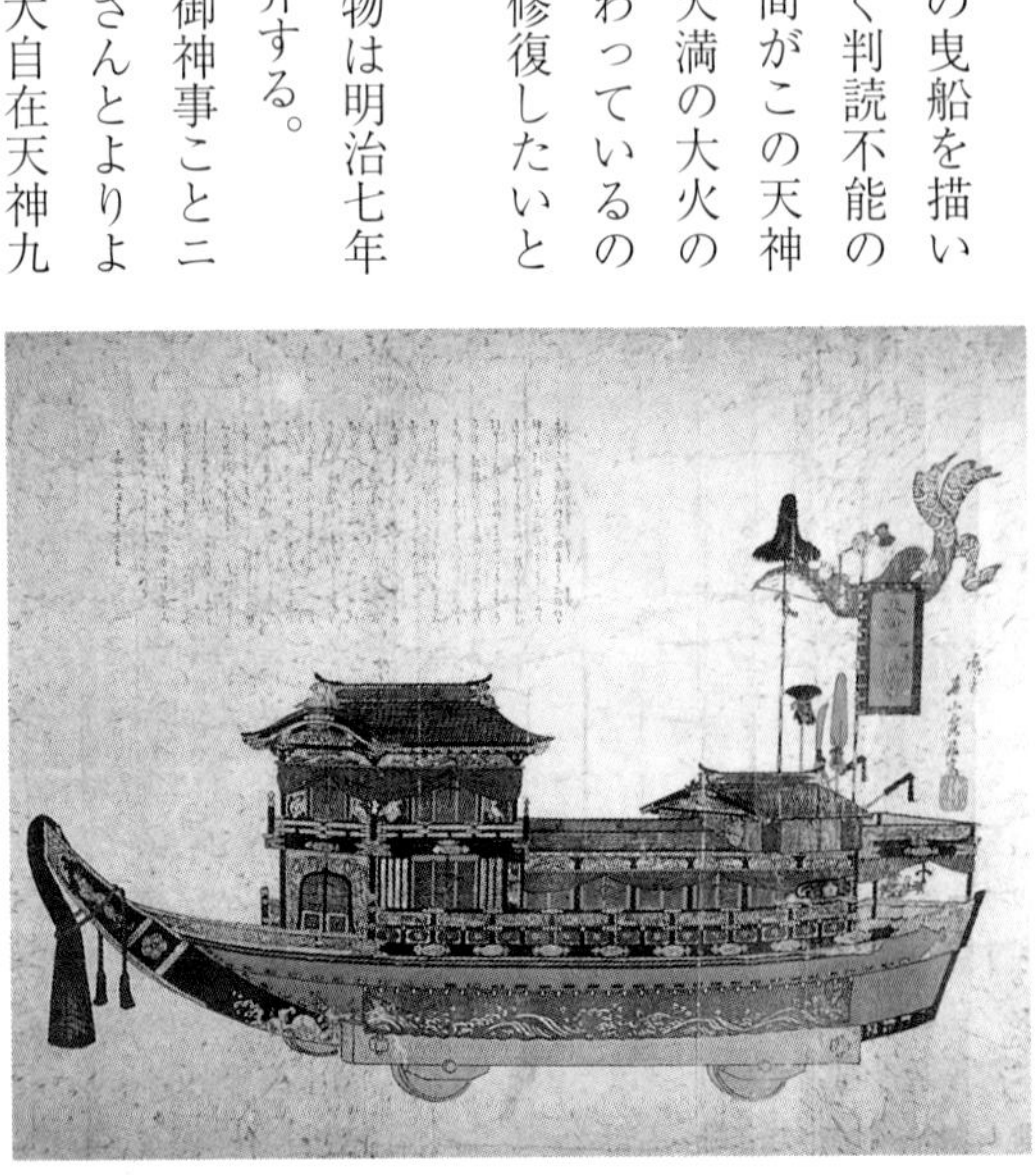

挿図1

百五拾年の神忌に付き、おひたたしき賑わい、夫に付ても右ひき船其儘に相成候事を、同志の者共打ち寄毎ニ深く様々嘆き侍りしに、諸君子達の御助力ニよりて焼残りたる古作の彫物の破損を補ひ、船の造作に取かかり、年頃之望みの叶ひしハ全く神慮のしからむ所と尊くも有り難かりしに、又もや中絶なしたる事廿余年乃星霜を経る事、時なる哉このたび御本社内陣の修覆并びニ境内砂運ひの事発りしを幸ひニ、此舟引出せよと諸人のすすめこそ渡りに船を得た心地ニて、同志の者は一統の悦ひニハ候得とも、これまた其破損なき事あたハすあたれ御信心の御旁ものの多少にかかハらず御助成給ハらハ、神の御こころニも叶ひ子孫長久御家内安全海上無事の基ひうたがひあらざらんやとかとか御披露申して、尚々人諸君子のご助力仰ぎ奉るニなむ

明治七年戊第五月

明治一五年の摺り物も同様の願文となっており、嘉永の修復は途中で中断していたと考えられ、さらなる助成を願っているのである。では、この一連の天神丸修復がいつの段階で完成したのかは、判然としないが、大阪天満宮に一枚の奉納記念写真が残っている（四一頁）。裏に大正一五年（一九二六）と記されたこの写真は、天神丸修復後に所有者から大阪天満宮へと奉納されたときのものである。「堀川浜　親仁分　長谷川喜兵衛」なる人物と修復された天神丸のまさに記念写真である。さらにこの長谷川喜兵衛が奉納した扁額が残され、このときの事情が読み取れる。

（額縁銘文）

昭和三年／奉納／堀川浜上荷茶船惣代

（画中銘文）

天満堀川浜上荷茶船中曳船之覚書／此曳船之儀ハ其ノ昔、元禄の頃より堀川浜の上荷茶船中に相伝はる所持品なり、而して御神事毎に引き出し（其囃子も舟歌に合わせ静かに歩む）候に、星移り時を経て寛政四年五月、今の横堀より出火いたし天満の大火のなか、堀川浜上荷茶船の倉庫・此曳船も過半類焼に及び、人力大本に盡き、漸く残りたる彫物（トモニアル桐・鳳凰）其の他残品を取り纒め、保管の儘六十一年世に埋れて、嘉永五年天満宮九百五十年祭の時、是より一年前茶船総代親仁分平野屋五兵衛儀、曳船の世に埋もれたるを嘆き、上荷茶船中を奨励し、東奔西走し厚志家を募り、茲の大修繕効果を来たし、其時の御殿細工人倉橋兵右衛門其任に当り、弥々

昔日の曳船出来上る、これぞ全く御神穂のなさしめたまうふ所と茶船中一同感嘆に咽び、歓喜の余り右菅公九百五十年祭に市中を曳廻し再び花咲かせ候、其の際右舟保護の為に与力同心の御方々お付き添いひ下さる労となり、是も御神恩と喜び候、其の後は堀川渋谷倉庫に納め置き、又親仁分平野屋五兵衛も其の役を息子長谷川喜兵衛（私）に譲ると同時に曳舟保護の任を負い、其の後明治十年西南凱陣、天満宮御本社屋根替、十二社正遷宮及千年祭御神事等、数度飾附致し候、其後都合により明治三七年親仁分長谷川喜兵衛より当天満宮に奉納いたし候もの也

この二つの資料から、天神丸の来歴および沿革についてまとめてみると次のような点が確認される。

(1)天神丸は上荷船・茶船仲間所有のもので、元禄年中（一六八八〜一七〇四）に造立されたものと推定できる

(2)天満天神の祭礼である天神祭や神事がある毎に飾りたてられ、曳き出されていた

(3)天神丸は、寛政四年（一七九二）の天満の大火によって過半類焼したが、鳳凰などの彫刻類はその難を逃れた

(4)嘉永五年（一八五二）、茶船総代の平野屋五兵衛らの発願によって天神丸の修復が始まった

(5)嘉永五年の修復は、一端挫折し、何度かの篤志家による助成があった

(6)明治一一年（一八七八）天満宮正遷宮にあわせて飾り立てられ、また天満宮一〇〇〇年祭にも飾り立てられた

(7)平野屋五兵衛の後を子息長谷川喜兵衛が継ぎ、事情があって明治三五年（一九〇二）に大阪天満宮へ奉納された

このようにして大阪天満宮に来歴した天神丸は、大正一五年の正遷宮の際に飾り立てられたのを最後に大阪の人々の記憶からうすれ、天満宮の倉庫で七五年の眠りについたのである。以後、大阪の夏祭りを代表する天神祭に登場することはなくなったのである（挿図2）。

大阪市立住まいのミュージアムと天神丸

平成一三年四月二六日に開館した大阪市立住まいのミュージアム（大阪市立住まい情報センター内・天神橋筋六丁目）では、この天神丸を開館の日から七月三〇日まで一般公開した。大阪天満宮の御好

挿図2　正遷宮時に組み立てられた天神丸

意によって当ミュージアムがこの天神丸の修復を行い、博物館資料として展示・公開・収蔵・研究等に供してもよいという判断により、ミュージアム寄託資料となった。

このミュージアムは、大阪天満宮の氏子域である天神橋六丁目に建設されたという点、さらに当ミュージアムの常設展示室が江戸時代天保期の大坂の町を実物大で再現し、都市祭礼のひとつである天神祭の情景を同時に展示する点を合わせ、是非とも天神丸の修復を行い展示収蔵資料としてミュージアムに保管することが大阪天満宮とミュージアムによって合意した。

天神丸の搬出と部材の確認作業

しかしながら、長い時間解体されたままになっている天神丸の各部材が、実際にどの程度残されているのか、また残されていたとしてもどれほどの修復が予想されるのか、全く想像できない状況であった。天満宮倉庫に解体された状態を確認しながら、部材を一同に広げるスペースをいかに確保するか、また修復にかかる技術面をどのようにするか、問題は山積するばかりであった（挿図3）。この状況を鑑み、こうした資料の修復においては多くのデータと実績を持つ株式会社京都科学に依頼することとし、平成一一年七月、天神丸の搬出作業が開始された。先に紹介した天神丸の摺り物から推察すれば、漆塗りの部材、金箔を押した彫刻類、鍍金された金属など多様な部材が多数あることから、日本通運関西美術品センター京都支店による美術梱包を施すことが最善の方法と考えた。裸のまま保管されていた天神丸の構造材や木箱に収納された彫り物など四トントラック二台分の部材が京都科学の科学展示部倉庫に搬入された。

天神丸の各部材は、形状や材質を確認しながら船本体のどの部分に相当するのかを考慮しながら判別作業が行われた。この段階で各部材には墨書が施され、「とりかじ○○」とか「おもかじ○○」と書き込みがあることに気づいた。船の中心から左右対称となるすべての部材に「とりかじ」側なのか「おもかじ」側なのか判別できるようになっているのである。確かにこの天神丸を修復した先人の知恵であろう。今回の修復に当たってもこの書き込みは重要な働きをした。

修復は、汚れ落としから始めることとした（挿図4）。木材の汚れ落としは膠《にかわ》を混ぜた墨を塗った部材や漆・金箔を施したものなど多様であるため、現状以上に傷や剥離《はくり》を進行させないために、重炭

挿図3　搬出前の収蔵状態

挿図4　部材の清掃作業

酸アンモニウムの五％水溶液を刷毛《はけ》で部材の表面に塗り、軽く布で押さえながらゴミと汚れを落とすように心がけた。また金属金具は表面処理に金バリが施されていたため、ブラシによる錆落とし
を行うわけにはいかず、蟻酸《ぎさん》の三～五％水溶液を表面に塗布しながら錆および汚れ落としを行うこととした。蟻酸濃度が金属下地に影響を及ぼしそうな場合には濃度を下げた蟻酸水溶液を数度にわたって使用することとした。天神丸の重要な部分となる装飾・彫刻には、原則的に金箔、金泥が施されており汚れを落とせばある程度往時の姿を取り戻すことができると判断した。しかし、長年の放置による箔の剥離・割れが生じた個所については、今後の本格修理を前提として膠の水溶液を木地《きじ》と胡粉《ごふん》の剥離部分に注射針によって注入し、固着するよう努めた。

装飾のもうひとつである布等の修復は、原則として新材を補わない方針とし、虫損等により穴、破れが生じ自力で持たない場合には裏打ちを施し強度補強を行うこととした。金糸・銀糸による刺繍については、元図案が糸穴によって判明する場合には残った糸を元へ復すこととした。飾りとなる布で失われている部分については、当時の技法を用いた布に近いものとし、可能なかぎり近世の摺り物の姿に近づくよう努めた。

部材に記された情報

天神丸部材の清掃・剥離止めを行いながら、いくつかの重要な墨書が発見された。まず部材が収納されていた木箱の蓋表に「明治弐拾八歳六月吉日／元禄三年拾月造立／堀川浜／茶船仲間□」を確認した。前述の嘉永の摺り物にも記述されているように、この天神丸の製作年について直接的ではないが、元禄期までさかのぼるのではないかと考えられる傍証となる。

また船体後部の部材に「中川利兵衛」（挿図5）の名と前屋形の柱材に「塗師細工人北御堂前浄角町／難波屋清兵衛」とある（挿図6）。中川利兵衛は、近世大坂の代表的な地誌である『難波丸綱目』に「社堂彫物師　中川利兵衛　安土町」と紹介され、その後裔と推定される。また浄覚町は、安土町の西に続く町であり、延享版『難波丸綱目』では安土町通りの井池筋から北御堂までに仏壇・宮殿・小社あるいはそれらの彫刻を製造する職人が集住していることがわかる。難波屋清兵衛もまたこれら職人の一人なのであろう。

挿図5

挿図6

複雑な継ぎ手や仕口を施した部分には、○や△などの記号が入れられ間違った組み方を避けるよう工夫が見られる。「おもかじ」「とりかじ」の墨書を手がかりに左右対称となる部材を特定し、さらに番付がつけられているものを順に並べ、継ぎ手・仕口の特徴からはまる場所を確認していった。

復元された天神丸の特徴

天神丸の規模は、全長約八メートル、高さ約三メートル、幅約二メートルで、構造は一本水押《みおし》の総矢倉造りである。部材の多くは杉・檜材を用いている。土台で貫《ぬき》や束を支え、上部の構造は台・垣立・柱・貫によって構成され、土台には前後に車輪がつけられる。内部は空洞となっており船としての構造は認められず、山車《だし》としての特徴を備えている。

外観は寄り掛に朱漆を施し、外観の見える部分には黒漆が塗られている。水押は海御座船の形式をよく反映したものとなっており、外洋の波を切るために船首を持ち上げた形になっている。上部は前から二層構造の屋形、一層の屋形と艫矢倉から成り立つ総矢倉造りである。二階建ての前屋形には高欄と唐破風屋根を持ち、建具がはめ込まれている（挿図7）。特に二階に相当する部分に収められた彫刻は、松に鶴の彫り物を施した流麗な作りとなっており、この天神丸の格を決定づけるものとなっている。船体高欄には右舷左舷側にそれぞれ八枚ずつ金箔が押された透かし彫り彫刻がはめ込まれている。これらは草花鳥を題材とした二枚連続した図様を特徴とし、船尾から四季の順に並んでいる。前屋形の正・側面の三面には、松竹梅の彫刻が施されいっそう豪華さが増し、屋形の前後に取りつける懸魚には鳳凰と龍が刻まれる。また龍を題材にしたものには、水押を飾る彫金や艫矢倉背面・左右面に取り付けられた彫刻などがあげられる。背面には、面舵側に「桐に鳳凰」、取り舵側に「牡丹に鳳凰」で春秋を表している。祭礼を飾る山車であることから、華やかで豪華かつ勇壮な装飾が選択されたのであろう。

修復の過程で金属部分の埃、錆落としがすすめられる中、残された金属のほとんどに熱を受けた痕跡を発見した。特に水押に施された龍の飾り、垣立下部の足隠し板の一区切りごとにはめ込まれる梅鉢の金具には、その痕跡を著しく認めることができた。金具の打ち込みが深い部分には金箔がごく一部残され多くの部分は、熱によって赤く変色している。このことは、前述の摺り物の内容に合致するもので、寛政の大火に会っている証左である。また飾りつけの一部は被災を免れた云々という表記も、重要な装飾である鳳凰や屋形の彫刻など修復の年代である幕末から明治初年の技術とは比べ物にならないほど丁寧かつ真面目な仕事ぶりがうかがえる。修復の願文がいう通り、焼け残った彫刻などを再利用して現在残る「天神丸」が修復されたのであろう。当初の部材がどの程度再利用されているかは今後の研究課題であるが、当時の人々がなるべく往時の姿を復元しようとしたことは評価に値する。まさに現代の文化財修復の思想につながる発想であったことは驚くばかりである。

上荷船・茶船仲間と天神丸

大坂は一六世紀の末から市街の整備や三郷周辺部開発のために多くの堀や運河の開削を行ってきた。「水の都」といわれる所以である。まず大坂城築城と城下の整備にともなって、東・西横堀川、天満堀川、阿波座堀川が開削された。市街地が西へと拡大するに従い、道頓堀川と左門殿川が元和二年（一六一六）に、京町堀川と江戸堀川が同三年に、海部堀川が寛永元年（一六二四）、長堀川が同二年、立売堀川が同三年、薩摩堀川が同六年に掘られていった。一七世紀前半には総延長一四六町の約一六キロメートルに達している。

このように市中を縦横にはりめぐらされた堀川・運河を利用して画期的な繁栄をみせたのが、内陸運送機関として活躍していた川船である。「上荷船・茶船と一括して言う中には種々の名目のものがある。其の中に於て文禄年中上荷船・茶船の称が見えるが、之が最も古いものである」とされ、松平忠明が大坂城主のときに公の貨物運送に従ったため運上銀を免除されていた。市中の堀川における交通・運輸の主役となっていったのが上荷船・茶船であり、元和五年（一六一九）に大坂町奉行所の管轄下に移され、営業が許可されたのである。彼らは安治川河口に限らず兵庫・尼崎・神戸・谷川（岬

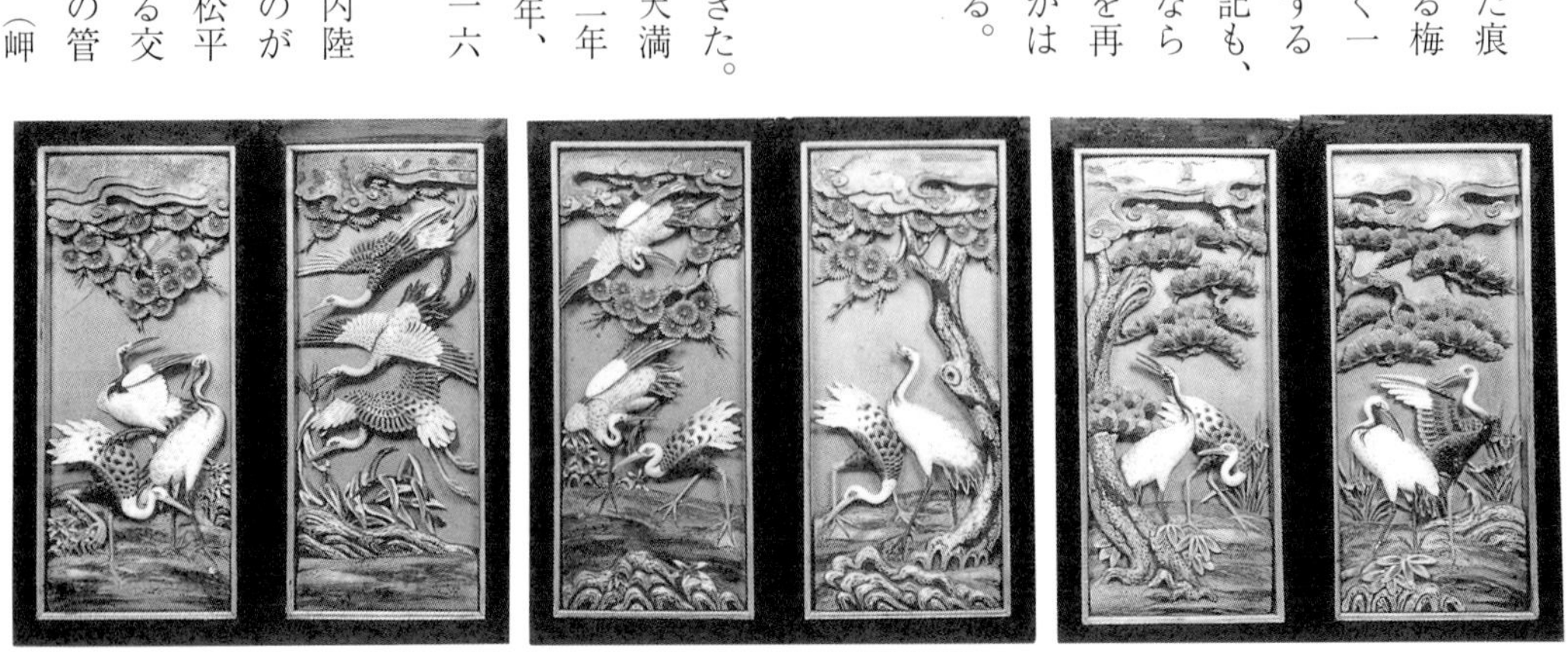

挿図７　前屋形を飾る彫刻

町）・岸和田・堺など一・二・三の澪標《みおつくし》以内で廻船を迎えては荷の瀬取りを行い、三郷市中の浜へ荷揚げを行っていた。上荷船・茶船仲間は、市中においては貨物運搬を独占していたのである。

今回修復なった天神丸は、この上荷船・茶船仲間のうち、堀川浜の仲間たちが所有する山車である。この堀川浜は上荷船・茶船仲間の船が荷物を上げ下ろしする場所を指していることはいうまでもない。しかしながら、現在この堀川浜の場所を特定することはできない。ただ、船運賃にかかわる取り決めが交わされており重要な浜であることがわかる。元禄九年（一六九六）「上荷船御制札写并右御制札有之場所／上荷船運賃御制札写」（『大阪市史史料第四輯　船極印方・海部屋記録』）に「一、上堀川中より天満中米三升、京橋迄米三升五合」とあり、縦横にめぐらされた堀・運河の中でも分岐となる重要な位置にあったことがわかる。

この浜の運営を取り仕切っていたのが、前述の摺り物の中に登場する平野屋五兵衛であり、その跡目を継いで天神丸を天満天神社へ奉納した長谷川喜兵衛なのであろう。江戸時代から大坂市民の物資を運搬し続けてきたこの仲間たちの一部が、氏神である天神社の祭礼に参加することは必然性があり、当然といえば当然のようにも思えてくるところが、天下の台所としての大坂の所以か。都市と地方を結びつけていたものが何なのか、考えさせられる天神丸の復元であった。

大坂に住む人々は、大坂が水の都として繁栄することによって御座船に関してよく目にするものであったことが想像される。御座船は、その前身として戦国時代に急速な発展を遂げた軍船のうち、快速を第一義とする関船にその姿を求めることができる。まさに関船は、現代の巡洋艦的な役割を果たす水軍構成上たいへん重要な存在であった。しかし、江戸時代になり幕府による諸大名への水軍抑制策によって、本来の用途であった軍船から九州・四国や中国筋の大名たちが海路参勤交代に使用する絢爛豪華な関船形式の海御座船（御召関船《おめしせきぶね》ともいう）へ、その姿と用途を変えざるを得なかったのである。また、大坂から伏見までは河川を利用して上洛する大名や朝鮮通信使節などは、豪華な川御座船を使用していたのである。

幕府や諸藩の大名が相互に権威を誇示するために豪華さを競って建造したものが海御座船・川御座船であるということができる。参勤交代で江戸へ向かう西国大名は、海路大坂まで進み、大坂から伏見まで淀川をのぼって行ったのである。当然のことながら大坂市中の人々は、海御座船・川御座船を実際に見る機会が圧倒的に多かったと考えるべきであろう。また、この天神丸をもともと所有していた上荷・茶船仲間の諸氏は、大坂市中および兵庫津などの湾外でも活躍していたことから、こうした御座船に対して憧れや対抗意識があったのかもしれない。いずれにしても実際には軍船を所持できない町人が祭礼に自分たちの力を示さんと海御座船形式の山車を造立したとしてもなんら不思議ではない。また、当然であり歴史的な予定調和でもあった。

御迎人形

調査にいたる経緯

大阪市立住まいのミュージアムでは、地元である天満地域の資料所在調査を実施する中で大阪天満宮のご好意により、かつて天神祭で船に乗せられ、多くの市民が瞳目した「御迎人形」の全資料調査を平成一〇年夏から秋にかけて行うことができた。このミュージアムは、近世大坂の町を原寸大で復元し、さらに往時の店先の復元や暮らしぶりも併せて再現したもので、四季の再現に当たっては、大坂の夏を彩った天神祭を主体に演出を行っている。そのため、御迎人形の部材・衣装および関係資料の調査を所有者である大阪天満宮の協力を得ながら実施させていただき、新しい知見を得ることができたため報告する。

調査の結果

御迎人形は、昭和四八年に大阪府指定有形民俗文化財に指定されており、大阪天満宮の所蔵となっているが、本来は船渡御を迎えるため、御旅所周辺の町々が祭礼に先立ち各町で飾り付け、祭り当日に船に乗せて御旅所から大川を上り、船渡御の一行を御旅所まで導く役割を担っていた。『天満宮御神事　御迎船人形図会』（弘化三＝一八四六年）によれば、江戸時代末期には五〇余体を数えたこの人形は、時代の推移とともに数を減じ、現在一六体と頭《かしら》一つが残されるのみとなっている（表1）。さらに人形たちを支えた町はその姿を変え、戦後は人形が船に乗せらることはなくなってしまった。

調査は、箱収納された人形を一体ずつ組みあげながら、製作年・墨書・製作者および衣装の状態確認を行った（表2）。各部材の残存状況の記録を取りながら、後世の修理なども考慮していくうちに

表１　御迎人形所在地（『天満宮御神事　御迎舩人形図会』より）

人形名	当時の住所	現在の住所
鯛	雑喉場町	西区江戸堀３丁目・京町堀３丁目
三 番 叟	冨嶋二丁目	西区川口３～４丁目
雀　踊	江之子嶋西之町	西区江之子島１～２丁目・立売堀６丁
海　士	江之子嶋東之町	西区江之子島１～２丁目・立売堀６丁
安倍保名	安治川二丁目	福島区野田４丁目
与 勘 平	安治川上壹丁目	福島区野田１丁目
酒田公時	江之子嶋東之町	西区江之子島１～２丁目・立売堀６丁
関　羽	江之子嶋東之町	西区江之子島１～２丁目・立売堀６丁
胡 蝶 舞	江之子嶋東之町	西区江之子島１～２丁目・立売堀６丁
鬼 若 丸	江之子嶋東之町	西区江之子島１～２丁目・立売堀６丁
八幡太郎義家	江之子嶋東之町	西区江之子島１～２丁目・立売堀６丁
御所五良丸	木津川町	西区千代崎１丁目
猿 田 彦	木津川町	西区千代崎１丁目
羽柴秀吉	木津川町	西区千代崎１丁目
神功皇后	木津川町	西区千代崎１丁目
楠 正 成	木津川町	西区千代崎１丁目
恵 比 須	戎 嶌 町	西区川口１丁目・本田１丁目
加藤清正	九條村町	西区本田１～４丁目・九条１～３丁目・千代崎２丁目・九条南１～４丁目・此花区西九条１～７丁目
猩　々	上博労町	西区新町４丁目
素盞嗚尊	戎 嶌 町	西区川口１丁目・本田１丁目
白 楽 天	戎 嶌 町	西区川口１丁目・本田１丁目
鎮西八郎	木津川町	西区千代崎１丁目
佐々木高綱	木津川町	西区千代崎１丁目
武内宿禰	戎 嶌 町	西区川口１丁目・本田１丁目
奴 照 平	寺 嶌 町	西区千代崎３丁目(明治元年　松島町、同５年　松島町２丁目に)
野見宿禰	寺 嶌 町	西区千代崎３丁目(明治元年　松島町、同５年　松島町２丁目に)
石　橋	木津川町	西区千代崎１丁目
木津勘助	天満屋敷	大正区三軒家東１～５丁目・三軒家西１～２丁目・泉尾１丁目
朝比奈三郎	寺 嶋 町	西区千代崎３丁目(明治元年　松島町、同５年　松島町２丁目に)
大職冠鎌足公	寺 嶌 町	西区千代崎３丁目(明治元年　松島町、同５年　松島町２丁目に)
葛 の 葉	寺 嶌 町	西区千代崎３丁目(明治元年　松島町、同５年　松島町２丁目に)
張　良	寺 嶌 町	西区千代崎３丁目(明治元年　松島町、同５年　松島町２丁目に)
豆　蔵	木津川町	西区千代崎１丁目
吼　曦	上 福 島	福島区福島１～８丁目・玉川１～２丁目・吉野１丁目・北区堂島３丁目
奴 妻 平		
樊　噲	江之子嶋東之町	西区江之子島１～２丁目・立売堀６丁
鍾　馗	ザコバ町	西区江戸堀３丁目・京町堀３丁目
西 王 母	木津川町	西区千代崎１丁目
布　袋	木津川町	西区千代崎１丁目
源九郎狐	戎 島 町	西区川口１丁目・本田１丁目
天 神 花	江之子島西之町	西区江之子島１～２丁目・立売堀６丁
菊 茲 童	九條村町	西区本田１～４丁目・九条１～３丁目・千代崎２丁目・九条南１～４丁目・此花区西九条１～７丁目
濡髪長五郎	江之子嶋東之町	西区江之子島１～２丁目・立売堀６丁
瓢　駒		

何体かの人形は、製作された当時には「頭や手足が動いたのではないか」ということが指摘された。現存する人形のうち六体はなんらかの動きをともなったものであるということ。可動の部分は大別すると頭と手足に限られているが、文楽人形にみられるような「うなづき」などの動きがカラクリとして施されていたと考えられる。これまで、ただ船の上に乗せられていたと考えられていた人形が、実は動かすことができたということになる。安倍保名人形に恋した女性がいたという伝承は、あながち否定できないようにも思われる（作品解説一九七頁参照）。

　資料の残存状況からみると、最も古い人形は「猩々《しょうじょう》」であり宝暦一三年（一七六三）の銘を持っている。最近製作の大正年間のものまでを含めると、実に二三〇余年にわたり人形が製作されてきたことが判明する。そして、これらの人形を製作し続けたのが難波屋・柳・大江・笹屋などの文楽や人形浄瑠璃に用いられてきた人形を製作していた細工人たちであることも判明する。文楽人形は「見栄《みえ》」を大切にするものであり、古くから細工の一部に「からくり」を施す工夫もされてきた。こうした細工人たちがこの御迎人形の製作に携わっていたことは、当然のことながら工夫のひとつとして動く人形を提供したと考えられる。御迎人形の江戸時代前期の姿は、船に棒を立て人形を高く掲げるものであったことがすでに指摘されているが、人形が華美で大きくなり可動するようになって重量が増していったと考えられ、船の先端や中央に置かれるようになったと想定されるのである。

　しかし、現存するこの人形たちは人形の傷みが激しくまた後世の修理が著しいため、製作当初の姿がどの程度残されているかは判然としないところがある。御迎人形の実態については今後の調査を待たねばならないが、祭礼に登場し祭りを彩った人形たちが、大坂の文楽人形の系譜の中に位置付けられることは、大坂から地方に広がっていった技術やモノの伝播を知るためにに重要なファク

表２　御迎人形調査結果一覧（16体１頭）

名　　称	府指定	製　作　年	修　理　年	細工師	可動可
猩　　々	○	宝暦13年(1763)　求之			○
酒田公時	○	明和８年(1771)		難波屋周助	○
胡　蝶　舞	○	天明２年(1782)(箱書)	文政年間(頭箱書)	柳　文三	
安倍保名	○	文化元年(1808)			
鬼　若　丸	○	文化11年(1814)		大江卯兵衛	
素戔嗚尊	○	文政８年(1825)		柳　文三	
八幡太郎義家	○	文政10年(1827)		大江宗七	
三　番　叟	○	弘化２年(1845)		大江宗七	○
真田幸村(佐々木高綱)	○	不明	明治35年(1902) 大正11年(1922)(胴部)	 大江忠兵衛	
鎮西八郎	○	大正５年(1916)		大江卯兵衛	○
関　　羽	○	大正９年(1920)		大江忠兵衛	
与　勘　平	○	大正９年(1920)		大江卯兵衛	○
木津勘助	○			笹谷何某	
羽柴秀吉	○			大江卯兵衛	
雀　　躍				柳　文三	○
豆　　蔵					
恵比須(頭のみ)					

ターとなるだろう。

新出人形と飾り方の変容

平成一二年夏になり、大坂天満宮から宝物庫の整理中に新たに三体の新出の御迎人形らしい首・および手足が見つかったと連絡が入ってきた。早速、伺って実見したところ、御迎人形であることは確認できたが、これまで見慣れてきた人形たちとは、いくつかの相違点が判明した。表2掲載以外の新出人形は以下の通り。

胡蝶舞（首・手足、箱胴は欠損＝挿図8）

野見宿禰カ（首のみ＝挿図9）

大職冠鎌足公カ（首のみ＝挿図10）

まず、現存する人形のほとんどは、組みあげた時の全高が一・八から二メートル前後のかなりの大きさがある。それにともないかなりの重量となっている。しかし新たに見つかった人形の各部法量から推定される全高は一・四から一・五メートルとなり、ほぼ等身大の人形であった可能性がある。また、これまでのほとんどの人形は数度の補修もしくは修理が行われているが、新出の資料には修復の形跡が認められない点である。

このことから、御迎人形が肥大化する以前の姿が、おぼろげながら見えてくるのである。「古来天神祭船渡御之図」（図1）や「御祭礼船中ノ細見」（一七四～五頁）に見られる人形の飾り付け方は、和船の中央に舞台や大きな明かり取りの行灯《あんどん》を設け、さらに高く掲げるための棒を立ててその先に人形を差し立てるという形式となっていた（挿図11）。現在残る人形ではこの方式を採ると重量によっ

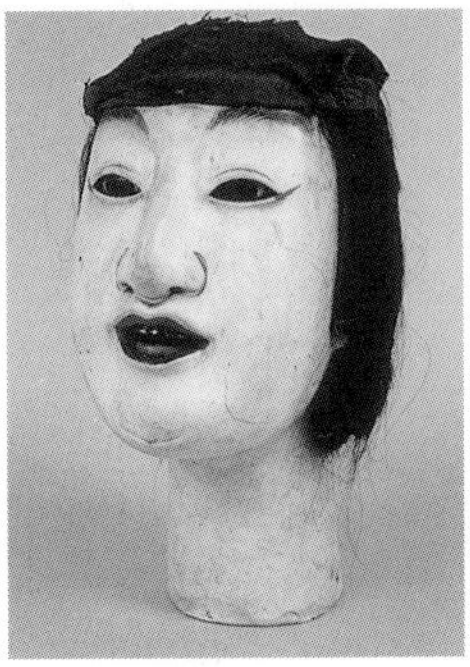

挿図8

挿図9

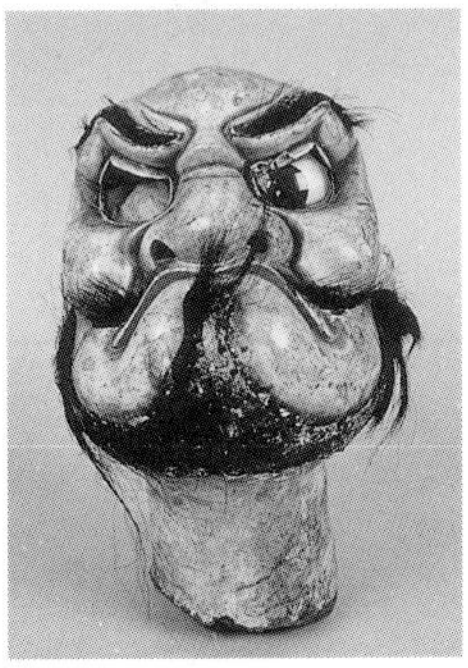

挿図10

挿図11

挿図13

て不安定となり船が傾いて危険をともなうため、どのようにして棒の先に掲げたのか不明であった。ところが、等身大の人形が確認されたことによって、この問題が一気に解決する。天神祭に登場した人形の見せ方は、もともと船上に高く掲げるという方式から、のちに人形が肥大化するにしたがって船に舞台を整えて乗せ、飾り付けるという方式に変化したことが判明した（挿図12）。また、これまで人形を所有する町は、固定した題材の人形を所有していると考えられがちであったが、それぞれの町が創意工夫することによって、さまざまな人形が祭礼に登場していたのではないだろうか。古くなったり、題材的に飽きられてしまった人形は、新調を繰り返したのではないのだろうか。

現在、天満宮には頭のみの恵比須が保存されているが、岩手県二戸郡一戸町・小倉房次氏宅に御迎人形が伝来している（挿図13）。小倉家では、地元の八坂神社祭礼に合わせ八月二八日から三〇日の三日間、造り酒屋である店先に恵比須人形を飾り付ける。この人形の胴部には、「細工人大阪中之嶋玉屋町大江宗七　安政三年吉祥日」と記されている。小倉家三代目当主与八郎が旅先の大坂で文久元年（一八六一）に買い求めたものであるという。おそらく北前船によって大坂から一戸へともたらされた資料なのであろう。大江宗七は複数の御迎人形を制作しており、同一題材の人形は長い時間の中で何体も制作されていったと考えられよう。

御迎人形全体の系譜の中で、一体どれだけの人形が制作されたのであろうか。廃棄、転売、あるいは海外流失、戦災によって消失したものなど数奇な運命をたどってきた人形たちであるが、今後の追跡調査によって国内に残った人形は把握できるのではないかと考える。

人形の修復事業

大阪天満宮では、長年にわたって保存・活用してきた御迎人形たちの部材の虫損・劣化・胡粉の剥離等、衣装・基布《きふ》のほつれ・裂けが著しくなり、組みあげた展示が行えなくなった人形から順番に、

挿図12

修復を行うこととなった。これまで修復が行われた人形は以下の通り。

素戔嗚尊　鬼　若　丸　与勘平　胡蝶舞

木津勘助　鎮西八郎為朝　三番叟　関　羽

まず、人形の箱胴・手足および頭について各部材の清掃および補修が行われた。刷毛《はけ》による埃・汚れ落とし、ブロアーによる細部の埃落とし、箱胴に連結する首・腕・脚のほぞ・ほぞ穴・込みせんの補強、補修および胡粉塗布剥離面の固着を実施した。次に木部の接着を行った。手足・頭の木部接合剥離面を接合するために、内部構造をレントゲン撮影によって明らかにした上で方法を選択し、メチルセルロース（水溶性接着剤）一〜二％濃度を用いた。ただし後世に影響を与えないように過剰な接着は行わないよう配慮した。断面接着のみで接合が不可能な場合は、木釘・竹釘を用いた。後世の修復痕は可能な限り記録化し、人形の修復履歴を作成した。

衣装・基布について、その保存状態は主な繊維素材と表面装飾技法によって大別できる。羊毛製品は虫食いが多数あり、絹製品は繊維の脆化が進んでいる。また、特に黒色の絹製品はおそらくは鉄媒染の影響と思われるが、布・糸ともに風化状態に近く、縫製による補修は不可能である。そこで、刺繍については、水性糊で固着する方法を採用した。装飾技法のうち、金糸刺繍のほつれについては、補修可能なものとかなり困難なものとがある。立体的な構成の人形衣裳の場合、平面構成の幕などに比べて破損が著しく補修に長時間を要する。また、仮に補修しても人形に着用させて立体的に展示しようとすると、基布の脆化とあいまって再び容易に破損すると考えられる。したがって、金糸刺繍の補修は次の条件を満たす資料についてのみ今回の対象とした。

破損の面積が局所的であること（全刺繍面積のおよそ一割程度まで）

基布の保存状態がよいもの

基布については、虫食いがある場合は広範にわたっており、補修するならば全体に裏打ちするしかないであろうが、現状固定の全体方針にそぐわない。鉤裂《かぎざ》き等の局部的なもので、今後の展示等にともなう作業によって経時的な変化を大きく上回って悪化しそうなものは、裏打ちで補修した。衣服構成のための縫い目のほつれ破損はすべて補修した。

今後もこの事業は継続的に実施され、現存している人形たちがよみがえることが望まれる。

天神祭における渡御筋と空間演出

中嶋節子・岩間　香・谷　直樹

天神祭の現在

◆天神祭の行事

現在の天神祭は七月二四日に宵宮、二五日に本宮が執り行われる。七月に入ると大阪天満宮境内を始めその周辺では祭りの雰囲気がにわかに盛り上がる。二二日に伏見から清酒が奉納され、二三日には本殿で恒例の包丁式が行われる。天神橋筋商店街をギャル神輿が練り歩き、大阪天満宮に宮入りする。そしてＯＢＰ（大阪ビジネス・パーク）では天神祭前夜祭が盛大に執り行われる。

七月二四日の午前四時、一番太鼓と一番鉦が響き渡り天神祭の幕が開く。午前七時四五分、本殿で宵宮祭が行われ、続いて白木の神鉾を携えた神童と供奉人たちの長い行列が大阪天満宮表門を出発し、旧若松町浜の斎場まで練り歩く。斎場では「鉾流神事」が厳かに行われ、神童を乗せた斎船が堂島川の中央まで漕ぎ出される。神童の手で神鉾が流され、祭りの無事と大阪の繁栄が祈願される。この日の昼間には、御迎人形、地車、天神囃子などを乗せた自動車行列が大阪市内を巡行し、大川ではドラゴンボート国際選手権が奉納される。そして催太鼓と獅子舞が祭りの準備の完了を知らせるために氏地を巡行し、天満宮境内に宮入りをする。

明けて二五日は本宮。朝から天満宮の境内では地車囃子が奉納され、氏子の町会から神輿や子供太鼓が宮入りする。午後二時に本殿において夏大祭が斎行され、午後四時から御神体をのせた御鳳輦や神輿、催太鼓、獅子舞などの渡御の列が天満宮の表門を出発し、氏子地域を巡行する（陸渡御）。午後七時からは天満橋上流の大川を舞台にして、水上祭（船渡御）が行われる。大川の要所には篝火がたかれ、御鳳輦、神輿、太鼓や飾り物をのせた奉安船や供奉船と、それを見物する奉拝船が川面を巡

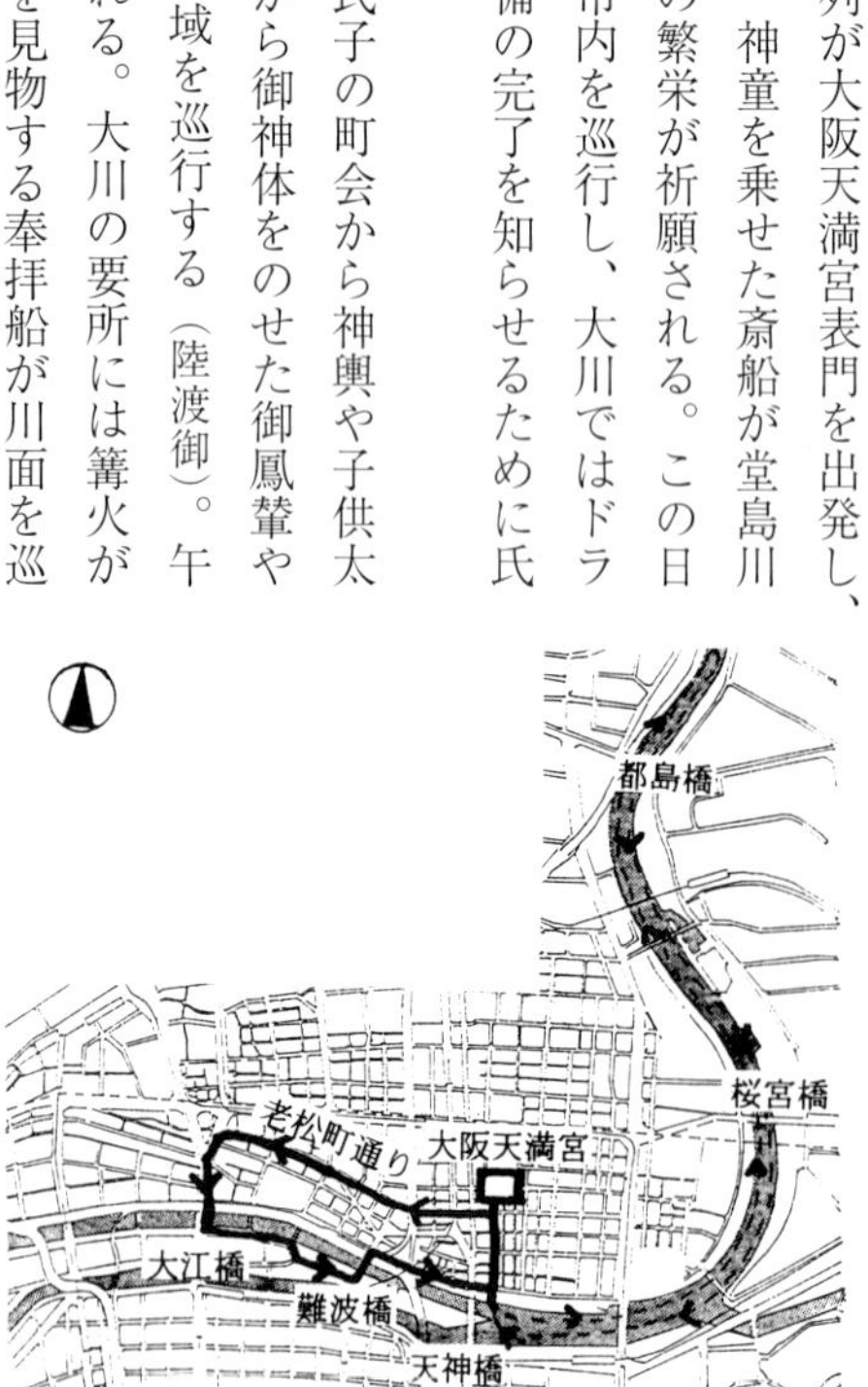

挿図1　現代の渡御コース

行する。派手な囃子の音と、夜空にあがる花火が、夏祭りの情緒をもりあげてくれる。この船渡御は天神祭のクライマックスである。そして午後九時、船渡御を終えた行列が順々に天満宮の境内に宮入りし、午後一〇時に還御祭が行われ、天神祭は終了する。

天神祭は、京都の祇園祭とともに七月の関西地方を代表する夏祭りである。祇園祭の山鉾巡行は洛中の町並みを舞台にした祭礼であるのに対して、天神祭の船渡御は「水の都」という大阪の都市空間の魅力を最大限に生かした祭礼である。そして天神祭の二日間、大阪天満宮の境内と氏地はハレの空間に変身する。ここでは、平成九年度の天神祭における大阪天満宮境内、町家および街路空間における空間演出の調査結果をまとめておきたい。

◆天満宮境内における空間演出

【当屋】　祭礼時の大阪天満宮境内における最も重要な演出要素は、当屋（天神祭ではトヤと呼んでいる）である。当屋とは、講社ごとに飾り付けを行う建物のことで、祭りの期間は講員の待機所としても利用される。当屋は、境内の建物を利用する講と、テントを仮設する講があり、テントの場合は七月八日頃から仮設作業が始められ、天神祭当日までにそれぞれの講員の手によって飾り付けが行われる。調査では境内で合計一七の当屋が確認された。

表門を入ってすぐ左手に太鼓中、右手に地車講の当屋がおかれ、地車講の西に玉神輿奉賛会、鳳講、神鉾講が並び、境内の西側には南から順に天神講、福梅講、御文庫講、御旗講、花傘講（挿図4・5）、御羽車講、御神酒講、北信友の講、丑日講、御錦蓋講が並んでいた。境内の北側に二つの神輿蔵があり、西側の蔵には御鳳輦講（挿図3）、東側の蔵には輦車が飾られていた。各当屋ごとに飾り付けは異なるが、一般的に当屋の中央にはそれぞれの講にちなんだ菅公ゆかりの品を飾り、その前に祭壇を設けて、御神酒、榊、鏡餅などを供える。三方を幕で囲む当屋が多く、正面には幔幕、注連縄を張り、四手を吊し、提灯と御斎竹を飾っていた。

【提灯・御斎竹・御迎人形】　当屋以外の境内の演出要素として、本殿の正面には大阪天満宮の提灯と御斎竹が飾られ、おみくじや御守り、絵馬提灯の授与所が設置されていた。また、正面から本殿の西側にかけて、協賛企業や祭りに参加している諸団体の名前が入った提灯が連なり、御斎竹が並べられ

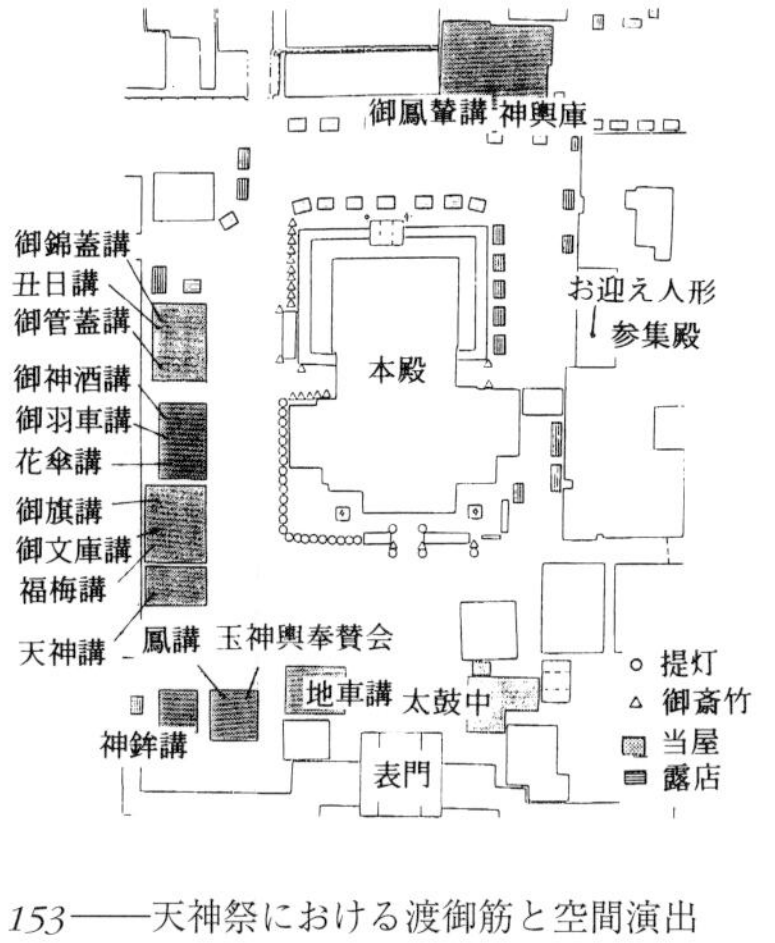

挿図2　天神祭の際の大阪天満宮境内図

挿図4　花傘講当屋

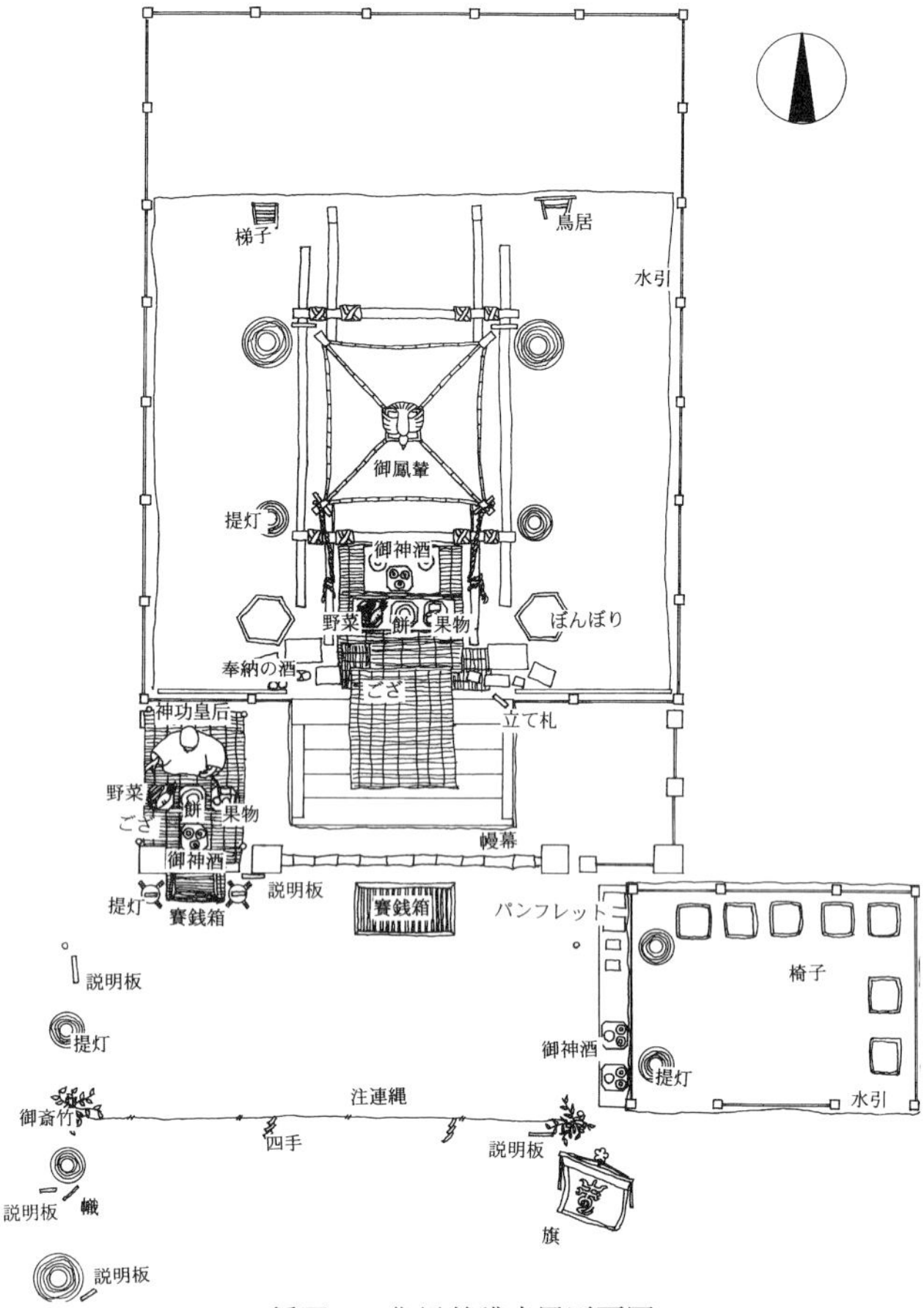

挿図3　御鳳輦講当屋平面図

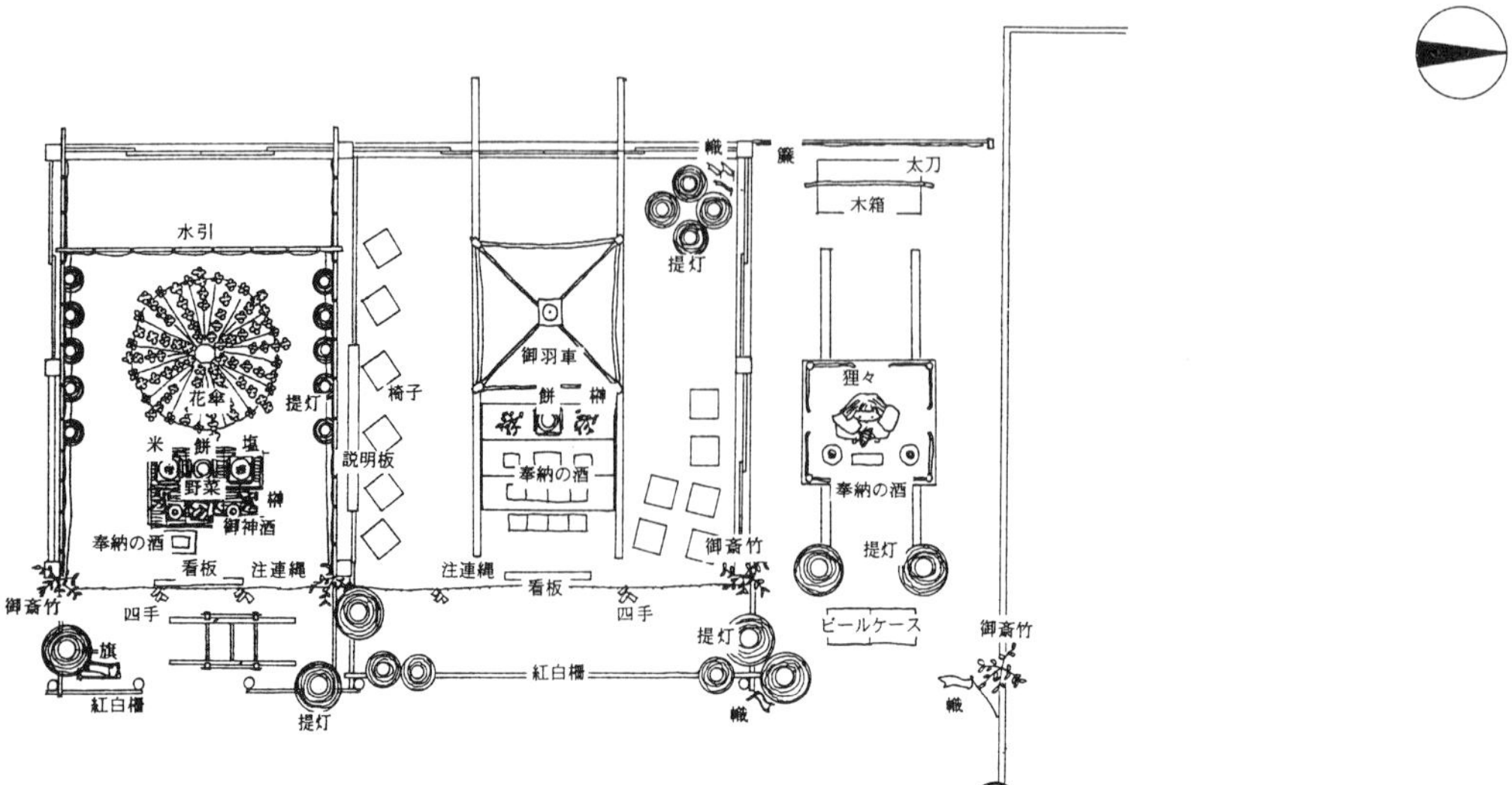

挿図5　花傘講・御羽車講・御神酒講当屋平面図(左より)

ていた。西唐門の正面には注連縄が張られ、左右に御斎竹が立てられていた。本殿の東側は入口をはさんで青白、赤白の水引が張られ、本殿北側にかけては露店が並んでいた。大阪天満宮会館の前に御守り、絵馬提灯の授与所、神楽殿の前あたりには、記念たばこ「しらむし」の売店が出されていた。参集殿には三方に青白水引が張られ、平成九年は「酒田公時」「猩々」「雀踊」「八幡太郎義家」の四体の御迎人形が展示されていた（挿図6）。北側の壁と正面には大阪天満宮に関する版画や絵馬が並べられていた。露店は境内の北側に数多く並び、夷門付近にも少し並んでいた。

　このように演出された境内では、祭りの両日、地車講による地車囃子と龍踊りが終日奉納され、氏地にあたる各町会から神輿や子供太鼓が宮入りをした。それらは本殿前を練り歩いた後、神輿を置いて休憩し、しばらく後に再び本殿前を練り歩いて表門から退出した。中には表門を入ってすぐに地車講と「大阪じめ」を打ち合う町会もあった。氏地を巡行する天神講は「傘踊り」と「獅子舞」、太鼓中は「からうす」と呼ばれる独特な動きで境内を練り歩いた。

　なお、御迎人形は大阪天満宮の境内だけでなく、帝国ホテルと花外楼でも飾られていた。平成九年、帝国ホテルのロビーには「三番叟」と「鎮西八郎」が飾られていた。また二三日にＯＢＰで開催された前夜祭でも、御迎人形が飾り付けられていた。

◆氏地における空間演出

　大阪天満宮の氏子地域における演出要素としては、提灯、御斎竹、注連縄、幔幕、露店が挙げられる。これらの演出が行われる場所は主に、天神橋筋商店街、陸渡御の道筋、船渡御の川筋である。

【天神橋筋商店街】　天神橋筋商店街の街路では、通りに沿って提灯が立てられ、おおよそ西側は一二メートルおきに、東側は一五～一六メートルおきに並んでいた。御斎竹、注連縄は天神橋筋の四つ角のうち九カ所で飾られていた。露店は商店街全体に並んでいたが、なかでも大阪天満宮付近に最も密に分布していた。

　また、商店街には町会の神輿を安置する奉安所があり、ここにも飾り付けが行われていた。例えば「天三神輿」は天神橋筋商店街の商店の一階部分を開放して奉安所としていた。表には赤白の水引が張られ、御神燈と書かれた提灯が二つ掛けられ、御斎竹二本とその間に注連縄が張られていた。奉安

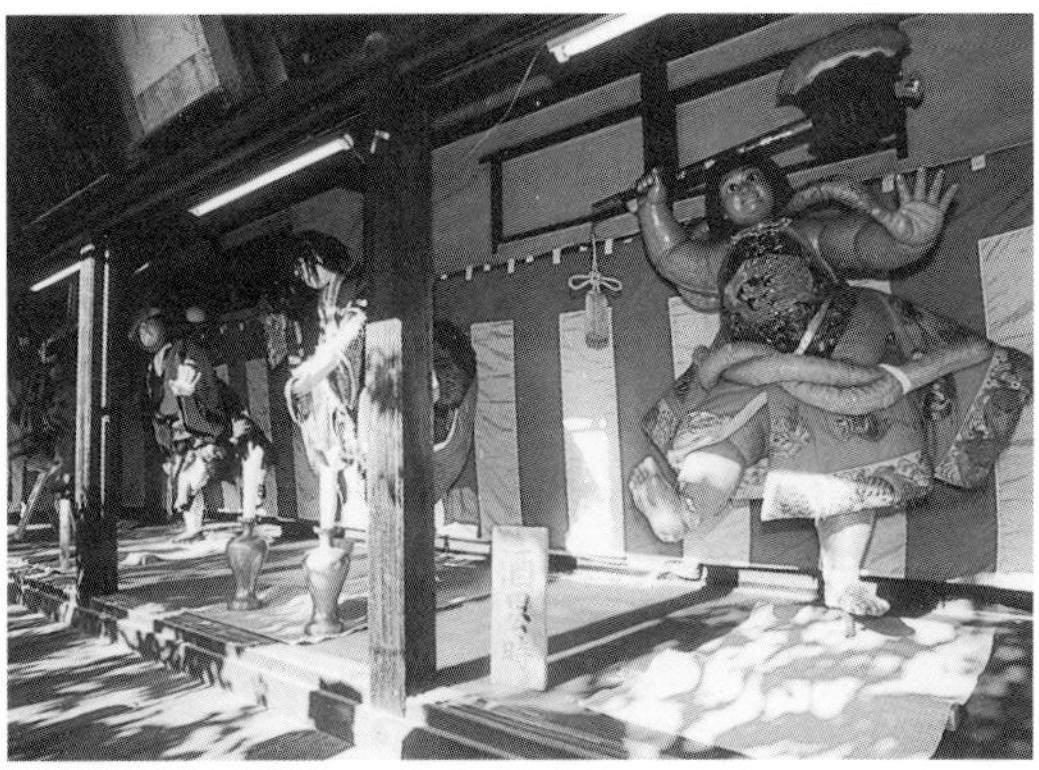

挿図6　大阪天満宮境内参集殿に飾られた御迎人形（1997. 7）

所の内部は、中央に神輿が置かれ、その前に設けられた祭壇には御神酒、野菜、鏡餅、米などが供えられ、また周囲は提灯などで飾り付けられていた。その他の「天四獅子」「天四北商店会」「天五神輿」「天六神輿」の奉安所でも、同様の飾り付けが行われていた。

【陸渡御の道筋】　陸渡御の道筋でも商店街と同様の街路演出が見られた。通りの両脇には提灯が立てられ、注連縄が張り巡らされていた。通りに沿って注連縄が張り巡らされていたのは、陸渡御の道筋だけであった。四つ角には御斎竹が立てられ、注連縄が張られていた。陸渡御の道筋の中でも、老松町や菅原町には特にこうした街路空間の飾りが多く見られた（挿図7）。通りに面する町家やビルの入口に幔幕が掛けられていたのは老松町のみで、とくに同町に店を構える古美術商は、ショーウィンドウに扇や生け花、屛風のミニチュアなど、天神祭にちなんだ美術品を展示していた。また陸渡御の際の接待所も設けられていた。船渡御終了後の還御の道筋に当たる天神橋北詰から本殿までの道筋にも提灯が立てられ、家の前には露店が多く見られた。

【船渡御の川筋と橋】　船渡御の際の見物場所となる大川にかかる各橋の上には、提灯がつけられ、欄干の中央には注連縄を張った板塀が立てかけられていた。これは、御鳳輦を直上から見おろさないための装置である。川筋では桜宮公園の前に仮設の見物席が設けられ、赤白の水引が張られていた。天満橋から桜宮橋にいたる両岸には露店がたくさん並んでいた。また、計一〇〇基の衛士篝が天神橋上流右岸（南天満公園側）、八軒家浜（松坂屋側）、飛翔橋下流右岸（毛馬公園側）で焚かれていた。

【路上、水上でのパフォーマンス】　二四日は天神橋筋商店街で各町会の神輿による様々なパフォーマンスが繰り広げられていた。また催太鼓と獅子舞による氏地巡行が行われていた。二五日の陸渡御は、催太鼓を先頭に大阪天満宮表門を出発し、渡御列が氏地を練り歩いた。陸渡御の際、太鼓中の「からうす」や天神講の「獅子舞」「傘踊り」「四つ竹」、地車講の「龍踊り」など様々なパフォーマンスが繰り広げられていた。こうしたパフォーマンスは、主に大阪天満宮表門前、堺筋、中之島公会堂前で行われていた。また、渡御中に接待所や中央公会堂前などで恒例の「大阪じめ」が行われた。

渡御の列が天神橋北詰から乗船して船渡御が始まると、川筋は様々な船で埋め尽くされる。船の数は一〇〇隻ほどであった。講ごとに菅公の品を飾りつけた奉安船や供奉船、奉拝船などが出され、その他に落語船、文楽船、歌舞伎船などの舞台船や大篝船、篝船が水上に停船していた。またどんどこ

挿図7　陸渡御の道筋（内藤家旧宅／1997. 7）

船、人形船は大川、土佐堀川、道頓堀川を随時周航していた。船渡御の際にも、船上から観客席に向かって「大阪じめ」が行われていた。

江戸時代の渡御筋と空間演出

◆天神祭の変遷

天神祭は、大阪天満宮鎮座の翌々年の天暦五年（九五一）六月一日に社頭の浜から神鉾を流し、流れ着いた浜辺に斎場を設け、同月二五日、御神霊を移して「みそぎはらい」を行い、船を仕立て神様をお迎えしたのが起源であると伝えられる。

天神祭の初見史料は、『康富卿記』の宝徳元年（一四九九）七月七日条に見える「川崎之鎮守天神之祭也」の一節である。また『言経卿記』の天正一五年（一五八七）六月二五日条には、公家の山科言経が天神祭を見物に行ったことが記されている。同じ一六世紀末に豊太閤より陣太鼓を拝領したと天満宮太鼓中では言い伝えられている。この時代は、秀吉の大坂築城によって大坂の町が活気を帯び始めた頃で、船渡御のかたちが出来上がってきたことを思わせる。

天神祭のいちばんの呼び物は、六月二五日に行われる船渡御である。この渡御の道筋については、古い時代のことは資料を欠いていて詳らかではない。雑誌『上方』に掲載された藤里好古「天神祭之諸相」によると、一七世紀初頭の元和以前には、御旅所は定まっておらず「鉾流神事」によってその地を定めていたとされる。当時、大阪天満宮社頭の浜の川中に「鉾流嶋」と称する砂洲があり、毎年旧暦六月一日にこの砂洲において「鉾流神事」が執行されていた。神鉾を流し、漂着地を神幸の斎地と定めて、そこまでを二五日の渡御コースとしていた。しかし、元和初年から渡御水路の堂島川が乾涸したため航行不可能になり、「鉾流神事」は中絶した。

その後、新しい行宮を一定の場所に設営するようになる。最初の御旅所は鷺島の京町（現在の西区京町堀五丁目辺り）につくったとされているが、大阪天満宮史文化研究所の近江晴子氏はこの年代を一七世紀中期の寛永末年から承応年間とし、また当時の渡御は、堂島川ではなく土佐掘川で行われていたと指摘している（『大阪天満宮史の研究』所収「大阪天満宮の氏地の拡大と坐摩神社の相論」）。

一七世紀後期の寛文～延宝年間に行宮が戎島《えびす》（現在の西区川口一丁目）へ移転し、貞享元年（一六八四）に河村瑞賢が堂島川の河川整備に着手したことで、再び堂島川で渡御できるようになった。一八世紀前期の享保年間から幕末まで約一四〇年余りほぼ同じコースが踏襲されてきた。現在のように陸路を練り歩くことはなく、当時は「船渡御」「陸渡御」の区別がなかったものと考えられる。

船渡御と並んで、江戸時代の天神祭の呼び物は、二四日に行われる地車の宮入りであった。天神祭に地車が登場したのは一七世紀前半とされ、盛時には毎年数十台に及ぶ地車がくじ順に従って宮入りしたという。また一八世紀前期の享保頃には御旅所が置かれたあたりの住民が、祭神を奉じて下ってくる船団に対して、船首に人形を飾った船で出迎えるようになった。これが御迎人形船である。この時期と相前後して講社が成立し始める。講社は菅公を尊崇する敬神団体であると同時に、大阪天満宮と天神祭を盛り上げていく後援団体でもある。これらの講社が強力に働くことによって天神祭は天下にその名を轟かせていった。この時代は大坂が全国の物資集散地として栄えた頃で、各藩の蔵屋敷や豪商が中之島に軒を並べ、大阪天満宮は繁栄のシンボルとして崇敬を集めた。

◆絵画資料にみる天神祭の行事

天神祭を画題にしたもっとも古い資料は、享保年間（一七一六～三五）とされる「古来天神祭船渡御図」（図1）である。そこには、川筋の蔵屋敷（筑後藩の屋敷と肥後藩の屋敷）前の様子が細かく描かれている。筑後藩の屋敷前には桟敷が設けられ、その上には緋毛氈が敷かれている。奥には金屏風が飾られている。ここは見物席になっていたようである。肥後藩の屋敷の前では桟敷や毛氈は見られないが、その前でたくさんの民衆が踊っている姿が描かれている（挿図8）。さらにこの屏風には乗船場と上陸場の様子、戎島の行宮前の様子も描かれている。難波橋たもとの乗船場や戎島行宮の上陸場にはたくさんの提灯が灯され、行宮前には西瓜の露店が描かれている。この当時から露店も祭りをにぎやかに演出する要素であったことがわかる。

つぎに寛政一〇年（一七九八）刊の『摂津名所図会　巻之四』を見ると、「六月廿五日天満天神神輿渡御」「堂島河面神輿乗船」「戎島天満宮御旅所」の図が載せられており、これらから当時の天神祭と川筋の様子を知ることができる（九〇～一頁）。「六月廿五日天満天神神輿渡御」は、乗船場付近の様子を描いたものである。この図には「鉾流神事といふ　天神祭　難波橋　夜遊舩　花炮行」という

挿図8　川筋の蔵屋敷前の様子

（図1の部分）

記述があり、難波橋の付近で花火が打ち上げられ、川面は篝火を焚いた船や何千もの屋形船で覆われていた様子が描かれている。さらに詳しく見ると、難波橋上と乗船場、川面に浮かぶ屋形船にはたくさんの提灯が掛けられている。

「堂島河面神輿乗舩」は渡辺橋から玉江橋の辺りの様子を描いたものである。「天神祭ハ大坂市中の賑にして、天満本社より神輿渡御ありて、難波橋より舩にて夷島の御旅所へ神幸まします。御迎船として福嶋より例ありて、船を漕つれ来り、寺嶋よりハいろ〳〵の木居士《にんぎやう》を飾りて、舩中に太鼓を囃し踊りて興ず。これを見んとて、河中所せくまで美々敷艤《ふなよそほひ》して、酒を勧め、琴三弦に興して、夜のふくる事をしらす。大川筋の両側の諸侯第《だいミやうやしき》には家々の紋の挑灯を照らし、流光にハ澪標《ミをき》を立て、舟のゆきゝを自在にす」と天神祭の様子が細かく描かれている。花火や御迎人形船なども川筋を演出する要素であったことがうかがえる。また「諸侯第」とあるのは蔵屋敷のことであるが、当時の蔵屋敷前では祭礼時に提灯飾りなどの演出が行われていた。「戎島天満宮御旅所」には「神輿の還幸ハ廿五日の夜五ツ過の頃也」とあり、還御時間が旧暦六月二五日の午後八時頃であったことがわかる。

『摂津名所図会』とほぼ同じ寛政三年に描かれた「摂州大坂天満宮御神事之図」（図6）を見ると、ご神体を奉安する船が大江橋付近に差し掛かり、橋の通行が止められている様子が描かれている。大江橋と渡辺橋のたもとには柵が設けられ、橋の上には人影が見えない（挿図9）。これはご神体を橋の上から見おろさないようにという信仰上の理由と、多人数が集中すると橋が落下する危険があるので、安全に配慮したためであろう。

幕末の「浪速天神祭」（図10）は、大阪天満宮から大川の方角を見たものである。天神橋の辺りに「狸々人形」や「関羽人形」「加藤清正人形」をのせた船が見える。ちょうど難波橋まで神輿のお迎えに出てきたところである。「船中ダンジリ太鼓」という文字から、船の上では太鼓を囃していたことがわかる。これらの御迎人形船の中心には神輿を載せた船があり、「天満宮御輿の舩ハ天神ハシヨリ乗シ九条亀井橋仮屋ニ至其帰ル」と書かれている。これらの船を見物しようとたくさんの屋形船が川面に浮かんでいる。

難波橋上にはたくさんの提灯が掛けられ、「橋上にて大おどり有」「通行人ヲドリ」という文字があり、通行人が難波橋上で踊っている様子が描かれている。また、休憩用の床机に座って渡御を見物し

挿図9　通行止めとなった橋
（図6の部分）

ている人々も見られる。橋の北詰の辺りには茶屋があり、屋根の上には仮設の見物場が設けられており「布の天井」が掛けられている。

◆町家の飾り

次に氏地の町家ではどのような演出が見られたのであろうか。「天満祭地車宮入の図」（一九三頁）には、大阪天満宮境内に各町の地車が宮入りする様子が描かれている。この図によると、通りに面した町家では、格子をはずして前面を開放し、提灯、幔幕を飾っている。その前には、防護柵として丸太が立てられている。家人は祭礼を迎えるためにしつらえた町家の内部から、地車の宮入りを見物している。

当時の大坂では、祭礼時に町家の店の間に屏風などの家宝を飾る風習があった。先に紹介した『摂津名所図会』には、「夏祭車楽囃子」（挿図10）と題する図がある。これは坐摩神社の祭礼時の情景を描いたもので、祭礼時における町家の演出を知る上で重要な手がかりとなる。店の表に高張り提灯をたて、幕をひき、店の間では波千鳥図の屏風を飾り、茶、煙草盆をおいて地車の巡行を見物している。地車の通行に先立ち、家の側の男に挨拶をしているところから、ここは町役の家屋敷か町会所であったと考えられる。敷物が敷かれ、着飾った女性や子供が居並び、羽織を付けた男たちが談笑している。画面右手上方に描かれた町家には、丸太を組み合わせた防御柵があるので、先に紹介した「天満祭地車宮入の図」の柵を考え合わせると、正面の町家の描写は、絵画的な効果を考慮して丸太の数を省略している可能性が高い。

同じ『摂津名所図会』の「布団太鼓之図」は上難波仁徳天皇宮の祭礼を描いた図で、先の図よりも庶民的な雰囲気がある。軒には御簾を垂れ、提灯を下げ、屏風を飾っている。ここでは蒲団太鼓の舁手たちが半裸のまま床几に腰掛け、振る舞われた西瓜を味わっている。また家の主人夫婦とおぼしき男女のしぐさにも人々を招き入れる様子が窺える。

このように、店の間の飾りに欠かすことができないのが屏風である。屏風はもともとは宴席や見物桟敷に置かれたものであるが、やがて道行く人々にも家宝を披露する美風として定着し、「屏風祭」とも呼ばれた。京都の祇園祭でも屏風祭が行われているが、大阪でも天満宮をはじめ御霊神社、坐摩

挿図10　夏祭車楽囃子

神社、茨住吉神社などで行われ、とくに船場あたりでは豪華な屏風が飾られたという。

町家の飾りとして「造り物」と称される飾りを置く町家もあった。造り物は江戸時代後期に都市の祭礼で流行したもので、町家の座敷や屋根を飾って、町内に賑わいをもたらした。

弘化三年（一八四六）刊の『天神宮御神事　御迎船人形図会』に、前年に行われた天満宮正遷宮に、天満橋北詰から東側に、数町にわたって町家の庇上に貝殻を使った藤棚が造られ、西側から市の側にかけては、紙細工の牡丹の花壇が造られ、「両所の光景言語に絶す」る様であったという。また『浪花の梅』という案内書には永代浜の住吉祭風景が描かれているが、店の間には住吉の高灯籠と松林と船の造り物が飾られている。

造り物は身近な材料で組み立てられ、奇抜な発想で人目を驚かす工夫が喜ばれた。その種本として大坂では『造物趣向種』と題したアイデア集が刊行され、嫁入り道具一式の「獅子」や化粧道具一式の「鶏」、仏具一式の「布袋」、金具一式の「万年青」などが紹介されている。神様への奉納物が商品の宣伝になるという、大坂ならではの発想といえよう。

最後に、町家の飾りに関連して当屋のことに触れておきたい。現在の天神祭では、講社の飾り付けが、「当屋」と呼ばれる境内の建物や仮設のテントで行われている。この当屋に関する江戸時代の資料はない。明治になってからの新聞資料であるが、太鼓中の当屋について次のような記事がある。

> 昔は陰暦六月一日に當家（とや。太鼓仲間の古老の寄り場処で年々廻り持ちに勤め、こゝに太鼓を据ゑる）といふものを定める、當家に定まつた家は世帯道具を一切片附け新しう床を敷きかへ床下を清めて砂を盛り、壁なども塗りかへ器具なども悉く新調し婦女の煮炊した物は一切食はないやうにし萬事男子ばかりで用を達すのである、かやうにして舊六月十一日（今は七月一日）ナラシと稱し即ち太鼓の稽古始めを行ひ十六日に當家開きを為たものである。
>
> （『大阪朝日新聞』明治三九年七月二一日）

この記事から江戸時代にさかのぼる当屋（當家）は、氏子の有力者の家を選んで持ち回りで定めていたことや、当屋にあたった家の準備の様子などがわかる。当屋は現在のように大阪天満宮の境内にはなかったのである。

屏風祭

造り物

挿図11　復元された江戸時代の町並(大阪市立住まいのミュージアム)

幕末の混乱によって、慶応元年（一八六五）から明治三年（一八七〇）までの六年間、天神祭は中止された。明治四年に松島に御旅所を移して再興されると、以後、豪雨や伝染病などで渡御が取り止められる以外は継続的に維持され、昭和五年（一九三〇）には三〇〇年ぶりに鉾流神事も復活された。

その後、昭和一三年の日中戦争の勃発によって天神祭は再び暗雲に閉ざされるが、大阪天満宮境内は戦災を免れ、終戦直後の昭和二一年にはすでに戦後初の天神祭が執り行われている（「社務日誌」昭和二一年七月二四日）。このときは、境内参集所に御迎人形が飾り付けられ、露店なども出て境内は久しぶりに賑わいをみせたという。世情が落ち着きはじめた昭和二四年には船渡御も復活し、昭和五〇年代にはそれまで途絶えていた船が復活、新しい行事もはじめられるなど盛り上がりを見せた。

この間、天神祭は渡御コースの変更や境内の飾り付けの変化、各種演出の登場などさまざまに様相を変えながら現在へといたっている。

◆大阪天満宮境内の空間演出

【当屋の飾り】 大阪天満宮境内に設けられた講社の当屋については、「本殿詰所日記」の明治二八年七月二五日条に、「諸講社詰所其他飾附総て夏祭礼常例之通。但し御鳳輦神輿ハ神庫ニ鉾流講旗四神鉾茅輪等ハ本殿拝殿に飾附ス。釼先・催太鼓飾附ハ見合之事」とある。文中の「諸講社詰所」は現在の当屋にあたると考えられ、この時にはすでに境内に各講社の当屋が集まっていたことを思わせる。少し後の境内の詰所飾りについて、明治三三年七月二五日付の『大阪朝日新聞』に次のような記事がある。

> 神殿は例の如く飾り立られ（中略）東北隅には侠客小林の寄場千成瓢のさしもの長梯子を飾り立て（中略）、南方西寄の所には菅壽講の縫ぐるみの牛（明治十九年製）、米穀商有志の御錦蓋（同二十六年製）、菅前講の御旗、祭礼講のお弓、西方恵美須門脇には菅神講の翳、西方社殿脇には丑日講の御太刀、天神講の獅子頭（あばれ獅子ともいふ）などの練物例のごとく家臺をかまへて飾りつけられ東方神楽殿北手には薪講より奉納の薪材幅四間、高さ二間ほどに積立あり其平面に薪材にて「御湯所」の三文字をあらはしたるは手際なり。参詣人は味爽より引きも切らず午前八時頃

御鳳輦講

御旗講

挿図12　当屋の飾り（1997. 7）

には道も去り敢へぬほどにて要路々は車止の札を立てるに至りしが正午より日盛の頃は稍まばらとなり午後四時頃よりは再び賑はひ始め太鼓の宮入を見物せんとて近在より出かけたるも多かりき夜に入りての雑踏推して知るべし諸商人の露店は境内境外に充満して通行に困難を感ずる程なりき賣物の種類は例の如く翫物の天神旗（陸海軍旗及び聯隊旗に擬したるもの多し）御神燈、渡御に用ひる提灯、唐もろこしなど多数を占む。

この内容から飾り物のいくつかは明治二〇年代前後に新調されたことが判明する。また、記事中の天神講については、明治二三年に伊勢太神楽の神楽師を招き、子供たちに踊りを教えたことがわかっている（『大阪天満宮社報　てんまてんじん』一二号）。これらのことから、明治二〇年代頃から各講社の当屋飾りが盛大になり、境内でのパフォーマンスも新たな演出が加わることでにぎやかになっていったことがわかる。これは、後に述べるように江戸時代の天神祭の呼びものの一つであった地車の宮入りがなくなり、地車が終日境内に飾られるようになった時期と一致する。

明治四二年七月二五日の『大阪朝日新聞』からわかる境内の当屋の配置は、地車や神輿の位置が若干異なるほかは現在とさほど違いがなく、境内外に充満した露店も現在と同様であった。ただ、催太鼓については同記事中に、二四日の氏地巡行後、「岩井町なる戸屋にと納められたり」とあり、氏地巡行の後に境内ではなく、別の場所にある当屋（戸屋）に納められていたことがわかる。太鼓中の当屋がいつ頃から現状のように境内に設けられるようになったかは定かでないが、少なくとも明治時代末頃までは、江戸時代と同じように持ち回りで定められた町家を当屋とし、そこに催太鼓を納めていたことが判明する。

大正時代の境内の様子については、大正一五年七月二六日の『朝日新聞』に、大阪天満宮境内の祭礼時の航空写真が掲載されている（挿図13）。それを見ると当屋の配置は現状とほぼ一致し、露店は現状の場所のほか、現在の梅香学院敷地にも並んでいることがわかる。

【地車】　江戸時代後期に盛大になった地車は、幕末には台数が減少し、明治四年に復活した時は四台のみで、同五年、六年もわずか数台とその数は少なくなる。それでも明治二九年頃までは、宵宮に太鼓中の宮入りに続いて地車が宮入りし、境内に飾り付けて地車囃子を奉納していた記録が残されている。しかし、明治三〇年からは二四日の地車宮入りについての記述は見られず、明治三一年の「本殿

挿図13　大正一五年の航空写真

詰所日記」には、「今明両日、地車囃子奉納、加藤林之助、但社銹付ノ地車ニテ」とあることから、この年、地車は宮入りせず、祭礼の両日、境内に飾り付けられたままになったことが判明する。明治三一年以降、明治時代末頃までは、加藤林之助氏、車楽講、浪速落語三友派などによって、大正時代には天満青物市場有志中と三友派によって地車囃子が奉納されていた。昭和二年以降は、天満青物市場のみの奉納となった。

【御迎人形】　幕末・維新期の天神祭の中止で、御迎人形の多くは破壊あるいは棄却され、大小合わせて五〇体以上もあったものが二〇体に減少する。明治四年の復活以降、御迎人形船が出ていたかどうかは明らかでないが、明治一七年には御迎人形船が出る予定があったことが確認できる（『大阪朝日新聞』明治一七年七月五日）。しかし、翌一八年以降は継続的に御迎人形船が出ることはなかったようである。

大正八年に御迎人形船が再興され、以後、昭和一三年に戦争の影響で船渡御が中止されるまで御迎人形船は続けられた。但し昭和二年に船渡御が行われなかった時は、大阪天満宮境内に二体と松島御旅所境内に数体の御迎人形が飾り付けられている（『大阪朝日新聞』昭和二年七月二〇日）。

その後、戦争中に焼失するなどしてさらに数を減じ、現在では一六体の完全な御迎人形と恵比須の頭《かしら》を伝えるだけとなった。昭和二一年の戦後初の天神祭では三体が境内の参集殿に飾られ、以降参集殿では毎年三～四体の御迎人形が飾り付けられ、現在まで続いている。昭和二二年には参集殿の他に天神橋一丁目や天神橋筋の商店で五体の御迎人形が陳列された。境内参集殿のほかに、昭和三三年には毎日大阪会館に飾られ、昭和四五年からは自動車に乗せて市内を巡行するなど、境内以外に飾り付けられる機会も増えていった。

【その他の催し】　境内のその他の催しを見ると、昭和八年に関西相撲協会による神前土俵入りが行われ、この年以降しばらく続けられた（『大阪朝日新聞』昭和八年七月二五日）。昭和一七年に陸渡御、船渡御ともに中止になったときも、境内は例年と変わらず各講社の飾り付けが行われ、その賑わいも例年同様であったという（『大阪朝日新聞』昭和一七年七月二六日）。しかし、昭和一九年になると戦争は祭礼にも深刻な影響を与え、御鳳輦、神輿、御所車以外の講社の飾りは提灯のみとなった（「社務所日記」昭和一九年七月一一日）。

昭和二一年に天神祭が復興されると、世情の落ち着きとともに、境内で新しい催しが行われるようになる。同二六年には天六・天五小神輿の宮入りがあり（「社務日誌」昭和二六年七月二四日）、翌二七年には境内の参集所で菅公展、西山宗因にちなむ連歌書展、御迎人形・宝物の展覧、大阪歌舞伎の奉納が行われている（『朝日新聞』昭和二七年七月二六日）。また戦後、新しく福梅講（昭和二四年）や花傘講（昭和二九年）、御菅蓋講（昭和三〇年）などが参加し、境内の当屋飾りもより賑やかになっていった。この時代以降、新しい講社が出来る一方で解散する講社もあり、当屋の構成も年ごとに少しずつ変化している。

さらに大阪天満宮の外では、昭和三〇年の扇町プールでの芸能人の爆笑大会開催、昭和三三年の毎日大阪会館での御迎人形の飾り付け、昭和三五年のアサヒテレビによる実況放送、昭和四五年の自動車渡御の開始など、さまざまなイベントが開催されるようになり、天神祭はこれまでにない広がりを見せていった。昭和五〇年頃からは境内での催しが固定化する一方で、境内の外でのイベントは多様化していく傾向が見られる。

◆大阪天満宮氏地の空間演出

【渡御コース】　明治初年の渡御を見ると、明治四～五年（一八七一～七二）には船渡御が行われているが、六年から一三年まで船渡御はなく、陸渡御だけとなった。この時期の船渡御中止の主な原因は、洪水かコレラのいずれかであった。明治一一年は本社営繕中のため、一二年はコレラが原因で渡御そのものが中止された。

明治一四年に船渡御が復活すると、併せて渡御コースも変更された（『大阪朝日新聞』明治一四年～昭和一一年）。新しい渡御のコースは、江戸時代とは違って江之子島に上陸後、行宮周辺の氏地を渡御していた。しかし、現在のように「陸渡御」「船渡御」という区別はなく、あくまでも渡御の道筋のひとつとして捉えられていたようである。実際、乗船前に現在のように天満宮周辺の氏地を練り歩くこともなかった。明治二〇年代末頃の渡御の日程は、おおよそ以下の通りである。本宮出御は七月二五日午後四時、若松町浜での乗船は午後七時、江之子島浜の上陸は午後八時、行宮着は午後一一時から二六日午前〇時、行宮の出発は二六日午前一時から三時、還御は同午前四時から六時。

挿図14　陸渡御の道筋（菅原町／1997. 7）

この渡御のコースは、明治・大正・昭和初期と続いたが、第二次世界大戦の影響で、昭和一三年から一五年までは船渡御が行われず、陸渡御だけに簡略化される。昭和一三年七月二六日『大阪朝日新聞』には「今年は国策に順応して夜の船渡御を廃し」との記述がある。この時期には渡御の時間もかなり変更されている。本宮の出御が二五日の午前八時、松島行宮到着が同正午、行宮出御が午後二時、本宮への還御が午後六時三〇分である。その後、昭和一六年から二三年までは陸渡御も中止された。

戦後、船渡御が復活するのは、昭和二四年のことである。その時のコースは、中央市場に仮の行宮を設け、そこへ向かうものであった。しかし、昭和二五年には地盤沈下によって船が橋の下を通れなくなる事態に陥り、二五年は商工会議所に行宮をおいて陸渡御だけを行い、翌二六年も船渡御は行わず陸渡御のみとなった。種々検討の結果、昭和二八年になって大川を遡航するコースを採ることで、船渡御が復活された。新聞では遡航するコースへ変更した理由について次のように記している。「堂島川にかかる各橋ゲタが地盤沈下でグッと低くなり、加えて川床が浅くなったため十尺もあるミコシが橋をくぐれなくなったのが最大の原因。続いて防潮堤工事が着々進行、ミコシの上陸が困難になった（『大阪朝日新聞』昭和二八年七月三日）」。このとき初めて老松町通や北新地といった氏地を広い範囲で練り歩く陸渡御が行われた。これは、渡御コースの変遷のなかでも最も大きな変化であった。これ以後、昭和三五年までは多少の変化はあるものの、ほぼこのコースを辿っている（『社務日記』昭和三一年予定表）。大幅なコース変更に伴い、渡御の日程も以前とは大きく変化した。この時の渡御の時間は、出発時間が二五日午後二時から三時、乗船場着は同午後四時から六時、還御時間は二五日午後一〇時となっており、以前のように二六日の朝に還御することはなくなった。

その後も渡御コースについては、若干の変更が行われている。昭和三七年には、乗船場が天神橋北詰に変更された。この理由については、昭和四一年七月二三日の新聞に「乗船場だった若松町浜も鳥居のすぐ上を高速道路が走るようになり」とある。陸渡御のコースは現在とほぼ同じであるが、船渡御は昭和二八年のコース変更当初は桜宮橋まで、三八年に源八橋まで、さらに四〇年に都島橋まで延び、昭和六〇年には飛翔橋上流まで航行するようになった。さらに昭和六二年には陸渡御のコースも「大江橋を南下し、市役所北で東進し、難波橋中央に出て北進し、同橋北詰より東進」に変更された（『社務日記』昭和六二年七月二四日）。このような経過を経て、現行の渡御コースにいたっている。

挿図15　船渡御の様子（1999. 7）

【街路・水上の空間演出】　近代には、渡御コースにおける空間演出は、どのように行われていたのか。明治二〇年頃から『大阪朝日新聞』には氏地に関する記事が多く見られる。まず、船渡御の様子については、篝火や無数の船、提灯、露店などが川筋を彩っていたことが記されている。また花火も、江戸時代と同様に難波橋付近で打ち上げられていた。船の数については明治三七年の新聞に「年々減じたりとは云へ渡御の川筋に泛びたる船の数は一千四五百艘に達せしならん」とあり、現在とは比較にならないほどの船が出ていたことがわかる。

当時の篝火の様子については、大阪天満宮文化研究所に保存されている「川筋篝調書」から知ることができる。この調書は、大篝船と衛士篝、大篝、篝船について、各々の数、焚かれている場所、篝火の奉納者を調べたものである。大篝船は船上に松薪を積み上げそこに油を注ぎ火を入れたものである。この調書では大篝船と大篝を区別している。大篝は「船にあらず」とあることから、台船であったと思われる。また、大篝船と篝船の区別は船の大小であろうか。衛士篝とは川中に木の杭を打ちその先端に銅製のかごを付け、その中に火を入れたものである。同調書から、大篝船は毎年二〇隻ほど出ていたことがわかる。また、篝船は大篝船より少なく五～六隻であった。衛士篝は堂島川の渡辺橋と田蓑橋の間、堂島大橋と船津橋の間で多く焚かれていた。

また、明治時代には新しい演出が次々と取り入れられている。明治二二年に大阪に電力供給が開始されたことで天神祭にも電気が取り入れられる。明治二四年の新聞には「二四日二五日に街に電気燈をつける」という記事がある。さらに明治三三年の「川筋篝調書」には「ガス電気九基」や「大電気二〇基」とも書かれている。明治三一・三二年の「川筋篝調書」はなく、明治三〇年以前の調書には、街灯やガス灯という記述はない。こういったことから、乗船場に電気が取り入れられたのは明治三一年から三三年頃と思われる。明治三三年以降の調書を見ると、乗船場の街灯は多いときには一〇〇基以上あった。さらに明治四一年の調書によると、船津橋と端建蔵橋の間にイルミネーションが設けられている。明治四〇年の新聞にも回生病院の「電燈飾」（イルミネーション）の記事がある（『大阪朝日新聞』明治四〇年七月二六日）。

また、船渡御に参加する船については新しく広告船が登場し、その船上では楽隊、合奏などが催された（『大阪朝日新聞』明治三八年七月二六日）。明治四二年の「川筋篝調書」によると、渡辺橋と大江橋間の南岸に三台の花電車が通っている。その前年の明治四一年に南北線（渡辺橋―大江橋間）が開通していることから、これは開通記念の演出であったと思われる。以上のように明治三〇年頃から、川筋など演出に近代らしい要素が数多く登場したことがわかる。

大正時代には、川筋の様子にそれほど大きな変化は見られない。大正一〇年に描かれた「夏祭船渡御図」には、両岸に衛士篝が焚かれ、御迎人形船が連なる様子が描かれている。さらに、それを照らすように大篝が焚かれ、見物の船が両岸を埋め、御神体を乗せた奉安船や講社の船が「御曳船」と呼ばれる蒸気船に引かれている。この絵図の中には御迎人形船が描かれているが、これは幕末以来長い間途絶えていた御迎人形船が、大正八年に復活されたものである。昭和五年には「鉾流神事」も復活している。

船渡御は戦時中の昭和一三年から二三年まで中止されたが、同二四年に復活し、その後昭和五〇年代までに中断していた船などが次々と再興された。昭和一三年から五三年まで途絶えていた大篝船は、昭和五三年に四一年ぶりに復活している。文楽船についても昭和六〇年の新聞に「二八年ぶりに復活」とある。

【町家の飾り】　次に、氏地の家々の飾りについて見ておきたい。氏子の家々の演出については、明治三〇年の『大阪朝日新聞』に、「渡御の道筋に當れる家々は幕引きまはし金屏風立て瓶花盆栽を据ゑ毛氈の色美しく飾りつくるが例にして」（七月二七日）とあり、明治四〇年の同紙にも「氏地の町々は金屏風、幔幕に門戸を飾り酒肴を設けて客を待つに忙しく氏地以外も堤燈を軒に掲げて神に敬意を表し」（七月二六日）とある。この他の新聞記事からも、渡御コースにあたる地域に限らず氏子の家々は軒先に提灯を吊し、幔幕を張り巡らせ、毛氈を敷き、屏風を飾るなど、家の中を飾り立て、碁や将棋に興じていたことがわかる。また「氏地以外も堤燈を軒に掲げて」という記述から、氏地以外の家々も「もらい祭り」として天神祭に参加し、提灯などを出していたことがわかる。

また、明治時代には北新地でも様々な演出が行われていた（『大阪朝日新聞』明治三七年七月二五日）。さらに、当時は渡御の行列が通っていた松島遊廓でも趣向を凝らした演出が見られたという。その様子については以下の記事から知ることができる。「松島遊廓は一年の大紋日なれば昨日より仲之町、花園町、高砂町、松島町の四箇町貸座敷二階三階四階には梅鉢の紋つけたる軒堤燈をつるし幔幕をめ

挿図16　御鳳輦奉安船（1997. 7）

ぐらし表格子を外して金屏風を引廻し生花、盆石等に奥座敷まで見透し段通を引きつらね常の松島とは見違ふばかり（『大阪朝日新聞』明治三六年七月二五日）」。同様の記事は他にもあり、遊廓においても祭礼時には格子を外して祭りのしつらえに整えていたこと、屏風飾りをしていたことがわかる。

『大阪天満宮社報　てんまてんじん』第三五号には、昭和初期に女学生だった松井道子の日記が紹介されている。昭和四年の日記には、「天神祭の宵宮である。遠くまで続く門並の祭提灯、張り巡らされた幔幕、もみの木の瓶花、金銀の屏風、どれもこれもお祭り気分をそそりたてるものばかり」とある。この記述から、昭和初期には氏子の家々で屏風飾りが行われていたことが確認できる。

このことは平成一二年の聞き取り調査によっても裏付けられた。上野誠三郎氏は屏風飾りについて、昭和六～九年頃がもっとも華やかで、戦争から昭和二五～六年に最も下火になったと回想している。また屏風飾りは鳥居前の両側に多く、昭和五〇年代までは存在したと語っている。多くは玄関に金無地の屏風を立てるものであった。

また菅原町の田中敏子氏は、かつて住んでいた町家において、昭和三〇年代まで行っていた屏風飾りを図に再現してくれた。それによれば、祭りの日には各部屋を仕切っていた簀戸をはずし、店の間・中の間・座敷・玄関・土間などに屏風を飾った。通りに面した土間には床几を敷き詰め、店の間と同じ高さの床を造り、緋毛氈を敷いた。これは地車や神輿の見物席で、屋根の軒下にも床几を置いた。二階もまた屏風を飾り見物席としたが、御神体が通過する時には一階に下りたという。屏風の図柄は中の間には金屏風、通りに面した造り床には祇園祭などの祭礼図屏風を飾った。祭礼図屏風は通りすがりの人も見物することができ、開け放しているので、通りから奥の様子も見えたという。

まとめ――天神祭の空間演出の特徴

現在、天神祭開催時の大阪天満宮境内では、計一七ある当屋飾りを中心に、御迎人形、提灯、御斎竹、露店などが主な演出要素となって濃密な祝祭空間をかたちづくっている。一方、氏子地域での演出は、街路上の提灯、注連縄、幔幕、露店に限られ、町家などの建物でのしつらえはほとんど見られない。江戸時代と比較すると、江戸時代には境内に太鼓中や地車等の当屋はなく、氏子の家々が持ち回りで当屋をつとめ、そこに飾り付けを行っていた。また、御迎人形も、御旅所付近の町々で展覧され、境内に飾られることはなかった。一方、渡御コースにあたる町家や大名屋敷では、提灯、幔幕が吊され、格子がはずされた表の間に毛氈が敷かれ、奥には金屏風や生け花が置かれるなど、祭りを迎えるしつらえがなされていた。江戸時代の天神祭に見る都市全体が祝祭空間へと変化する演出は、現在も地方の都市祭礼に残されているが、天神祭では都市の広い範囲に広がっていた演出要素が、近代以降、次第に境内に集中することで現在の姿へといたったことがわかる。

こうした変化が顕著にあらわれるのはまず、明治二〇年代後半である。この時期に地車が宮入りをせず終日境内に飾り付けられるようになり、また、多くの講社が渡御の練り物を新調し当屋を華やかに飾り立てるようになる。こうしたことから、明治二〇年代後半に現在のような境内の演出が生まれたと推測される。この時期は、明治維新の混乱期をぬけて時代が再び動き出した時期にあたり、天神祭も時代の淘汰を受けて新しい局面を迎えたといえよう。

次の大きな画期は終戦直後の復興期である。昭和二〇年代には、境内で歌舞伎や宝物の展覧、連歌書展など新しい催しが多数企画されるようになる。また、船渡御が川を下るコースから遡るコースへと変更されるという祭礼の根幹に関わる重大な決断が下された。この頃に、氏子地域での演出が大きく変化したと考えられる。そしてその後は、昭和三〇年代から四〇年代の高度成長期に、高速道路の通過に伴う乗船場の移動や、演出の観光化など時代を反映した祭礼へと変化していった。

こうした昭和二〇年以降の変化の原因として以下のことが考えられる。まず、渡御コースが変更されたことによって、下流の氏子が屏風などを飾る機会を失ったこと、さらに戦争でそれらの多くが焼失したことがあげられる。戦後、都市改造が急速に進み、人口の郊外流出によって祭りを支える氏子の数が減少したこと、それに伴い「お飾り場」となる町家が次第に姿を消していったことも大きな要因であろう。

また、忘れてはならないのは人々と祭礼との関わりである。他の祭礼と同様、天神祭には二つの参加者がある。祭を担う氏子町の人々と、見物に来る近郊の人々である。氏子町ないし地元の人々は祭りに終始、密接に参加し、神社の動向を把握し、家の前を通る地車に心を寄せている。しかし見物に来る人々は、視覚的な要素のある所に集中する。それが現代では境内であり、河岸である。かつて大店が美しい屏風を飾り、家の奥まで見せた時代と異なり、現代の祭りにおいては、町中で見るものが

挿図17　太鼓中のからうす（2000. 7）

ない。加えて視覚的要素をもっていた神輿や新たに作られた天神像すらトラックで走り去ってしまう。見物人を滞留させるしかけは失われてしまったのである。

これらのことは伝統的な祭礼の形態を維持する上で大きな障害となったことは疑いようがない。しかし、他の都市祭礼と比較すると、天神祭は時代の影響をあまりにも大きく受けてきたといわざるをえない。大阪は大都市であるがゆえに時代的傾向から逃れることは難しい。そういった土地柄が短いサイクルで新しいモノが生まれ、民衆も抵抗なくそれらを次々に吸収していくといった大阪の性格を築いてきたといえよう。祭礼に関しても同様で、中心となる神事は昔と変わらず厳かに執行されるが、それ以外の部分では伝統にこだわらず、時代に応じて新しいものを取り入れてきた。それが、現在の祭礼形態を生み出したのである。

現在は伝統的形態を維持している他地域の都市祭礼も、いずれ時代の波に飲み込まれ、変化を余儀なくされる日が来るかも知れない。すでにお飾り場の変更や固定化などといった変化が認められる祭礼も少なからず存在する。そういった意味で、時代を柔軟に受け入れてきた天神祭は、都市祭礼の未来像のひとつといえるのではないだろうか。

［付記］　本稿は『町家および街路空間における祭礼時の空間演出に関する建築史的・都市史的研究』（平成九年度〜平成一〇年度科学研究費補助金〔基盤研究C1〕研究成果報告書、一九九九）の研究成果である。調査データについては、大阪市立大学生活科学部生活環境学科平成九年度卒業論文「天神祭における空間演出に関する調査研究」（秋葉由美子・岩田直子）を参照した。

※挿図6・7・11・12・14〜17は京極寛氏の撮影

御渡之賑

船渡御を画題とする場合、大川に架かる橋を重要なアクセントとして描くことが少なくない。しかし、ここではひとつの橋も描かず、代わりに数多くの俳句を書き込んでいる。「船流れ　とまるや神の　下屋敷」（湖岸）のように、全て天神祭を詠んだ句である。この画帖は、菅原道真公九百年祭にあたる享和２年（1802）の天神祭に、「我浪華の俳人達が、大川に一葉の画舫を浮べ、親しく船渡御の諸行事を拝観し、即吟の佳句を蒐めて板校せしものなり」という（昭和２年７月15日付『天満宮社報』37号）。「御祭礼船中ノ細見」では船上に描かれていた「鯛」が、ここでは棒の上に飾られている。享和２年の御迎人形を知る資料でもある。

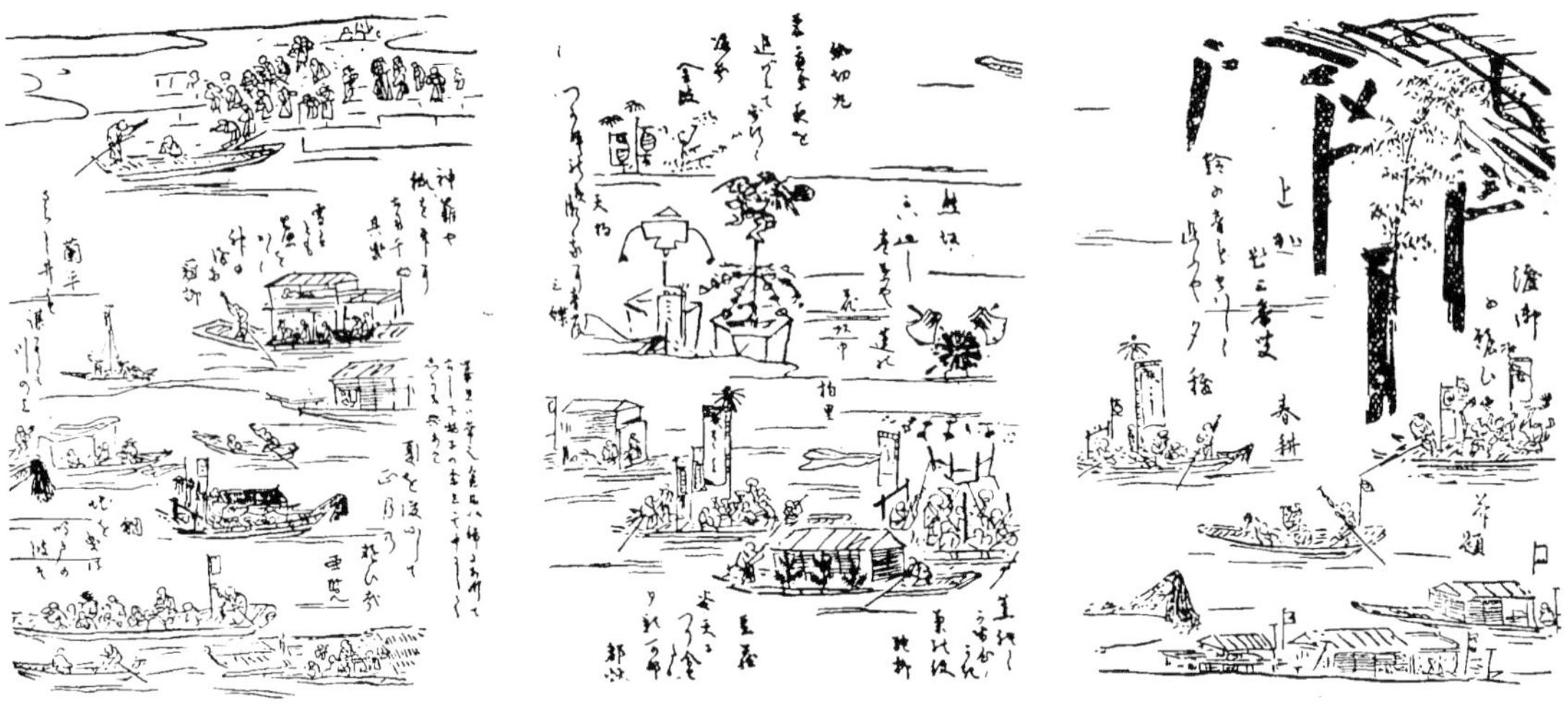

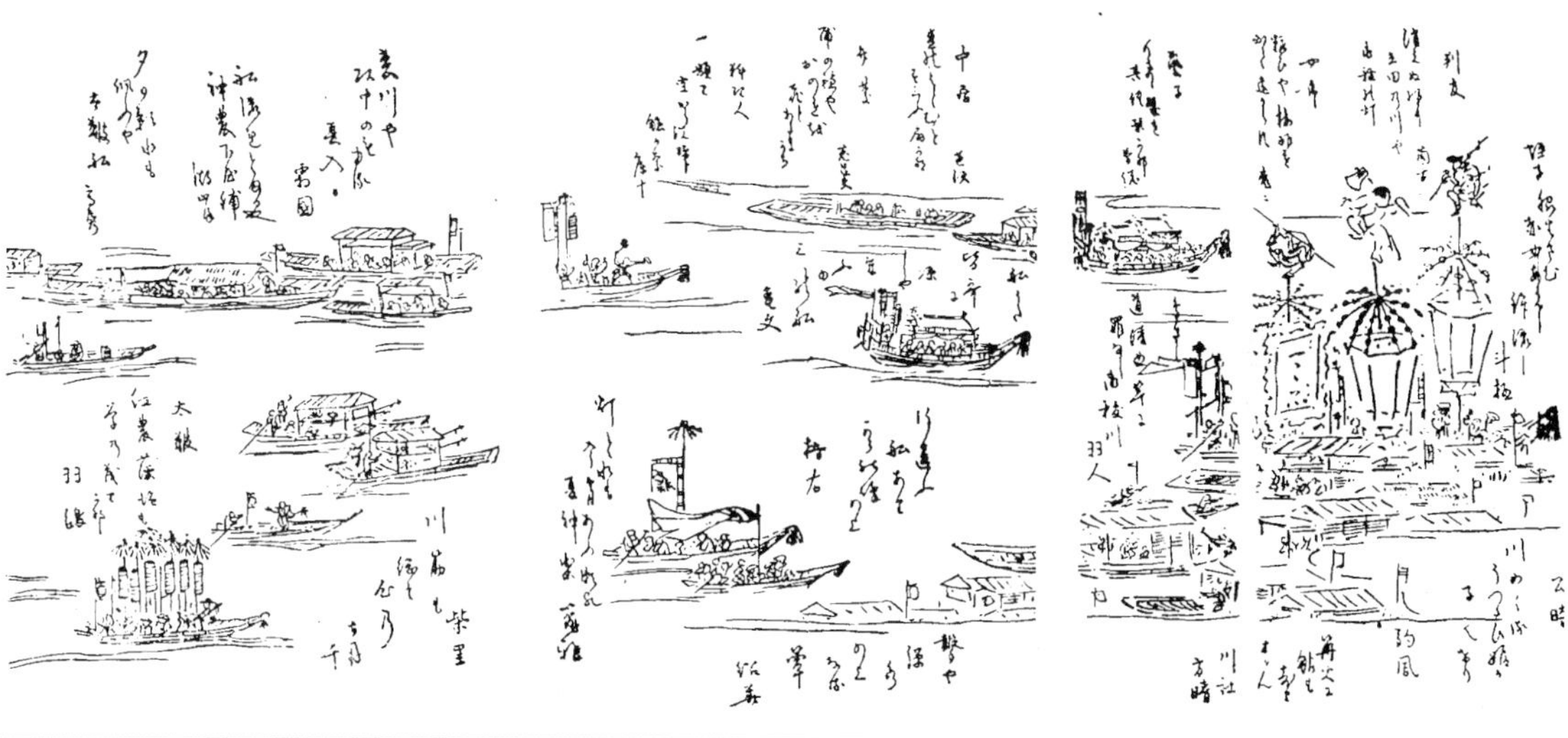

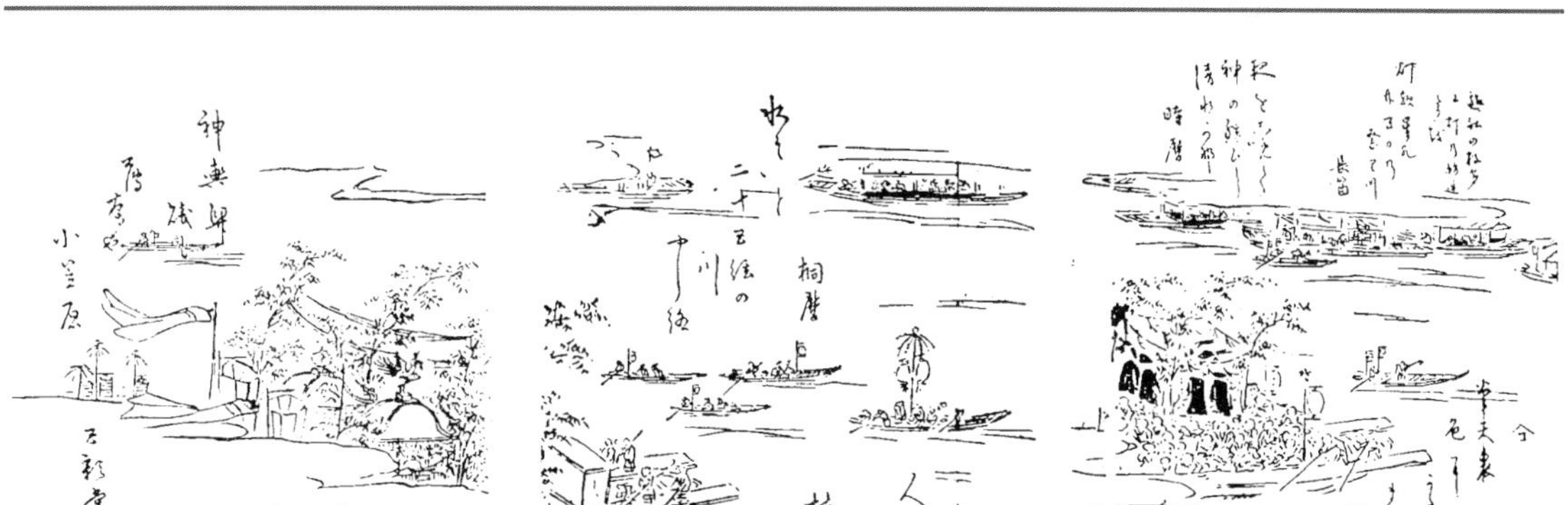

御祭礼船中ノ細見

「天満御社」(2)から大川下流の「戎島御旅所」(15)にいたる船渡御コースの全体を描く。もちろん中心は、鳳神輿・玉神輿の同乗する船(7)である。元禄期に登場した御迎人形は、船上に立てた棒の先に飾られたが、享保期に大型化して以降は、船上に舞台を拵えて飾ったという。この図では、「鯛」(12)は船上に据えられているのに対し、その右側の「酒田公時」など多くの人形は棒の上に飾られ、足元の雪洞が人形を照らしており、古風を伝えるが制作時期は不明。向岸の「神輿乗場」(5)の左側に「天神丸」が見える。大江橋(8)と渡辺橋(9)に人影がないのは、いまから神輿船がくぐるため、不敬をさけて通行留めにしているのである。

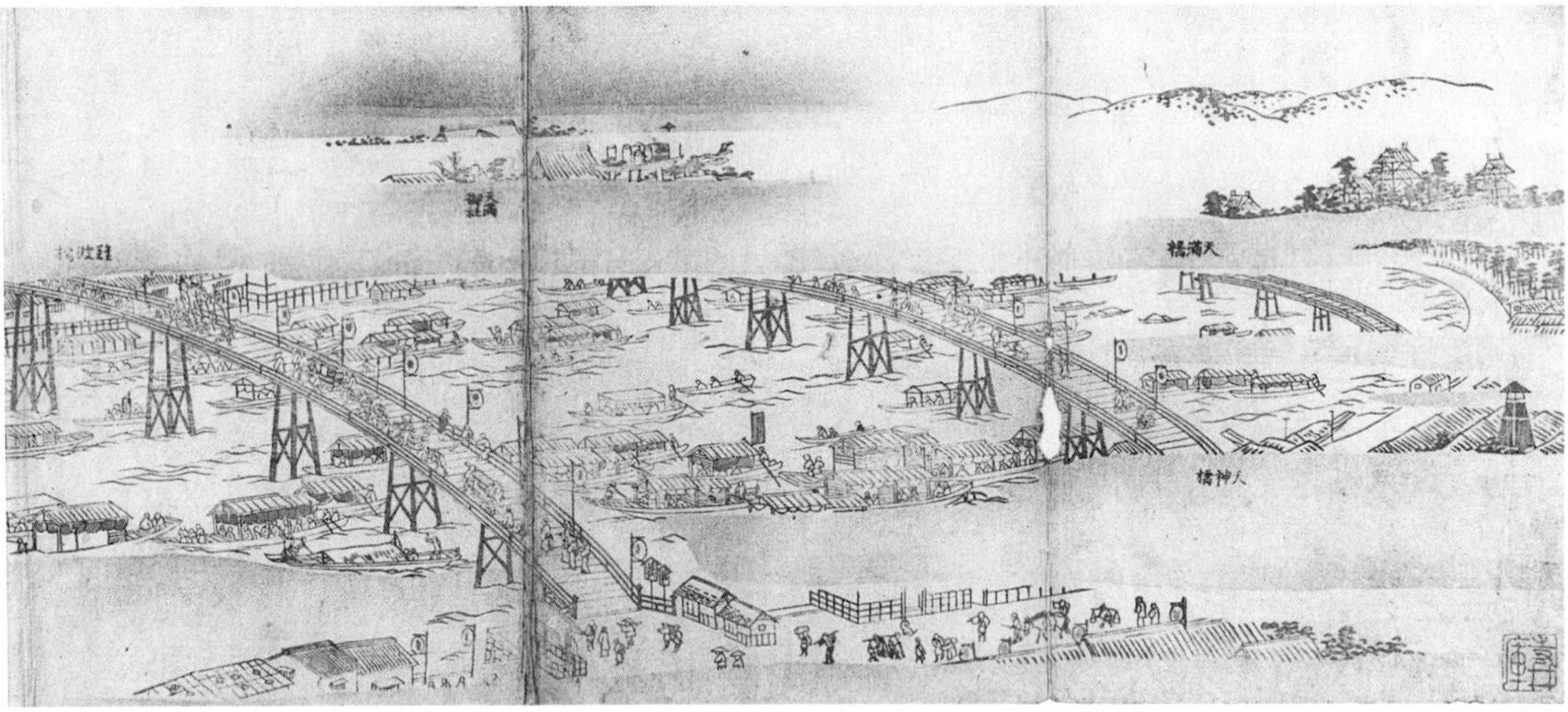

(3)　(2)　(1)

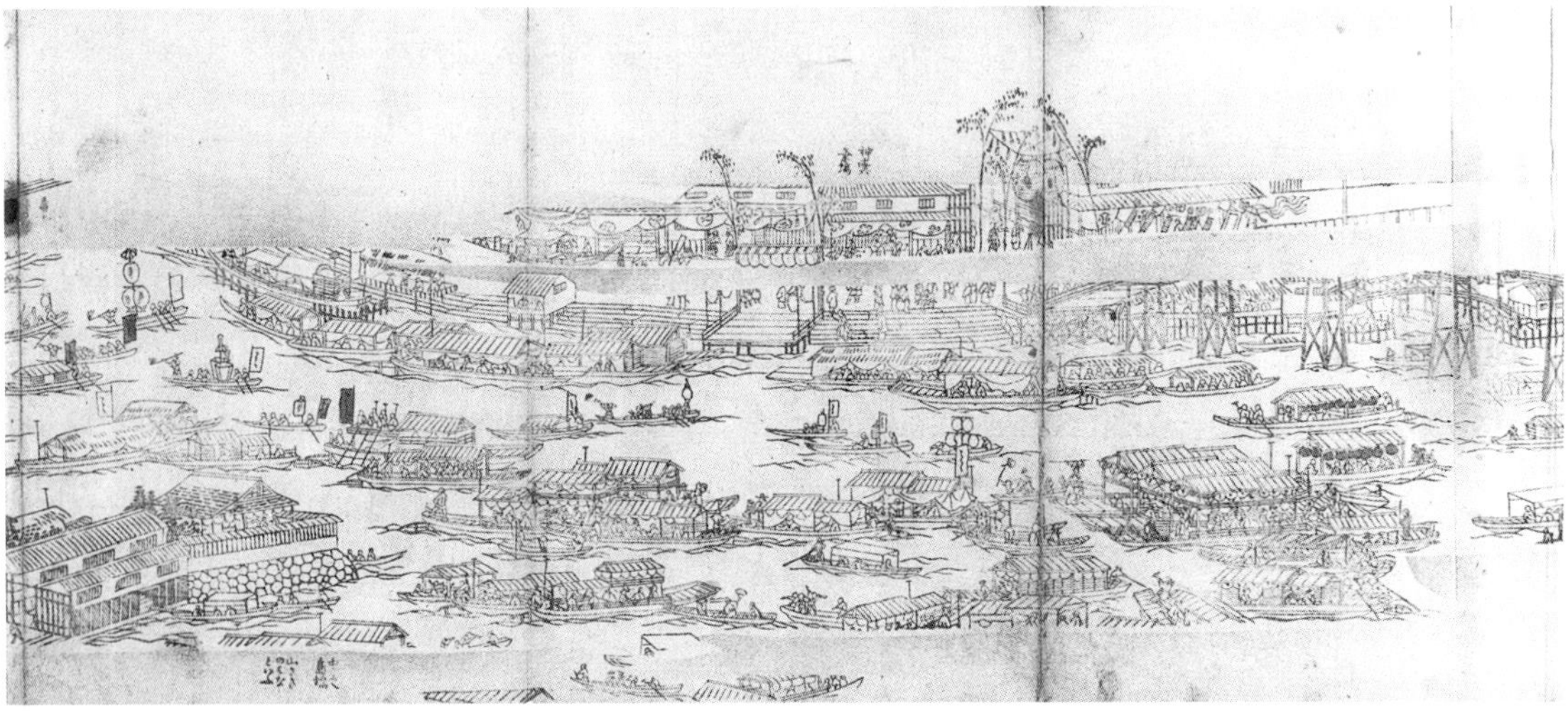

(6)　(5)　(4)

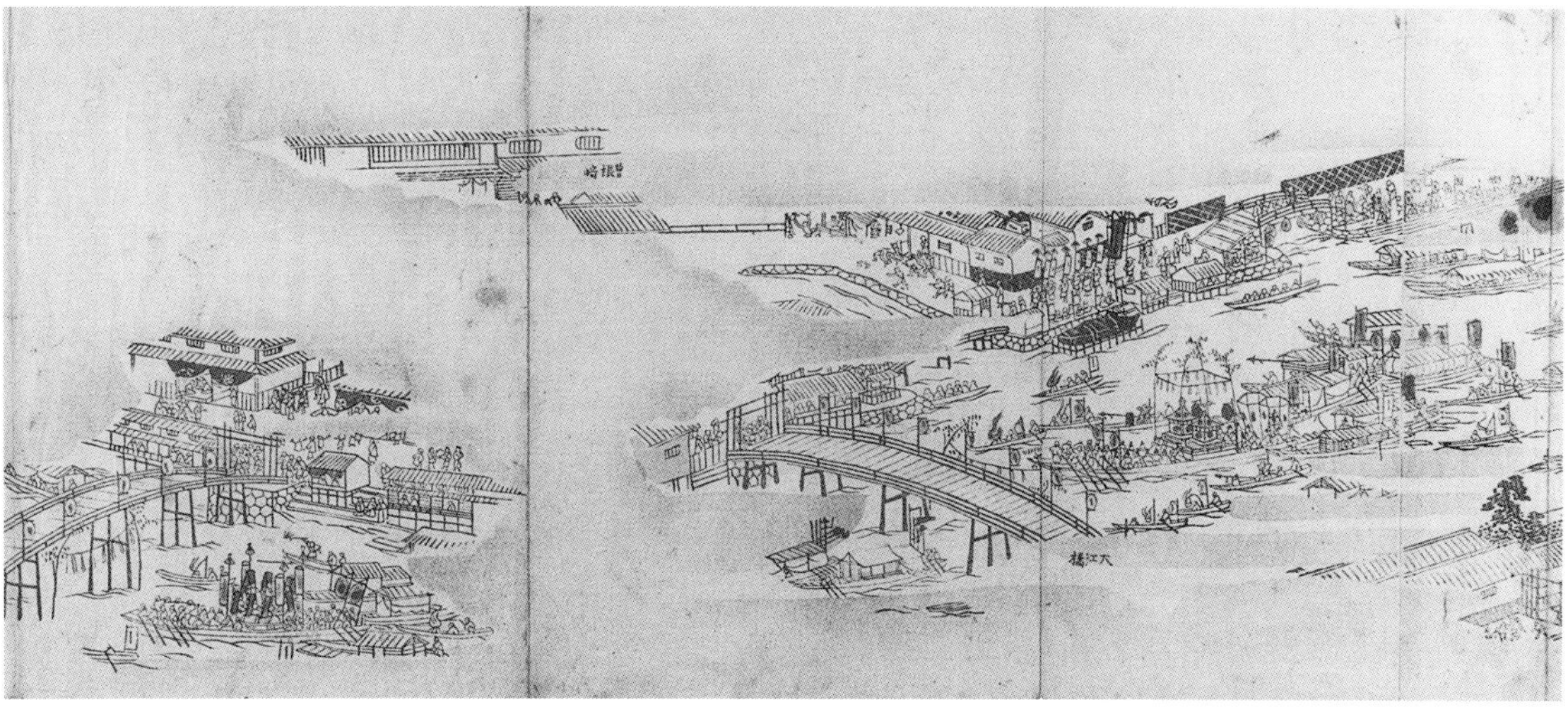

（9）　（8）　（7）

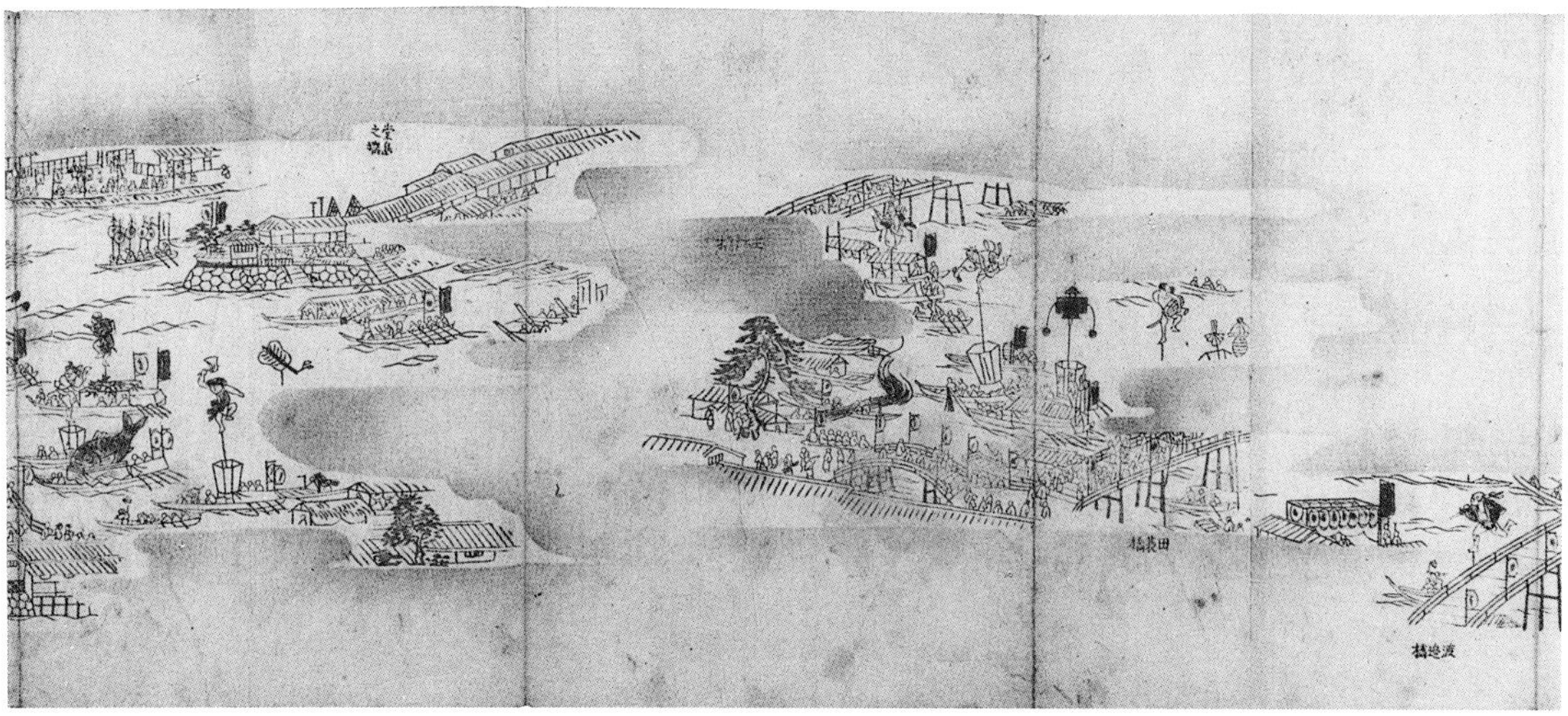

（12）　（11）　（10）

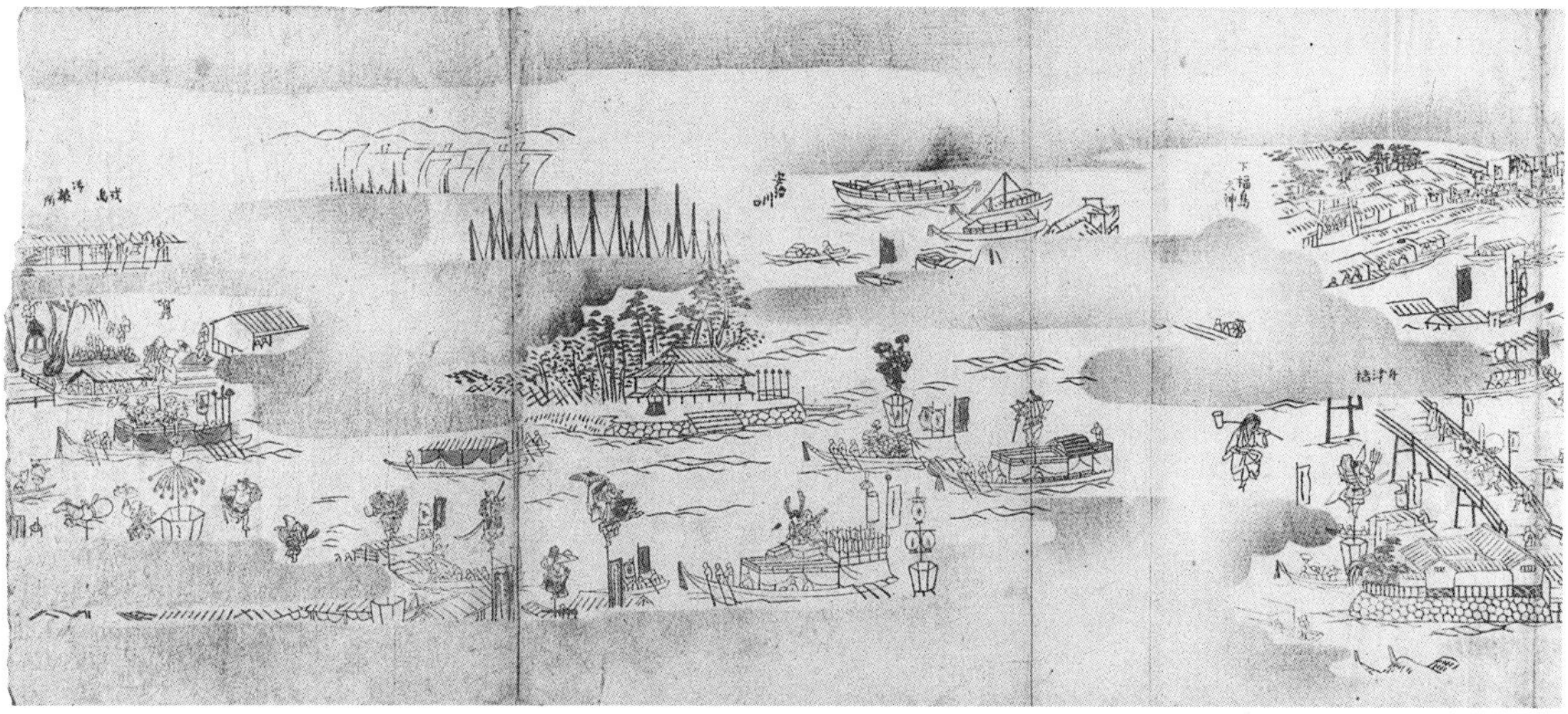

（15）　（14）　（13）

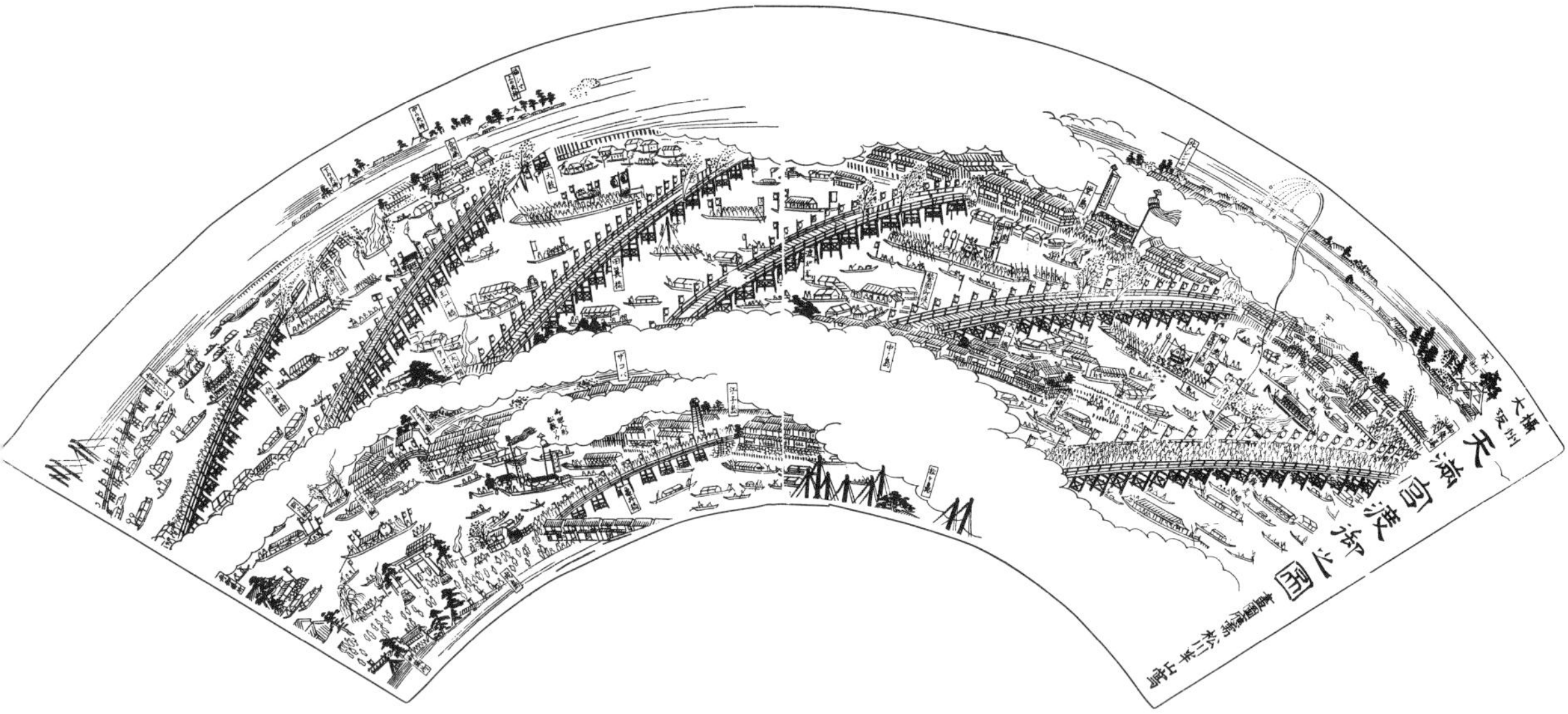

橋と天神祭

（194～5頁参照）

橋は交通の要衝であるだけではなく、八百八橋の大坂を象徴する名所として重要な観光地であった。時期で異なるが江戸時代の天神橋は、全長が約250.3m、幅が6.8m、橋の中央部の高さが約4.4mで、難波橋も全長が約226.3m、幅が約6.9m、高さが3.8mの急勾配であったという（松村博『大阪の橋』、松籟社）。絵では極端にデフォルメされて描かれることが多いが、橋中央からの眺望はよく、難波橋は「この橋の上より東西の眺望佳景なり、且左右を見めぐらせば十有余橋を眼前にありて浪華無双の奇観なり」（『摂津名所図会大成』）とされ、『摂陽奇観』は橋上から有馬富士（兵庫県三田市）までのぞめたとする。

摂州大阪天満宮渡御之図
上の扇面（『天満宮社報』大正15年７月／第25号）は下の渡御図を原画としてデザインしたもの

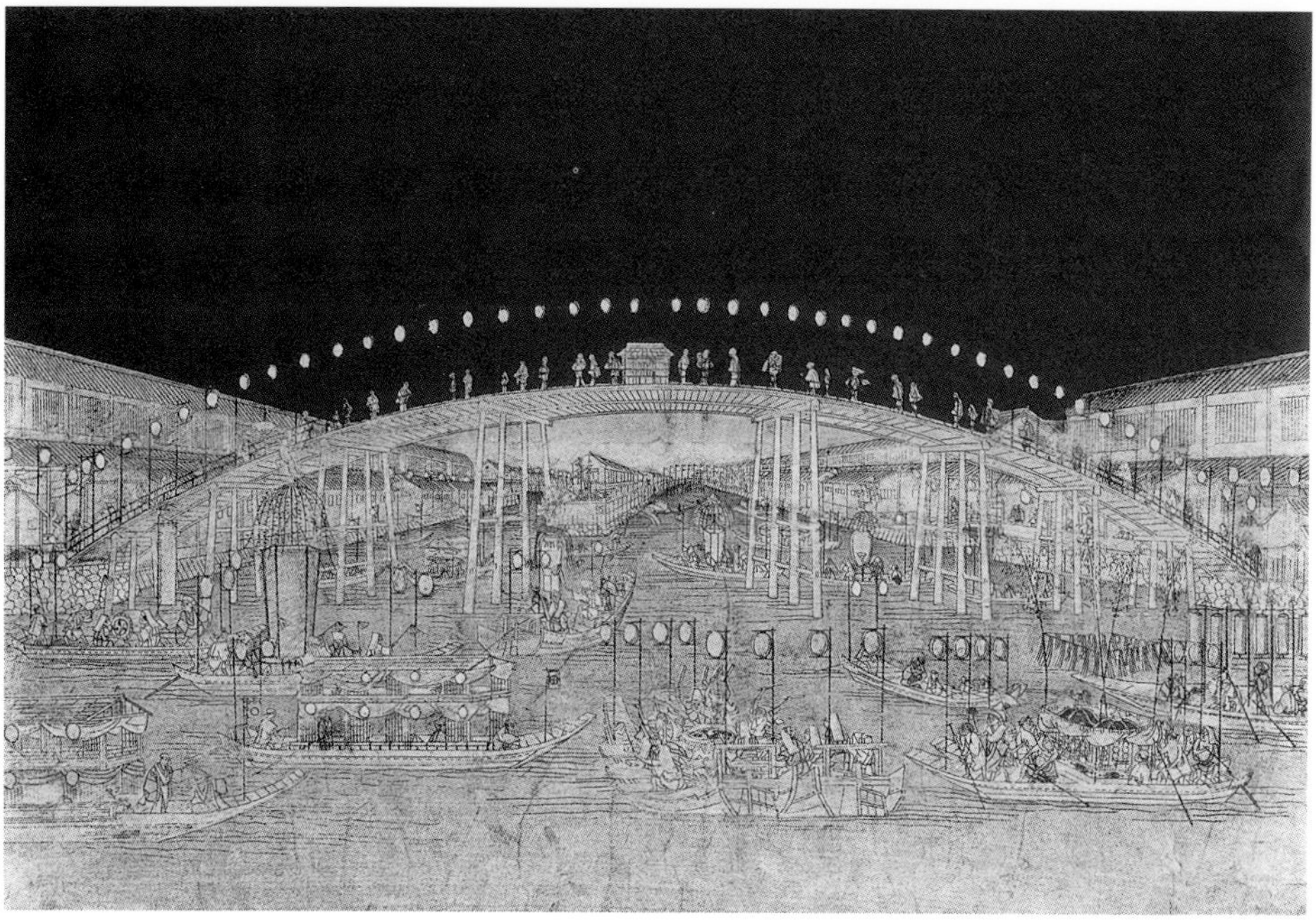

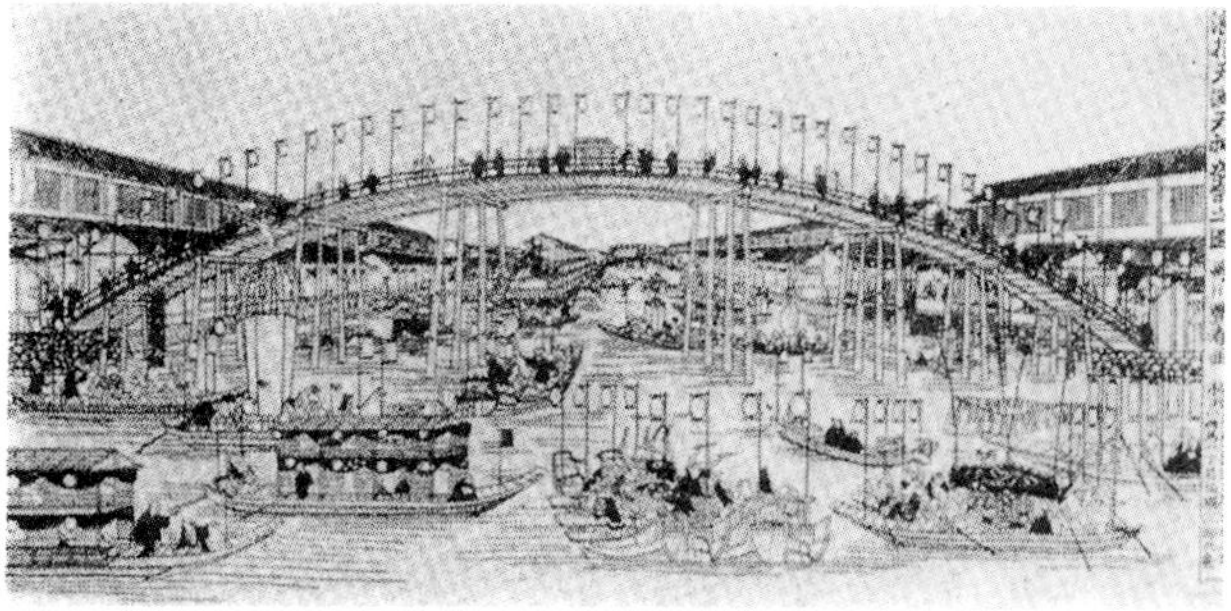

［上］浪花天満天神祭之図（歌川豊春）
［中］浪花天満天神祭之図（歌川豊春）
［下］大阪天満宮祭礼之図（岳亭春信）

雑誌『上方』と天神祭

『上方』は、南木芳太郎（一八八二〜一九四五）が昭和六年に創刊した月刊の郷土研究誌で、昭和一九年四月の第一五一号まで続いた。南木は大阪市南区三津寺町に生まれ、青年時代は長崎でロシア語を学んだり『関西文学』編集に関与するなど多感な日々を過ごし、家業をついでからは商売に励む一方、若き日の理想を貫徹して江戸時代の演劇資料を収集する。多彩な挿絵とカットは南木がうたう『上方』の特色であった。天神祭を描いた表紙は長谷川貞信（二代目・三代目）による浪華情緒にあふれた木版画、挿絵は洋画家中沢弘光らの手になる洒脱なもので、正式な記録に残らない祭りのひとこまが画家の目を通して活写されている。

（一九五〜六頁参照）

昭和15年７月号表紙

お迎人形囃子船のスケッチ（中沢弘光）
（昭和６年７月夏祭号）

天神祭のどんどこ船（昭和６年７月夏祭号）

天神祭夜景（胡桃沢源一／昭和６年７月夏祭号）

昭和６年７月夏祭号表紙

昭和６年７月夏祭号

芝居のなかの天神祭

[上]天神祭の場(「大坂神事揃」絵本番附)
[中・下]絵番付と草稿(長谷川小信)
(196～7頁参照)

絵ハガキのなかの天神祭

鉄橋下の鳳神輿（背後の天神橋は写真を合成したもの）

御鳳輦

獅子舞

御迎人形囃子船

（背後の鉄橋は天神橋／昭和八年以前）

船渡御を待つ

堂島川渡御
（背景は右から大阪市庁舎・大阪府立中之島図書館・大阪市中央公会堂／昭和初期）

船上はしご乗り

（右の建物は中之島の大阪ホテル）

作品解説

※法量は竪×横（単位はセンチ）

図1　古来天神祭船渡御之図

伝長谷川光信

六曲一隻

紙本着色　一〇二・五×二一八・四

江戸時代後期

天神祭の船渡御の様子を横長の画面に展開したもの。現在、屏風仕立てに改装されているが、本来は画巻ないし画帖の装幀であったとみられる。図柄は三段に貼り込まれており、画面は右から左へと展開して、各段連続する。上段には難波橋北詰めの乗船場付近の様子が描かれ、鳳神輿（剥落により確認できない）と玉神輿の二基の神輿を乗せた御座船や神主船・綱引船と墨書された付箋のある船などがみえる。中段には地車を曳く勇ましい男たちの姿や大江橋が描かれ、伊予・筑後・肥後などの藩名を記した付箋のみえる蔵屋敷が連続する。下段には川口船番所や船渡御を迎え入れる戎島の御旅所が描かれ、華やかな中に厳かな神事の雰囲気を醸し出している。作者と伝えられる長谷川光信（永春）は江戸時代後期に大坂で活躍した浮世絵師で、風俗人物を得意としており、版本の挿絵も多く手がけている。本図には作者を明らかにする落款や印章はないが、版本を思わせる独特な作風は浮世絵師の手によることを明確に示しており、肉筆による浮世絵の秀作として注目される。

（松浦）

図2　浪華天神祭礼図

六曲一隻

紙本着色　一五四・三×三四七・六

江戸時代後期

大阪歴史博物館蔵

梅檀木橋南詰め付近の上空より北方を俯瞰して、天満橋・天神橋・難波橋の浪花三大橋を画面右側に配した構図の中に、天神祭の盛大な船渡御の光景が一望される。天満宮は浪花三大橋の北に描かれ、川中には、神輿二基を乗せた御座船が神楽船・大太鼓船・御迎人形船など豪華に飾り立てた多くの船に迎えられて御旅所に向かう様子が描かれている。御旅所のある戎島は画面の向かって左下隅に描かれ、社殿は参拝人で賑わっている。大川は見物に繰り出した船で埋め尽くされ、難波橋の上からこの光景を見物する人は、身動きのとれないほど溢れており、船渡御の盛大さがうかがわれる。一方、大川の北には大江橋から堂島・曾根崎新地の町並みが垣間見られ、画面右上には桜ノ宮や川崎東照宮も遠望され、賑やかな祭りとは対照的な落ち着いたたたずまいを見せている。大坂近郊の年中行事を描く風俗図とともに一双をなす。

（松浦）

図3　天神祭図

六曲一隻

紙本着色　一〇三・二×二七七・六

江戸時代後期

個人蔵

屏風の横長の画面いっぱいに橋を掛け渡し、その橋上を氏子たちが地車を引いて渡る様子を描いている。橋の両側には梅鉢文の提灯が掲げられており、地車の屋根には「天満宮」と明記された飾りが掲げられている。画面は夕闇に包まれているが、船渡御の様子は描かれていないため、船渡御の前日である宵宮を描いたものと考えられる。氏子たちは思い思いに仮面を被ったり、仮装をしており、天神祭の宵宮に相応しい熱気を感じさせる画面となっている。画面の橋は地車が余裕をもって渡れるだけの幅を持つように見受けられ、相当の規模の橋と思われるが、その特定は難しい。例えば「古来天神祭船渡御之図」（図1）や「摂州大坂天満宮御神事之図」（図6）では、船渡御の際に難波小橋付近を曳かれる地車が描かれているが、この橋はいかにも小さい。天満宮の氏地は大川を挟んだすぐ南側にはないが、あるいは浪花三大橋や大江橋を想定した表現かもしれない。具体的にどこの橋を描いたものなのか特定できないが、宵宮の宮入を単独で表現した肉筆絵画としては唯一の例であろう。（松浦）

図4　天満宮御絵伝（第五幅部分）　土佐光孚
紙本着色　一五七・五×八五・八
江戸時代後期

菅公の伝記と没後の怨霊譚より北野社草創・諸国菅公霊社の造立を描く五幅よりなる絵伝。弘安本として分類される天神縁起絵巻を掛幅形式に展開した作品である。はじめ天満惣会所より寄附されたが、天保八年（一八三七）二月一九日に大塩平八郎の乱により焼失し、その後、惣会所の土蔵に残されていた五幅の下絵をもとに、天満物年寄薩摩屋仁兵衛が京都画所預土佐光孚（一七八〇～一八五二）に依頼して旧来の画に復して奉納したことを記す文書が残る。物語の進行は各幅とも蛇行しながら下段に連続し、最下段にいたる。第五幅は物語の後半部に諸国菅公霊社造立に続いて、鉾流神事・御旅所・船渡御を描き、大阪天満宮の神事を描いて終わる点に特徴がある。大和絵の伝統が幕末の土佐派に受け継がれていたことを穏やかな筆致にうかがうことができる。（松浦）

図5　天神祭図　月岡雪鼎
大坂十二ケ月風俗図（六曲一双、右隻第六扇）
絹本着色　一一四・六×四二・八
江戸時代後期
大阪歴史博物館蔵

江戸時代の大坂の画家月岡雪鼎（一七一〇～八六）が、六曲一双の屛風の一扇毎に当時の大坂の年中行事を描いた一二場面からなる風俗図のうち、右隻第六扇。すなわち六月の場面。旧暦の六月といえば大坂では天神祭。鳳神輿・玉神輿を乗せた御座船と先導の大太鼓船が御旅所を目指して大川を下る様子が描かれている。この二隻だけで壮麗な天神祭を描写しており、いわば天神祭のエッセンスを描出したもの。船が通過する橋には梅鉢文の提灯が掲げられているが、橋の上には人は誰も描かれていない。神聖な神事である船渡御では、船が橋の下を通過する間は通行規制のあったことが、画面右奥に設けられた柵と、その向こう側の大勢の人々の様子から理解される。画面上部には難波橋の北詰めに設けられた乗船場が遙かに遠望され、天満宮の鳥居も描かれている。（松浦）

図6　摂州大坂天満宮御神事之図　大岡春山
木版　三三・九×四七・二
寛政年間

現在の日本銀行大阪支店付近から北向きに描いた刷り物で、中央に正中を意識して通行止となった大江橋があり、橋の手前が中之島、対岸が堂島である。画面周辺は雲で区切られ、右上に難波橋と乗船場、左隣に蜆川と難波小橋があり、鍋島藩蔵屋敷の前に出身町に帰る地車が曳かれる。左上は蜆川の蜆橋や桜橋で遠く六甲山が見え、左下が戎島の御旅所である。堂島川には上流より渡辺橋、

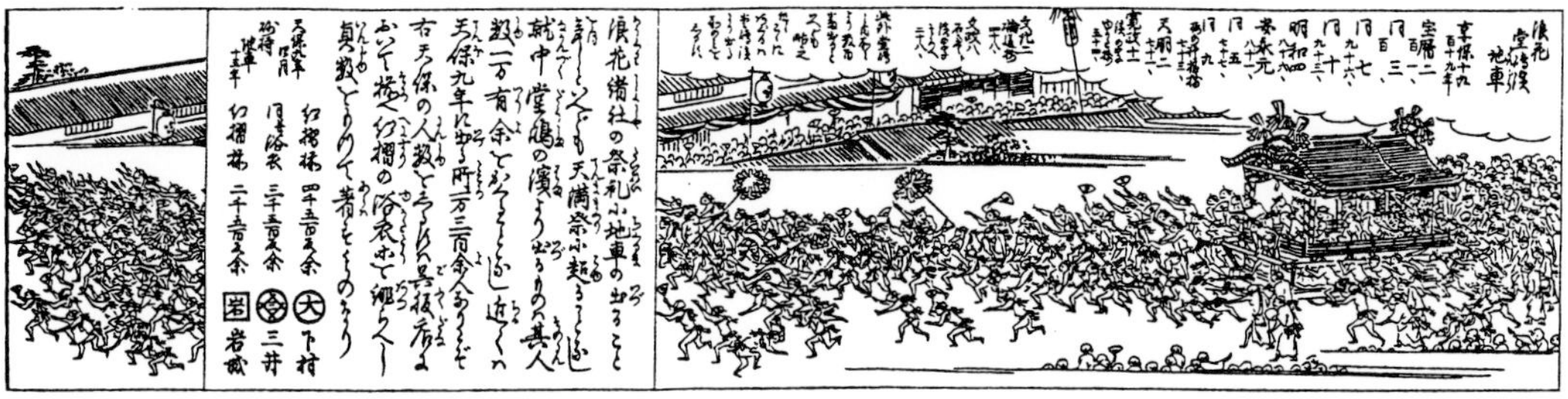

浪花堂嶋濱地車（「嘉永五子新版　日本二千年袖鑑拾遺」）

田蓑橋、玉津橋の順で橋が架かる。本図の堂島川は、実際の地形と逆方向のV字型に湾曲するが、この構図により上流の船団がゆっくり迫る感じや下流の船団が急速に去る印象が強調される。御迎人形は狐が上福島町の「吼曦」、弥次郎兵衛が木津川町の「豆蔵」である。人物は簡略な豆人物として描かれ、動きある描写は面白く、大坂で盛んな耳鳥斎などの鳥羽絵も想起させる。落款は「法橋白桃斎長興図」で、画面右外に「摂州大坂天満宮御神事之図、株元心斎橋通順慶町南へ入、塩屋喜助」、左外に「今橋二丁目、塩屋三郎兵衛」と記される。

筆者の白桃斎は、寛政二年の『浪華郷友録』に「大岡長興、号白桃斎、道修町五丁メ、法橋春山」と記される大岡春山のことで、大坂を本拠とした大岡派の有力画人であった。「禁裏御殿廻御画様筆者姓名中」では、同じ寛政二年の御所の障壁画揮毫に参加し、文化四年の「浪華画人組合三幅対」には「世話人」として名があげられる（ともに『古画備考』所収）。文化年間は曾根崎や堂島に居住したらしく（『摂陽奇観』他）、本図の精細な描写も、船渡御を熟知していたことをうかがわせる。

（橋爪）

図7　古写天神祭渡御船之図

紙本着色　二六・七×五〇・二

船首に猿田彦と考えられる天狗面を立てた御座船を描く。船尾の几帳に梅鉢紋があることから天満宮の天神祭渡御船を描いたものとされている。現在は掛軸の装幀となっているが、中央に画面を二分する筋が縦に通っており、元来は画帖であった。九曜紋の建具を有する御座船の屋形部は、修正跡も認められ非常に不自然な形態で描かれているが、側舷に突き出し部分があり、蘇牛筆「御迎人形酒田公時図」（図27）に描かれる御迎人形の背後にある社に似る。本図の猿田彦面も御迎人形の原型として描かれている可能性もある。また渡御の先頭に立つ猿田彦を象徴するものとして面が描かれたとも考えられる。猿田彦面には鳥兜ではなく、頭髪として梵天状の御幣が着用されており、陰陽道あるいは修験道的な色彩が感じられる図柄となっている。本図を収めていた画帖には、こうした渡御の船などが点描されていたのであろうか。

（澤井）

図8　天神祭十二時

挿絵・暁鐘成

享和年間か

『天神祭十二時』は、宿屋飯盛の『青楼十二時』の趣向にならい、山含亭意雅栗三が和文体で天神祭の前後一昼夜の情景を著わしたものである。意雅栗三の伝記については不詳で、本書も刊行年次の記載がないが、天満宮教務部の藤里好古は享和年間（一八〇一～三）頃の作と推定している。挿絵は催太鼓の願人の衣装を母親に着付けてもらう子供を描いてほほえましい。勇壮な催太鼓そのものを描いた挿絵とは違う情趣があり、祭りの日を内側からつかまえて当時の町人の爛熟した生活を実感させる。挿絵を描いた暁鐘成（一七九三～一八六〇）は本姓木村、俗称は和泉屋弥四郎で、京町堀の醤油醸造業の家に生まれた。心斎橋筋で奈良の名産や京都の有識調度品を商う一方、早くから多彩な才能を発揮し、読本・滑稽本をはじめ『蒹葭堂雑録』『浪華の賑い』『淀川両岸一覧』など随筆や名所図会を著した。画事は松好斎に学ぶ。嘉永六年（一八五三）門人に鐘成の号を譲った。（橋爪）

図9　諸国名橋奇覧　摂州天満橋

葛飾北斎

横大判錦絵
江戸時代後期
大阪歴史博物館蔵

江戸時代後期の浮世絵師・葛飾北斎（一七六〇～一八四九）が奇抜な構図で諸国の橋を描いた錦絵の揃物の内の一枚。大川に架け渡された天満橋を画面いっぱいに誇張して表現しており、その下を船渡御の船団が通過する様子を描いている。画面には天神祭の賑やかさとは異質な静謐な雰囲気があり、これは北斎の最晩年の作品に共通する特徴で、諸国名橋奇覧のシリーズは「富岳三十六景」「諸国滝廻り」に続く天保五年（一八三四）頃から出版されはじめたと考えられている。北斎自ら現地を取材したものではなく、他の風景版画と同様、なんらかの資料にもとづいて再構成された作品とみられる。現在、諸国名橋奇覧は全部で一一図が知られているが、あるいは当初は一二図の揃物であったとも推測される。（松浦）

図10　浪速天満祭

歌川貞秀
大判錦絵三枚続き
安政六年（一八五九）二月

歌川貞秀（一八〇七～七九頃）は下総国布佐（現千葉県松戸市）に生まれ、本名橋本兼次郎、歌川国貞に入門して一四歳で挿絵を描き、五雲亭、のちに玉蘭斎を号した。西洋銅版画の写実を学び、一覧図と呼ぶ精密な鳥瞰図や横浜絵の第一人者であった。慶応二年のパリ万博に浮世絵師代表として渡欧する。三枚続きの本図は、船渡御を難波橋・天神橋・天満橋の浪花三大橋を中心に描き、背後には大坂城から生駒の山並みが続く。瓢形に落款で「五雲亭」「貞秀画」、左の一枚に題名「浪速天満祭」があり、彫師は「小泉彫兼」、版元の「藤慶」は藤岡屋慶次郎である。

貞秀には「浪花大湊一覧」のような大坂を鳥瞰した細密な都市絵図があり、本図も綿密な考証の成果と思いがちだが、史実と異なる部分も多く、幕末の天神祭や大坂を伝える歴史資料として無条件には扱えない。画面には「天満宮御輿の舩ハ天神ハシヨリ乗シ九条亀井橋仮屋ニ至其帰ル」と記載され、船渡御の出発点を天神橋とするが、乗船場はより下流の難波橋の西側で、船渡御の進路が難波橋上流にのぼるのは昭和二八年以降である。

また、大川が堂島川と東横堀にわかれる船場北東角地の蟹島新地には、東横堀から新地に渡る葭屋橋があった。この位置は船の通行も多く、水流も複雑で橋脚が傷みやすかったので、文化元年（一八〇四）に岩国の錦帯橋にならい川中に橋脚を設けず両岸を直接むすんだ葭屋橋が架けられた。しかしそれも、天保九年（一八三八）に橋杭一本が川中にある形の橋に替えられている（松村博『大阪の橋』、松籟社）。したがって安政六年（一八五九）作の本図の葭屋橋には、川中に一本の橋杭があったはずだが、本図では「此はしハくいなし」とされ、貞秀が古い情報のまま葭屋橋を描いたことがわかる。

遠景の山も問題で、北側より伊駒山（生駒山）、クラカリ峠、長谷寺道、十三峠、多武峰、ヤマト二上ケ岳、ヤマトカツラキ山と記されているが、長谷寺道、十三峠、多武峰は奈良盆地東部の地名で、ここには生駒山地に属する高安山や信貴山の名前がなくてはならない。

このように間違いが多いが、本図が天神祭の興奮や熱狂を伝えた最も成功した作品であることは事実で、大坂を知らない地方の人々も、この絵を前に浪華最大の祭礼の偉観を想像し、強烈な印象を受けたと思われる。本図が成功したのは、普通なら船場側から描かれる船渡御を

天満御輿

(長谷川光信『鳥羽絵筆ひやうし』)

北側の天満から描き、他にないダイナミックな構図であることも理由の一つだが、同時に人物、建物など細密描写の面白さ、ルポルタージュのような無数の書き込みの執拗さで見るものを画中に引きずりこみ、臨場感あふれるユニークな作品となっている。

一般的に天神祭のような巨大な祭礼の場合、その全体を一度に把握できるわけではない。人ごみに揉まれながら参拝し、境内では奉納品を見たり、神楽や御囃子を聴く。さらに夜店をひやかし、橋の上や川岸から船渡御を見物する。こうした断片的な体験が集合し、蓄積された総体が、個人にとっての祭り体験を形成する。本図でも、画面に付された記載や小解説を丹念に追うことで、あたかも現実の祭礼見物で体験できる小さな事象の積み重ねを、画中に追体験できるのである。

書き込みをみると御迎人形に関羽人形、清正人形、宇治川佐々木人形、猩々人形、山うハ怪童が登場する。篝火には「天神橋大かかり火ハ神輿の帰リマテ焚」と記され、地車は「金太鼓」をうち「京ぎおんはやし／江戸ばかばやし／大坂だんじりばやし」と三都の囃子が併記される。難波橋を「ヲドリテウサヤヨウサヤソレ」と踊りながらわたる人もいる。また、画面右下の茶屋の屋根には、「夏の内ハ此火の見にて涼む」として火見台と書きこまれた見物席に客がひしめき、そこには日除け、雨除けの「布の天井」や「小てうちん多し」と加えられ、現代のビアガーデンを彷彿とさせる。難波橋の北詰めには「豆茶餅茶かきもち茶の見せあり」「水菓子」「かみゆひ床」など夜店が連なり、「チポ」(すり)が追われている。地名では、三十石の着く八軒屋に「八けんや伏見迄夜舩の岸なり」、東横堀に「此川筋ハ東横堀ト云心斎橋又ハ道頓ホリニ流ル末ハ木津川ニ至リ海ニ□」、松屋町筋に「橋の真面通ハ松ヤ丁筋トイフ天王寺下通合法が辻へ出ル」と記され、鴻池など富商の住む「今橋」を「大福長者多キ町ナリ」と説明する。こうした詳細な記述を逐一追うことで、天神祭や大坂の町への関心を見る者に喚起するのである。

(橋爪)

図11 天満天神地車宮入(『浪花百景』より)　歌川芳瀧
図12 天神祭り夕景(同右)　歌川国員
図13 戎島天満宮御旅所(同右)　歌川国員
大阪歴史博物館蔵　中判錦絵

『浪花百景』は歌川国員(生没年不詳)、歌川芳瀧(一八四一～九九)、歌川芳雪(一八三五～七九)の合作になる小型錦絵の百枚揃い物で、北浜の石和から出版された。百景のうち国員は四〇図、芳瀧は三一図、芳雪は二九図を描き、天神祭に関して芳瀧が「天満天神地車宮入」、国員が「天神祭り夕景」「戎島天満宮御旅所」の三作品を残している。芳瀧は大坂の鰻谷に生まれ、本姓は中井氏、通称は恒次郎、一鶯斎芳梅の門人とされ、一養斎を号し明治七～八年頃に笹木家を継いだという。歌川国員は大坂の人で一珠斎を号し、役者絵・美人画・相撲絵も残した。初代歌川国貞の門人と推測されるが不明である。『浪花百景』で国員は、このほかにも「天満市場」「天満ばし風景」「三大橋」「大江橋より鍋しま風景」など天神祭ゆかりの土地を描いている。

「天満天神地車宮入」は籤順に地車が天満宮境内にはいっていく宵宮のハイライトである宮入を描いて、芳瀧の力量がいかんなく発揮されている。構図的に本図は、石鳥居の柱と梁の厚みある縦横の線で画面にどっしりした安定感を生みだす一方、対角方向に宮入を目指す地車や人の列を配置して、重量感ある地車が重々しく地響きをあげながら、一直線に門へ突進する運動感を表現している。

国員の「天神祭り夕景」は、堂島川下流へと御神輿を中心に船団が進む情景を描く。左端に篝火船、中央に二基の神輿を乗せた船がある。左下の欄干は大江橋か渡辺橋だろう。対岸に提灯が連なり、納涼がてら船渡御見物する船には商売の小船が群がり、西瓜船らしき一隻もみられる。右側の煙と左下の欄干が対角に配されて構図を引き締めるが、『浪花百景』を通じて国員には、芳瀧の「天満天神地車宮入」のような鳥居と地車の対比や、芳雪が多用する近景モチーフと遠景との対比を強調した構図はなく、中景遠景だけを描いて、景色の隅々まで均質に眺望した印象の作品が多い。

同じ国員の「戎島天満宮御旅所」も似た雰囲気で、画面手前に木津川が流れ、対岸に船渡御が目指す戎島御旅所がある。御旅所は明暦二年から九条島北部の戎島（現在の西区川口一丁目・本田一丁目付近）におかれ、明治八年に松島の花園町に移った。戎島は木津川と安治川が分流し、大坂に入港する廻船が輻湊した場所で、幕府により川口御船手（船手奉行所）が設けられた。背後の帆柱も安治川に係留された御船手の船かもしれない。

本図には寛政一〇年刊『摂津名所図会』（九〇～一頁）の御旅所の場面に描かれる亀井橋がないが、それ以外はモチーフや構図に『摂津名所図会』の挿絵と共通点が多く、「吼噦」「豆蔵」「瓢駒」「胡蝶舞」、笠をかぶり右手をあげた後ろ向きの「雀踊」などの人形も『摂津名所図会』とほぼ同じ位置に配置されている。本図が中景遠景だけの画面構成で、祭りを描いたにしては静的な印象を与えることや、人間に比して鳥居が大きすぎるのも、『摂津名所図会』をそのまま写したであろうことに原因がありそうである。

（橋爪）

図14　摂州難波橋天神祭の図（『諸国名所百景』の内）

歌川広重（二代目）

大判錦絵

二代目歌川広重（一八二六～六九）は本名鈴木鎮平、『東海道五十三次』で有名な初代広重門下で重宣を名のり、初代に婿入りして二代目を襲名するが、のちに離婚して横浜に移り、喜斎立祥を名乗って輸出用茶箱のラベル絵を描いて茶箱広重と呼ばれた。文久元年（一八六一）まで三年がかりで描いた代表作が『諸国名所百景』であり、本図はその一図である。中央に堂島川と提灯を灯した難波橋があり、対岸の乗船場付近は人でにぎわう。難波橋のむこうにたくさんの明かりが灯るのは、乾物屋が並ぶ市之側の各店がしつらえた座敷かもしれない。画面左下、石垣に建つのは当時の中之島の東端、山崎ノ鼻の料亭だろう。本図が、当時の天神祭の姿を正確に描いたものかは疑問で、神輿船も通常、御神輿を各一基のせた二艘の船が並んで進むが、ここでは一艘の船に御神輿を縦にのせている。神輿の前の円い茅の輪も本来、御神輿とは別の船に載るものであった。

二代広重が来坂したかは不詳だが、現地取材をせず資料だけで描いたと想像され、右に難波橋、左下に山崎ノ鼻を描く構図は『摂津名所図会』の丹羽桃渓による挿絵（九〇～一頁）を参照したと思われる。また遊山船には二階座敷が描かれ、客があがっている。延享三年（一七四六）刊行の『本朝歳事故実』の西川祐信による挿絵にも、二階が座敷風になった船が描かれているが、天井は低く、これほど高層の二階建ての座敷船が実在したとは思えない。『摂津名所図会』の挿絵を参照し、天井裏を手荷物を収める物置に利用した屋形船の図を拡大解釈したのではなかろうか。画面に題名「諸国名所百景」「摂州難波橋天神祭の図」と落款「広重画」がある。（橋爪）

図15　天神祭船渡御図扇面　上田耕甫

絹本着色　三〇・二×六〇・三

上田耕甫（一八六〇～一九四四）は、上田耕冲の長男として生まれ、明治中期から昭和初期にかけて大阪で活躍した四条派の画家である。本来の絵画製作以外にも、陶磁器の絵付や、漆器・服飾品などに絵筆をふるっており、この扇面も彼のそうした柔軟さを物語る資料のひとつである。一枚の方形の絹地に墨で扇面の輪郭を描いた扇の原画である。簡略化しながらも、天神祭船渡御の本船列を特徴的に描く。右側から大篝船、太鼓中の催太鼓、茅の輪、御鳳輦、鳳神輿、玉神輿などがみえる。（澤井）

図16～20　摂津国天満宮扇面集　上田耕甫ほか

本品は、大阪天満宮の周辺で配布されたと思われる種々の扇面を巻子に収録したものである。天神祭を描く扇面は、図版として掲げたものを含めて七点ある。すべて船渡御を画題とする刷り物で、配り物の扇子として製作されたと考えられる。上田耕甫のものは三点あり、図15の絵柄にたいへん近似した内容で、図16には御鳳輦、鳳神輿、玉神輿の右に鯛・豆蔵・野見宿禰と思われる御迎人形が描かれる。耕甫の父、上田耕冲（一八一九～一九一一）の手がけた扇面も二点あり、図17では遠景に二基の神輿を配して、川中の斎竹と篝火を象徴的に描く。図18は南画家の田能村直入（一八一四～一九〇七）が「菅神遺徳拝明霊　祭典好花依旧　馨岸上船頭人集会坂城燈影茂於星　直入山樵題旧詠」と賛を記し、養子である小斎（？～一九〇九）により船渡御風景が描かれる。夜空には花火が広がっている。

天神祭に関するものとしては、催太鼓を供奉する太鼓中の日の出烏・舞烏の大扇、篝火を奉仕する講社のものと考えられる「篝」と記された扇面がこの扇面集に含まれる。また天満宮の行事としては流鏑馬図の扇面なども収められている。（澤井）

図21　赤日浪速人　菅楯彦

紙本着色　一八二・〇×六四・五　昭和三〇年

菅楯彦（一八七八～一九六三）は現在の鳥取市に生まれた。本名は藤太郎、明治一四年に赤穂から大阪に移る。鎌垣春岡に国学と有職故実、山本憲に漢学を学び、『神戸新聞』の挿絵画家として宇田川文海「紅葉物語」の挿絵を描く。明治三五年、楯彦と改号。この頃、大阪陸軍幼年学校の嘱託として美術と歴史を教える。大正元年の北野恒富らによる大正美術会の結成に参加、以後、恒富・矢野橋村と歩調を合わせ、大阪画壇の振興に尽力した。大正六年に南地の名妓、富田屋八千代（遠藤美記子）と結婚する。昭和九年、聖徳絵画館壁画制作のため一時、画室を東京に移す。王朝故実や大阪風俗を描いた洒脱な大和絵に個性を発揮し、戦後は日展を中心に作品を発表する。谷崎潤一郎『細雪』『月と狂言師』の装丁・挿絵も担当する。昭和三七年、大阪市名誉市民となった。

昭和三〇年の第一一回日展に出品された本図は、得意の大阪風物をとりあげて楯彦の特色がよく発揮された作品で、夕日を目指して進む催太鼓を描いている。しかし夕照をあらわす題名の〝赤日〟の音が〝昔日〟に通じるように、作品の基調には古き大阪への郷愁があり、全体の調子において懐古的な気分が濃い。そのため楯彦門下の生田花朝の天真爛漫な天神祭図や、他の楯彦作品とも異なる郷愁を感じさせる。さらに本図は昭和三三年、日本画家として最初の日本芸術院賞恩賜賞を楯彦が受けたとき、昭和天皇の御前において披露された由緒ある作品でもある。

（橋爪）

図22　天神祭図　　酒井楳斎

紙本墨画淡彩　一二八・〇×二九・〇

元治元年（一八六四）

大阪市立住まいのミュージアム蔵

本図の款記に「偶得鮮魚小酌酔夢浪華天満祭覚而後写其趣時甲子夏午念五日也　楳斎散人□」とあり、元治元年（一八六四）夏五月二十五日、鮮魚を酒肴に酒を飲んだ後、夢に天神祭の夢を見たので、目覚めてからその趣きを写したという。旧暦で祭り本番の一か月前のことである。難波橋が現実離れして巨大であるのも、夢の情景ということなのであろう。橋の下に打ちあげ花火がのぞいていたり、長条幅に描かれた南画山水のように画面上から下まで、ゆるやかな曲線状に連なって無数の船が画面を埋め尽くす構図も面白い。酒井楳斎は、文政一一年（一八二八）に大坂に生まれ、前田暢堂に学んで幕末明治に活躍したという以外、詳細は不詳だが、本図の奇抜な構図や夢の天神祭を描いたとする着想など本人も洒脱な趣味人であったようである。

（橋爪）

図23　天神祭　　生田花朝

絹本着色　四九・二×五七・二

昭和初期

図24　浪速天神祭　　生田花朝

絹本着色　二五・八×三二・八

昭和初期

生田花朝は、昭和四九年の『大阪天満宮社報　てんまてんじん』第五号のインタビューで「私の今日があるのは天神さまのおかげです。『浪速《（ママ）》天神祭』が特選になり仕事に励みがつきました。祭りはなんというても大阪の夏祭。中でも天神祭が一番ですなあ。今まで十点ばかり天神祭を描きましたが、生きている間にもう一点、船渡御を描いて残したい……これが私の念願ですのや」と語った。大正一五年の帝展で天神祭を描いて特選となったことが、彼女の画家としての成功を約束したといって過言ではない。

「天神祭」（図23）は、江戸時代を舞台にした作品で、乗船場周辺から出発のため船がひしめく情景を描いている。藍を刷いた背景の宵闇のなか、鳳神輿が鎮座した船の周囲を無数の幟や提灯、吹き流しがとりかこむ。本図と同様の構図の作品を花朝は何点か描いているが、それらの作品が船上に人々が行儀よく並び、行事参加者たちの記念のスナップショットを思わせるのに対し、本図は、同じ方向を毅然とした視線で大勢が見つめ、掛け声とともに、まさに今、いっせいに漕ぎ出した瞬間のような緊張感がみちている。鳳神輿と併走して、右側に御囃子にあわせておどる人たち、左下に市女笠をかぶった女性たちの舟もみられる。菅楯彦風の倭絵や北野恒富に学んだ絵具の用い方を生かした人物描写も面白く、いまは所在不明の第七回帝展特選「浪花天神祭」も、こうした細密描写によって描かれた、躍動する群衆でうずめ尽くされていたはずである。

『府社天満宮　神事要録』表紙

ところで昭和四年の天皇大阪幸行のさい、大阪市より献上された画帖に花朝は「天神祭御迎人形船列之図」を描いた（一二〇頁挿図9）。その図版が『府社天満宮神事要録』（昭和七年刊）に掲載されているが、大阪天満宮が所蔵するもうひとつの「浪速天神祭」（図24）は、その献上画帖にある「天神祭御迎人形船列之図」と同じ構図・モチーフを描いたものである。献納を記念して別に一点描かれ、天満宮の所蔵となったのかもしれない。

本図は、背景に塔のある立派な洋風建築（控訴院か）を描く点で花朝の天神祭図では異例な作品だが、建築はやわらかい筆づかいで描かれて石造の厳格さは和らげられ、画面全体もソフトフォーカスで撮影されたかのような幻想的な印象をあたえる。花朝は戦後、「現代の天神祭を描かれるのですか」との質問に「私の夢の中にある船渡御をです。かがり火、ぼんぼり……美しく豪華な昔のお祭を描くのです」と答えたが（前出大阪天満宮社報）、花朝の天神祭の図は、古き大阪の記憶として天神祭を夢の世界に定着したものであり、本図も都市景観を実景として克明に描写したのではなく、心象風景として描いている。

（橋爪）

図25　堂島地車図　山本笙園

絹本着色　三六・五×五二・二

昭和一〇年（一九三五）

堂島浜通りの地車を描き「天満宮」「堂浜」の文字が見える。揃いの浴衣で地車を曳くなかに、子供連れや西瓜を食べる人がいるのも長閑で微笑ましい。款記に「昭和乙亥夏　笙園」とあるので昭和一〇年に描かれ奉納されたことがわかる。笙園は不詳だが、堂島浜通りの氏子の可能性もあり、さまざまな人の思いが天神祭に寄せられていたことを実感させられる。

（橋爪）

図26　天満宮夏渡御図　増田耕南

絹本着色　一三六・九×一七二・七

昭和一一年（一九三六）

増田耕南（一九〇二〜九四）は本名政雄、和歌山県東牟婁郡古座の裕福な家に生まれた。国学院に学んで神職に進み、大阪天満宮を経て昭和一一年頃に御霊神社の神主となった。その後、守山の勝部神社の宮司もつとめたという。笛が得意で伶官（雅楽員）として満州国祭祀府に移った直後、終戦をむかえ、戦後は出雲大社大阪分院に奉職し、阿倍野区阪南町に住した。若くして絵を好んで堂本印象の東丘社に通い、戦前から中村貞以とも親交があったという。最初の絵の師が誰かは不明だが、大阪で「耕」が画号につく点では上田耕冲や庭山耕園門下の可能性もある。箱裏に「昭和拾壱年六月吉日、増田耕南、熊田重太郎、坂田作治郎」とある熊田重太郎は今橋四丁目の表具師熊田古松堂、坂田作治郎は茶道具商で、この三人で本図を天満宮に奉納したのだろう。

本図は年代的に耕南が天満宮から御霊神社に移った前後のものと思われるが、天満宮に奉職した立場から画中の提灯や幟の書き込みも詳しく「河村煙光社、三下会、魚岩、北新地八乙女、今若中、北浜㈱団、和光園、久栄、盤水楼、菊水、社用船、焼河、北小林、招待船、猩々会、川口、富島、御引船富島組」など多くの名前が記され興味をひく。時期的に本図と近い、昭和六年の渡御船の順番が『府社天満宮　神事要録』に記録されているが、ここでは天満宮教学部で『神事要録』編集に携わった藤里好古が、『上方』第七号に要約したダイジェスト版の「天神祭之諸相」より渡御の順番をあげておく。

御曳船―汽船―

（第壱艇）富島町 曳船講
（第貳艇）富島町 曳船講
（第参艇）富島町 曳船講

御迎人形船

どんどこ船（今木町青年会）、どんどこ船（三軒屋下之町）、どんどこ船（難波島神祇会）、どんどこ船（木津川三丁目）、提灯船（奉迎講）、囃子船（島之内百貫連）、三番叟（富島町）、鬼若丸（江之子島東町）、安倍保名（安治川上二丁目）、素盞嗚尊（本田二番町）、真田幸村（堂島上二丁目）、羽柴秀吉（松島町一丁目）

本列船

富島町曳船講、松島郭、催太鼓、同役員、同昇夫、与力町二丁目、氏地各町世話係、和楽講、神酒講、堂島大一組、天神講、梅寿溝、神木講、新町講、御供講、日供翠簾講、御旗講、祭礼講、丑日講、御衣講、松風講、敬神和光団、氏子総代船、盤水講、雅亮会、網代車、北浜㈱団、伶人、御鳳輦、同世話係、同輿丁手輿付輿丁、米穀商、堂島浜、久栄講、菅神講、鳳神輿、同世話係、同輿丁、同支配、王神輿、同輿丁、江之子島輿護会、氏地各区役所吏員、北小林二代目酒井栄蔵、外有志中

列外船

別火船、氏子総代 渡御委員部汽艇、教学部船、社用船廿艘、同通船十艘、同モーターボート六艘

右のうち画中に確認できるのは、御曳船に汽船を出す富島組のほか、社用船、北浜㈱団、敬神和光団、久栄講、盤水講などである。ちなみに画中の「魚岩」は堂島の料亭魚岩楼、「北新地八乙女」は陸上渡御列にある「八処女　北新地」で、新地のきれいどころが神事の早乙女をつとめたのであろう。「天神祭之諸相」によると陸渡御の八処女は堀江廓、新町からも出ている。（橋爪）

図27　御迎人形酒田公時図　谷本蘇牛
紙本着色　一一六・七×二六・五　年代不詳

谷本蘇牛（一八九七〜一九八六）は南堀江に生まれた。本名は友治郎、大正五年に京都に出て新しい浮世絵の創作を志し、日本画の諸派や油彩画など広範に学ぶとともに、ろうけつ染めの研究にも力を注いだ。大正一一年、近松門左衛門二百年記念事業として大阪三越で「新作浮世絵近松物展」（朝日新聞社主催）を開催する。昭和一七年には京都の八坂神社より大和法眼の称号を得て、同社の大絵所頭に任じられた。戦後は大阪府立清水谷高校や岸和田、八尾、富田林高校、樟蔭高女などでろうけつ染めの実技を指導し、大手前文化学院の講師を経て、昭和二六年の大手前女子短期大学の創立に際しては、造形、服飾、構図の教授となって活躍した。昭和五〇年、大手前女子学園名誉教授となる。ＮＨＫ総合テレビ婦人百科など、テレビ・ラジオでも早くからろうけつ染めの普及指導にあたっている。菅楯彦・矢野橋村・中村貞以・生田花朝・鍋井克之・青木大乗など大阪の画家たちとも親交を結んだ。

その生涯と業績について、平成三年に四女の谷本早苗氏によって『谷本蘇牛画伯　芸術の生涯』が発行されている。本図は、金太郎の御迎人形を中心に船渡御を描き、色彩がみずみずしく、「日本絵師蘇牛写」とある落款の細く撥ねた書体が、師宣や懐月堂など初期浮世絵師の落款を彷彿とさせるのも浮世絵研究の成果であろう。制作

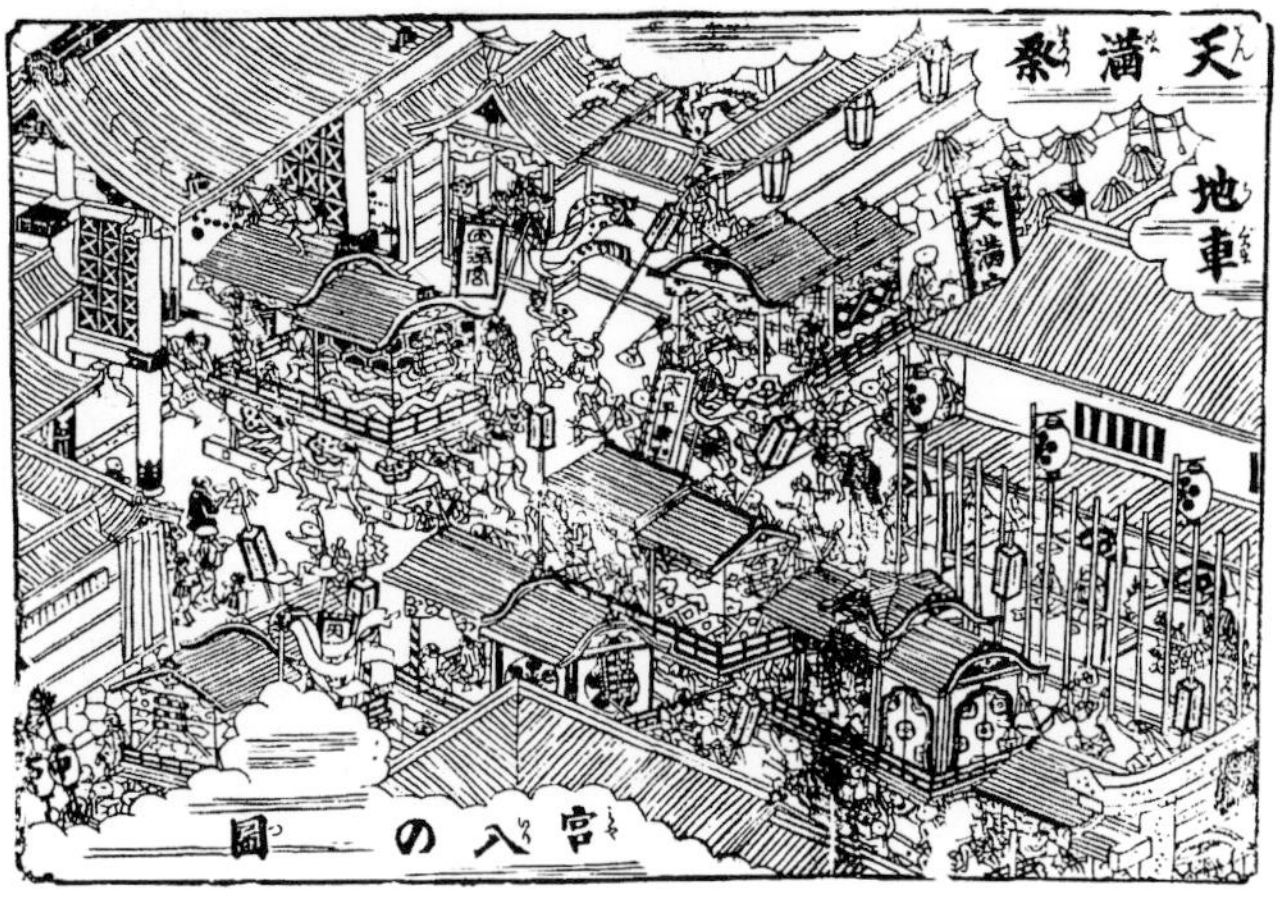

天満祭地車宮入の図

年代は不詳だが、大阪生まれの蘇牛にとって天満祭は身近かな題材であったに違いない。（橋爪）

図28　天神祭船渡御ノ図　中川和堂
絹本着色　五四・六×七〇・五
昭和初期
個人蔵

大阪北浜の老舗料亭花外楼では、座敷に祇園祭が終わるまでは祇園祭の軸を掛け、それが済んでからの七月中は、天神祭の絵を掛けるという。土佐堀川に面した花外楼で、眼前の中之島一帯でくりひろげられる天神祭を見ながら、ハモなど季節の料理をたのしむ贅沢は格別であろう。

本図の作者である中川和堂は明治一三年（一八八〇）に船場の北久宝寺町に生まれた。父の芝泉は芝川商店に関係した蒔絵師で、和堂は父に蒔絵を学び、一一歳で深田直城に師事して画才をあらわした。続いて京都で菊池芳文に師事する。父の没後、須磨の芝川別邸に滞留し、田能村直入にも学んだ。第五回内国勧業博で褒状を受け、明治四〇年に中川蘆月の女婿となり、大阪における写生派系画派の中心的存在となった。明治四一年の第二回文展、大正元年の第六回文展に入選する。大正元年、北野恒富らが大阪の新進画家を集めて結成した大正美術館に対抗して土筆会を結成し、第一回展を三越で開催する。大正三年には恒富らと和解して大阪美術展覧会の設立に参加した。のちに伊藤溪水らと黒土会を結成する。

制作年代は不詳だが、本図は書風から戦前と推定される表千家即中斎の箱書きをともなう。梅鉢の紋が大阪天満宮とやや異なるなど問題もあるが、四条派の流れを汲んだ和堂らしい穏やかな筆致で描かれ、船場に象徴される大阪人本来の絵の好みをあらわしている。（橋爪）

図29　天神祭の図　川口呉川
絹本着色　二〇四・〇×一四五・〇
昭和七年（一九三二）
大阪歴史博物館蔵

船渡御を描いて画面中央に神輿を奉じた奉安筏が進み、周囲を船団が囲む。本図は、昭和七年四月の『大阪毎日新聞』の付録の原画に用いられている。この年、『大阪毎日新聞』は付録として一月は松岡映丘「明治神宮太平楽の図」、二月は福田恵一「諏訪神社大祭の図」、三月は中野草雲「厳島神社管弦祭の図」など全国の祭礼をテーマにした額絵を読者に配布した。四月が呉川の「天神祭の図」で、翌五月は木村斯光の「祇園祭の図」である。大阪天満宮が同じ昭和七年に刊行した『府社天満宮　神事要録』によると、本図制作のため天満宮教学部が指導し、そのポーズを構成したという。

作者の川口呉川は本名寅太郎、明治一二年に宇治山田に生まれた。竹内栖鳳に師事し京都下鴨に住んだ。大正四年第九回文展に「おかげ詣の巻」で初入選し、大正七年第一二回文展「金閣創建 土ぼこり・槌の音」を出品。帝展には大正八年第一回展の「参宮街道」を含め七回入選し、昭和三年第九回帝展「南蛮寺の信長」、昭和五年第一一回帝展「葵祭図」など歴史を題材にした作品を得意とした。官展での活躍は、昭和一一年秋の文展鑑査展「信楽の一日」まで確認できる。

本図は幕末を舞台に設定し、窮屈なほど画面中央にモチーフを集中させてエネルギッシュではあるが、教学部の指導を得たとはいえ、構図やモチーフなどの造形的な扱いは江戸時代の風俗画や浮世絵を意識しており、背景

『天満宮御神事　御迎船人形図会』表紙

の町並みや、菊花のように放射状に広がった花火や金雲などの表現も、類型的に処理されている。大正一五年の第七回帝展特選の生田花朝「浪花天神祭」などを構図や細部描写の参考にしているのかもしれない。（橋爪）

図30　御迎人形恵比須図　五井金水
浪速勝景帖（五〇帖の内一帖）
二三・〇×二一・〇
明治時代
大阪市立住まいのミュージアム蔵

恵美須人形を屋形の上に乗せた「御迎船」と「どんどこ船」が大川で交錯する場面を描く。船渡御を迎える御旅所周辺の氏子町は、菅公を迎えるために御迎船を仕立てて大川を遡上し本船列を迎え、御旅所まで同行する。おびただしい船が川を下るこの光景は、さまざまな機会に描かれている。天神祭の華である船渡御のクライマックスを飾るにふさわしい祭礼演出でもあった。船に飾られる人形は、それぞれの町のシンボルであった。また、どんどこ船は祭礼の行列には関係なく川を自由に上下し、祭り雰囲気を盛りあげる役目も果たしていた。

本画帖は大阪の風景を季節感豊かに描いている。絵師は、大阪に住した五井金水（一八七九～？）で、西山芳園の大坂名所図を参照しながら、独自の画面を付け加えている。大阪は商業都市であると同時に、新しい文化と娯楽、そして華やかな祭りが繰り広げられる一大遊興都市だったのである。（明珍）

図31　御迎人形石橋之図　藤田台石
絹本着色　一二七・〇×四八・八
明治二五年（一八九二）

箱書に「御迎ひ士石橋ハ従来当町の保存する所、明治十八年二月廿日一朝祝融の災に□罹り焼失の不幸に遭ふ、今玆に町内有志者相謀り図を台石翁に請ひ、記念の為め更に一幅となして之を奉納す、時明治廿五年一月也。松島町壱丁目　旧石橋町有志中」とあり、松島町一丁目の旧石橋町有志が、明治一八年に焼失した石橋の人形を、藤田台石に依頼して描いてもらい、奉納したことがわかる。落款は「清遠斎主人写」の記載に、白文方印「藤田敬印」朱文方印「台石」を捺す。

『天満宮御神事　御迎船人形図会』によると石橋は、唐の清涼山の石橋にあらわれた霊獣の獅子を題材とした謡曲にちなんだ猿楽舞があり、それを歌舞伎・狂言の所作事にした姿を御迎人形にしたものという。人物は、小さな獅子頭を手に舞うが、獅子は文殊をあらわし、金剛界、胎蔵界の両部内外の獅子をかたどるという。人形の実物を直接写生すれば、自由なポーズ、自由な角度で描けるはずだが、肝心の人形が焼失したため、本図は『天満宮御神事　御迎船人形図会』の石橋図を忠実に写したようである。ただし縦長の掛幅に転写したことで、人形の肢体が縦に伸びて、図会の挿絵よりも動勢が強調されている。作者の藤田台石は詳細不詳だが、大阪の文人画家森琴石の日記にも登場している。人形の図というよりも一幅の美人画というべき作品だろう。（橋爪）

橋と天神祭（一七六～七頁）
浪花天満天神祭之図　歌川豊春
大判錦絵
江戸中期

歌川豊春（一七三五～一八一四）は、本名は昌樹、通称は但馬屋庄次郎で一龍斎を号し、門下に豊国・豊広を輩出して歌川派の開祖となった。出身地に九州の臼杵、但馬の豊岡、江戸の三説がある。師承関係も鶴沢探鯨・西村重長・石川豊信・鳥山石燕の諸説あるが、肉筆の堅実な画法から狩野派の本格的画法を学んだと推測されている。「浮絵紅毛フランカイノ湊万里鐘響図」など西洋の銅版画を研究し、芝居小屋や遊里を透視図法で描いた「浮絵」の大成者として知られる。早い例に明和八～九年（一七七一～七二）頃の浮絵が残るという。寛政年間には日光東照宮の修理に町絵師として参加し、文化一一年に八〇歳で没した。本図は、豊春得意の浮絵で船渡御を描くが、川にはさまれた中央部分が中之島であるにしても、地形の描写としては概念的で、現地取材したとは思えず、その手前を船渡御の船列が進んでいる。なお本図には、夜景として空を黒く塗りつぶしていない別の刷りがある。（橋爪）

大阪天満宮祭礼之図

岳亭春信
大判錦絵
幕末頃

岳亭春信（?～一八六七）は本姓八島氏、江戸の青山に生まれ、魚屋北渓・葛飾北斎に学んだ。岳亭五岳・岳山一老・神楽堂とも号したという。本図は画面中央に難波橋を配し、その背後に中之島の東端と船場と堂島側をむすぶ二つの橋を描く。右奥の対岸にある建物は鍋島藩蔵屋敷であろう。大きく反った巨大な難波橋には圧倒されるし、曇った上空に閃く稲妻の存在にも驚かされる。

現代でも天神祭の夕方には、雷鳴をともなう凄まじい夕立が降ることがあるというが、ここに稲妻が描かれているのは、自然現象としての夕立ではなく、菅原道真公が御神威をあらわしながら、御神輿とともに御旅所に進まれることを象徴していると考えるほうが、作品の本質に近いのではないか。天から降り落ちる白い玉も、雨というには大きな粒であり、雷の時に降りやすい雹と思われる。難波橋より上流に船団が位置する船渡御の進路は年代的におかしいが、他の浮世絵が、祭りに熱狂する人々や夜店のにぎわい、花火など、主に祭礼当日の人間の営みを描くのに対し、本図は、人知を越えた神の営みに属する稲妻を効果的に用いたことで、神秘的かつ劇的に天神祭を描いた迫力ある作品になっている。（橋爪）

雑誌『上方』と天神祭（一七八～九頁）

『上方』は南木芳太郎（一八八二～一九四五）が編集発行し、昭和六年一月の創刊から昭和一九年四月の第一五一号まで続いた月刊の郷土研究誌である。西鶴記念号、道頓堀変遷号、鴈治郎追悼号、大阪明治挿絵画家号など内容は濃く、大阪研究の基本文献も多い。南木は、大阪市南区三津寺町に生まれ、青年時代は長崎でロシア語を学んだり、『関西文学』編集に関与したりした。結婚後は船場商人として家業にはげむ一方、江戸時代の演劇資料収集につとめ『上方』を発行する。『上方』の表紙は毎号、長谷川貞信による大阪風景や風俗を題材にした郷土色豊かな木版画で、多彩な「挿画とカット」は南木がうたう同誌の大きな特色であった。

表紙を描いた長谷川貞信は、初代から四代つづく大阪の浮世絵師である。初代貞信（一八〇九～七九）は船場に生まれ、上田公長・歌川貞升に師事した。二代目貞信（一八四八～一九四〇）は父である初代貞信や中島芳梅に学び、貞信襲名以前には初代小信を号した。役者絵・芝居絵のほか明治の開化風俗も得意とする。三代目貞信（一八八一～一九六三）は二代目の長男で、道頓堀各座の番付や立川文庫の挿絵も描いている。明治大正の大阪風俗を描いた作品も多い。『上方』の表紙は、このうち二代目貞信が八二点、昭和一五年八月からは三代目（貞信襲名は昭和一六年）が担当して四三点を描いている（松平進『上方浮世絵の世界』）。現在も長谷川派は、四代目貞信（一九一四～九九）の長女である長谷川笑子氏が、五代目小信を襲名し、上方浮世絵の伝統をまもって活躍されている。

「お迎人形囃子船のスケッチ」を描いた中沢弘光（一八七四～一九六四）は、東京に生まれ、曾山幸彦の画塾で洋画を学び、明治二九年に東京美術学校に入学、同年に黒田清輝が組織した白馬会創立にも参加した。明治三三年のパリ万博に出品。明治四〇年の第一回文展以来、文展・帝展で活躍し、のちに審査員になっている。大正一一年に欧州に遊学。昭和一九年に帝室技芸員となる。中沢は本格的な洋画家として画壇で活躍する一方、明治四五年発行『畿内見物』（金尾文淵堂）はじめ、日本各地の紀行文の挿絵にも手腕を発揮した。

「お迎人形囃子船のスケッチ」は天神橋を背景に噺子船の島之内百貫連が描かれる。島之内は、江戸時代に船場・天満とともに大坂三郷の一つとされ、現在の大阪市中央区の道頓堀川・長堀川・東西横堀川に囲まれ、心斎橋筋や宗右衛門町も含まれた繁華な地域であった。本図を掲載する『上方』第七号所収の藤里好古「天神祭之諸相」にも渡御船列の御迎人形船として島之内百貫連の名があげられている。天神祭が単に天満周辺にとどまらず、市内の広範な地域とかかわって盛大に催されたことが再認識されよう。

胡桃沢源一（一九〇二～九二）は長野県松本に生まれ、本名は源市で、のちに源人とも称した。大阪美術学校で斎藤与里に師事し、昭和三年に帝展に入選する。戦後は日展審査員もつとめ、浪速芸術大学教授として活躍した。夫人は大阪美術学校出身の日本画家、融紅鸞である。

なお、ロイド眼鏡の神主さんは、同じ『上方』第七号の麻生路郎「柳川西瓜は赤し――天神祭裏面観――」の挿絵である。

（橋爪）

芝居のなかの天神祭（一八〇頁）

「大坂神事揃《おおさかまつりぞろえ》」絵番付　『上方』昭和六年七月号

宝暦九年（一七五九）八月に道頓堀の角の芝居で初演された「大坂神事揃」は初代並木正三（一七三〇～七三）の作で、御家断絶騒動の中、大坂でひそかに生育されていた主君の遺児を争奪する話を軸に、序幕の高津神社の夏祭りからはじまって、稲荷祭、座摩神社とその御旅所、天神祭、生玉祭、住吉祭など、大坂を代表する神社、祭礼が情趣豊かに各場面にとりいれられている。特に五段目の天神祭の場は、この芝居最大の見所とされ、鬼ケ嶽荒五郎と又兵衛の女房お富のからみや、義理に縛られながらも真意を誤解されたお富が刃に倒れる愁嘆場へと話が進んでいく。

初代正三は、舞台装置に工夫をこらした歌舞伎作者で、回り舞台を発明したり、三十石船を舞台に登場させて観客をあっといわせたと伝わる。五段目の天神祭の場も、芝居はすべて舟上で展開し、幕が開くと網舟、茶舟、御座舟などたくさんの舟が舞台に登場する。船上に蒲鉾を売る声や西瓜舟の声がとびかうほか、さらに金鼈《らんちゅう》とよばれる水中花火を花火屋が披露するなど人目をひく趣向が用意されていた。絵番付は、『上方』に紹介され、筆者不明だが、お富が切りつけられた場面を描き、狭い舟の上で急展開する物語をドラマチックに表現している。

長谷川小信　絵番付「水の都の賑ひは人もかゞりもあまみつる天神祭」と草稿　個人蔵

昭和一一年七月、道頓堀中座での関西花形歌舞伎では、大阪にちなんだ「夏祭浪花鑑」、新町・堀江を舞台とした「七夕夜話」などにつづけて最後に、御迎人形に恋した町娘の伝説にもとづいて天満宮教学部主事であった藤里好古が編じ、尾上菊蔵がふりつけた三場からなる所作事「水の都の賑ひは人もかゞりもあまみつる天神祭」が初演された。この伝説は、文政七年（一八二四）の天神祭のとき、市の側の町角に飾られた安倍保名の人形に心を奪われた天満青物市場の銭屋孫兵衛の娘おさわが、祭りの後、人形が片付けられたため病床に臥したが、翌年は銭屋の前に人形が飾られ全快したという逸話である。天保八年（一八三七）の大塩平八郎の乱で壊されたが、病気平癒を感謝して孫兵衛は天満宮に石灯籠を寄進したという。

魂のない人形や絵画に恋心を抱く物語は世界中にあり、上方落語でも画中の女性に恋煩いする御大家の若旦那の話が「宇治の柴舟」にある。勇壮華麗な天神祭だが、こうした耽美的で妖艶な伝説も伝わり、大阪の都市文化の深さを垣間見せている。初演時の番付も昂揚した調子で、「大阪の祭り、イヤ日本のまつり、水に都に灯の海、しかも其処にお迎人形の伝説もからみ、天満の市の側銭屋の娘お沢の、保名の人形に恋した物語をもをりこみ、所作として珍しい組立、保名も、勘助も胡蝶も一切は人形から来てゐる、獅子、若い者など祭、祭……水、水、水……灯、灯、灯……」と書いている。

この番付絵を描いた三代目長谷川小信（一八八一～一九六三）は近代の大阪を代表する浮世絵師で、『上方』の図版解説を参照されたいが、父の二代目長谷川貞信を継いで昭和一六年に三代目長谷川貞信を襲名した。画面は町娘お沢を中心に、保名に扮した町の若者京吉と木津勘助に扮した若者竹三を、獅子舞や御迎人形の胡蝶の舞が囲む形で描かれている。さらに面白いことに本図には草稿も残される。無論、草稿は一般の目に触れるものではないが、この草稿の場合、主役級三人だけが朱で描かれ（他は墨線）、その朱色の艶やかさと、簡略化された形態を生き生き写す線の走りが、完成した番付絵以上に芝居小屋の楽しさを実感させる。草稿は、西成区在住の小信の住所印と「中座天神祭絵下」の墨書がある封書に収められている。

（橋爪）

（筆者名の明記のない作品は筆者不詳）

明珍健二（みょうちん　けんじ）
1959年福島県生．花園大学文学部史学科．大阪市立住まいのミュージアム学芸員．
「改葬と墓制」（『近畿民族』59号）「村落年中行事の天と面—近江湖南地方オコナイの変容」（『近江の美術と民族』，思文閣出版）「山の神祭祀形態に関する覚書」（『栗東歴史民族博物館紀要』第２号）「森で祀られる神」（『花園史学』９号）「トリミズによる生活用水の確保—井戸以外の取水方」（『栗東歴史民族博物館紀要』第３号）『門真市史　第４巻　近世編』（共著，門真市）

中嶋節子（なかじま　せつこ）
1969年滋賀県生．京都大学大学院工学研究科（後期博士課程）．博士（工学）．大阪市立大学大学院生活科学研究科専任講師．
「近代の大阪」（『住まいのかたち暮らしのならい』，平凡社）「阿部元太郎の理想郷「雲雀丘」の開発・その後」（『近代日本の郊外住宅地』，鹿島出版会）「産業革命と建築—工業化時代の建築と技術」（『近代建築史』，昭和堂）「神社建築」（『日本建築史』，昭和堂）「重要伝統的建造物群保存地区」（『阪神・淡路大震災と歴史的建造物』，思文閣出版）「被災建物の復旧」（日本建築学会編『阪神・淡路大震災調査報告書—建築計画／建築歴史・意匠』，共著）

岩間　香（いわま　かおり）
1953年宮城県生．京都市立芸術大学大学院美術研究科（修士課程）．摂南大学国際言語文化学部助教授．
「土佐派肖像画試論——光吉・玄二をめぐる諸問題」（『美術史』122号）「近代における祇園祭屏風祭の変遷）（『デザイン理論』34号）「屏風祭の変遷—近代から現代へ—」（『まち祇園祭すまい』，思文閣出版）「土佐光起と禁裏絵所の復興」「修学院八景」「祇園祭と海北友雪」（『寛永文化のネットワーク』，思文閣出版）

谷　直樹（たに　なおき）
1948年兵庫県生．京都大学工学部建築学科.工学博士.大阪市立大学大学院教授・大阪市立住まいのミュージアム館長．平成２年日本建築学会霞ケ関ビル記念賞・平成11年建築史学会賞受賞．
『中井家大工支配の研究』（思文閣出版）『まち祇園祭すまい－都市祭礼の現代』（共編，思文閣出版）『住まいのかたち　暮らしのならい』（共編，平凡社）『まちに住まう－大阪都市住宅史』（共著，平凡社）ほか多数

■協力者一覧■

大阪城天守閣
大阪市立近代美術館建設準備室
大阪市立住まいのミュージアム
大阪市立美術館
大阪府総務部用度課
大阪府立中之島図書館
大阪歴史博物館

池田　花
花外楼
梶川良臣
木村澪子
鈴木幸人
田中慶子
谷本早苗
戸村知子
長谷川笑子
肥田晧三
前田明範
三谷　渉
山村善太郎

■執筆者一覧■

武田佐知子（たけだ　さちこ）
1948年東京生．東京都立大学大学院人文科学研究科（博士課程）．大阪外国語大学教授．
『古代国家の形成と衣服制』（吉川弘文館）『信仰の王権　聖徳太子』（中公新書）『衣服で読み直す日本史—男装と王権—』（朝日選書）『娘が語る母の昭和』（同前）

髙島幸次（たかしま　こうじ）
1949年大阪府生．龍谷大学大学院文学研究科(修士課程)．夙川学院短期大学教授・大阪天満宮文化研究所研究員．
「戦国期の本願寺と天満宮—真宗の神祇信仰観—」（『日本の社会と仏教』，永田文昌堂）「大阪天満宮の創祀伝承—天神信仰と『松』—」（『大阪天満宮史の研究』，思文閣出版）「大阪天満宮と大将軍信仰—星辰信仰と疱瘡神—」（『大阪天満宮史の研究』第２輯，思文閣出版）「『摂津名所図会』改版一件—寛政期の大阪天満宮と朝廷権威—」（『大阪の歴史』41号，大阪市史編纂所）『天満宮御神事御迎船人形図会』（東方出版）

近江晴子（おうみ　はるこ）
1941年兵庫県生．奈良女子大学文学部史学科．大阪天満宮文化研究所研究員．
「大阪天満宮の氏地の拡大と坐摩神社との相論」（『大阪天満宮史の研究』）「大阪天満宮の境内地・社地における旧大名家屋敷について」（『大阪天満宮史の研究』第２集）「大阪天満宮の講について—享保九年～慶応二年—」（『大阪の歴史』54号）「鴻池と広島藩の関係についての一考察—『芸州下向記』を中心に—」（『風俗』73号）

松浦　清（まつうら　きよし）
1959年宮城県生．東北大学大学院文学研究科(博士課程前期)．大阪歴史博物館学芸員．
『融通念仏信仰の歴史と美術』（共著，東京美術）『羽曳野市史　第７巻　史料編５』（共著，羽曳野市）「寛政元年の年紀のある谷文晁筆『福禄寿三星図』をめぐって」（『近世大坂画壇の調査研究Ⅱ』）「東寺宝菩提院旧蔵北斗曼荼羅の画絹裏墨書と中尊について」（『大阪市立博物館研究紀要』第31冊）「二龍王が蓮華座を捧持する准胝観音像について—大阪個人蔵本をめぐって—」（同前第22冊）

橋爪節也（はしづめ　せつや）
1958年大阪市生．東京芸術大学大学院美術研究科(修士課程)．大阪市立近代美術館建設準備室主任学芸員．
「柳澤淇園とその人物画」（『東京芸術大学美術学部研究紀要』第24号）「商都の色彩と日本画家北野恒富」（『近代大阪の日本名画展』図録，市立枚方市民ギャラリー）「心斎橋筋の近代美術史」（『心斎橋筋の文化史』，心斎橋筋商店街振興組合），「島成園——“物資の塵都”大阪の自立した女性画家」（『女性画家が描く日本の女性たち展』図録，朝日新聞社）「十時梅厓の研究—『蒹葭堂日記』ほか資料を中心に—」（『近世大坂画壇の調査研究Ⅱ』）

澤井浩一（さわい　こういち）
1962年奈良県生．関西大学大学院文学研究科（博士課程前期）．大阪歴史博物館学芸員．
『融通念仏信仰の歴史と美術—論考編—』（共著，東京美術）「一夜官女とその周辺—旧中津川河口部周辺の祭礼文化—」（『大阪春秋』90号）「村落祭祀と集落形成—天理市荒蒔の宮座儀礼の検討—」（『大阪市立博物館研究紀要』第22冊）「伊勢大神楽と大阪の獅子舞—大神楽研究の整理と課題—」(同前第28冊）『座—それぞれの民俗学的視点—』（共著，人文書院）

天神祭《てんじんまつり》　火《ひ》と水《みず》の都市祭礼《としさいれい》

平成13(2001)年11月25日発行

編　者

大阪天満宮文化研究所

発行者

田中周二

発行所

株式会社 思文閣出版

606-8203 京都市左京区田中関田町2-7　電話 075(751)1781㈹

定価：本体2.600円(税別)

印刷／同朋舎

製本／大日本製本紙工

ISBN4-7842-1092-X　C1024